ARQUIVOLOGIA E REGISTROS CIVIS
INFORMAÇÕES E DIÁLOGOS NECESSÁRIOS

Editora Appris Ltda.
1.ª Edição - Copyright© 2025 das autoras
Direitos de Edição Reservados à Editora Appris Ltda.

Nenhuma parte desta obra poderá ser utilizada indevidamente, sem estar de acordo com a Lei nº 9.610/98. Se incorreções forem encontradas, serão de exclusiva responsabilidade de seus organizadores. Foi realizado o Depósito Legal na Fundação Biblioteca Nacional, de acordo com as Leis nºs 10.994, de 14/12/2004, e 12.192, de 14/01/2010.

Catalogação na Fonte
Elaborado por: Dayanne Leal Souza
Bibliotecária CRB 9/2162

L523a 2025	Lehmkuhl, Camila Schwinden
	   Arquivologia e registros civis: informações e diálogos necessários / Camila Schwinden Lehmkuhl, Eva Cristina Leite da Silva. – 1. ed. – Curitiba: Appris, 2025.
	   261 p. ; 23 cm. – (Coleção Arquivologia, Documentação e Ciência da Informação).
	
	   Inclui referências.
	   ISBN 978-65-250-7238-8
	
	   1. Registro civil. 2. Funções arquivísticas. 3. Arquivologia. I. Lehmkuhl, Camila Schwinden. II. Silva, Eva Cristina Leite da. III. Título. IV. Série.
	                                                                                                                                                                         CDD – 019

Livro de acordo com a normalização técnica da ABNT

Appris editora

Editora e Livraria Appris Ltda.
Av. Manoel Ribas, 2265 – Mercês
Curitiba/PR – CEP: 80810-002
Tel. (41) 3156 - 4731
www.editoraappris.com.br

Printed in Brazil
Impresso no Brasil

Camila Schwinden Lehmkuhl
Eva Cristina Leite da Silva

ARQUIVOLOGIA E REGISTROS CIVIS
INFORMAÇÕES E DIÁLOGOS NECESSÁRIOS

Appris editora

Curitiba, PR
2025

FICHA TÉCNICA

EDITORIAL	Augusto Coelho
	Sara C. de Andrade Coelho

COMITÊ EDITORIAL
- Ana El Achkar (Universo/RJ)
- Andréa Barbosa Gouveia (UFPR)
- Antonio Evangelista de Souza Netto (PUC-SP)
- Belinda Cunha (UFPB)
- Délton Winter de Carvalho (FMP)
- Edson da Silva (UFVJM)
- Eliete Correia dos Santos (UEPB)
- Erineu Foerste (Ufes)
- Fabiano Santos (UERJ-IESP)
- Francinete Fernandes de Sousa (UEPB)
- Francisco Carlos Duarte (PUCPR)
- Francisco de Assis (Fiam-Faam-SP-Brasil)
- Gláucia Figueiredo (UNIPAMPA/ UDELAR)
- Jacques de Lima Ferreira (UNOESC)
- Jean Carlos Gonçalves (UFPR)
- José Wálter Nunes (UnB)
- Junia de Vilhena (PUC-RIO)
- Lucas Mesquita (UNILA)
- Márcia Gonçalves (Unitau)
- Maria Aparecida Barbosa (USP)
- Maria Margarida de Andrade (Umack)
- Marilda A. Behrens (PUCPR)
- Marília Andrade Torales Campos (UFPR)
- Marli Caetano
- Patrícia L. Torres (PUCPR)
- Paula Costa Mosca Macedo (UNIFESP)
- Ramon Blanco (UNILA)
- Roberta Ecleide Kelly (NEPE)
- Roque Ismael da Costa Güllich (UFFS)
- Sergio Gomes (UFRJ)
- Tiago Gagliano Pinto Alberto (PUCPR)
- Toni Reis (UP)
- Valdomiro de Oliveira (UFPR)

SUPERVISORA EDITORIAL	Renata C. Lopes
PRODUÇÃO EDITORIAL	Daniela Nazario
REVISÃO	Viviane Maria Maffessoni
DIAGRAMAÇÃO	Andrezza Libel
CAPA	Mateus Andrade Porfírio
REVISÃO DE PROVA	Jibril Keddeh

COMITÊ CIENTÍFICO DA COLEÇÃO ARQUIVOLOGIA, DOCUMENTAÇÃO E CIÊNCIA DA INFORMAÇÃO

DIREÇÃO CIENTÍFICA
- Eliete Correia dos Santos (UEPB)
- Francinete Fernandes de Sousa (UEPB)

CONSULTORES
- Fernanda Ribeiro (UP)
- Armando Malheiro (UP)
- Ana Lúcia Terra (IPP)
- Maria Beatriz Marques (UC)
- Angelica Alves da Cunha Marques (UnB)
- Symone Nayara Calixto Bezerra (ICES)
- Meriane Rocha Vieira (UFPB)
- Alzira Karla Araújo (UFPB)
- Guilhermina de Melo Terra (UFAM)
- Julce Mary Cornelsen (UEL)
- Májory K. F. de Oliveira Miranda (UFPE)
- José Maria Jardim (UFF)
- Glauciara Pereira Barbosa (Unesc)
- Suerde Miranda de Oliveira Brito (UEPB)
- Francisco de Freitas Leite (Urca)
- Maria Divanira de Lima Arcoverde (UEPB)

Dedicamos este livro aos gestores de arquivos de registro civil, em especial aos arquivistas, semeadores e possibilitadores das indagações e reflexões aqui desenvolvidas.

AGRADECIMENTOS

Aos que passaram e que estão em nossas vidas... *"deixam um pouco de si e levam um pouco de nós!"* (Antoine de Sant-Exupéry), em especial nossos familiares e amigos!

À Universidade Federal de Santa Catarina, que possibilitou uma união especial entre docente e discente que nasceu na graduação em Arquivologia e hoje materializa-se também neste livro, fruto de pesquisa de tese.

À Coordenação de Aperfeiçoamento de Pessoal de Nível Superior (Capes), pelo apoio financeiro dado à pesquisa!

PREFÁCIO

Caro(a) leitor(a),

Ao ler este livro, fiz isto utilizando as lentes com as quais enxergo a Arquivologia, uma área que é credora importante da prática. Falando de uma forma mais adequada, precisamos pensar em soluções hoje para serem aplicadas amanhã em uma determinada realidade. Esse é o entendimento que carrego desde o início de minha militância nos arquivos. E o tema e o título deste livro (*Arquivologia e registros civis: informações e diálogos necessários*) representam exatamente essa ideia que tenho. Ele procura, no âmbito específico dos cartórios de registros civis, a aplicação das funções do que-fazer arquivístico propostas desde a década de 1980 pelos autores canadenses Carol Couture e Jean-Yves Rousseau no livro *Les archives au XXe siècle* e, depois, definitivamente consolidadas em outra obra dos mesmos autores intitulada *Les fonctions de l´archivistique contemporaine*, lançada em 1999. Autores que passaram a ter uma influência importante no pensamento e na prática arquivística desenvolvida no Brasil após a publicação da versão portuguesa do livro *Fundamentos da disciplina arquivística*, muito difundida no nosso país no início do século XX.

A importância da pesquisa que resultou na publicação deste livro está, em minha opinião, em tratar de um conjunto documental: os registros civis, relevante para a sociedade brasileira e pela aplicação das funções arquivísticas consagradas pelos autores canadenses, a partir de uma leitura própria das autoras, na inteligibilidade e preservação desse estoque informacional. Aplicar os conhecimentos arquivísticos para organizar, preservar e dar acesso a esse conjunto é uma contribuição social sem igual que as autoras oferecem à sociedade brasileira.

Os registros civis das pessoas naturais são pedras basilares para a inclusão social e para o exercício da cidadania. Eles estão incluídos dentro dos registros públicos e tratam de todos os atos das pessoas naturais. Entendendo pessoa natural como o próprio ser humano visto como um sujeito possuidor de direitos civis. Portanto, o registro civil de pessoas naturais tem a capacidade de explicitar publicamente os atos e os negócios jurídicos referentes à pessoa humana, levando em consideração que tais atos não têm consequências apenas em suas vidas pessoais, mas também para a sociedade como um todo.

Distanciando-se, um pouco, da proposta original dos autores canadenses em relação às funções arquivísticas, as autoras propõem o diagnóstico (análise das necessidades) como uma função arquivística, tornando, assim, oito funções e não sete como na proposta original, pois transformam, justamente, o diagnóstico de uma função administrativa em uma arquivística.

As funções arquivísticas, independentemente da tradição, da concepção de gestão de documentos, estão presentes em todo o que-fazer arquivístico. É impossível a intervenção nos arquivos sem a aplicação delas. E aí está outra contribuição significativa oferecida pelas autoras, o ensaio dos registros civis de pessoas naturais a partir das funções arquivísticas. As autoras não se furtaram em utilizar todas elas. Luis Carlos Lopes, por exemplo, defendia que o coração das práticas arquivísticas era formado pela classificação, avaliação e descrição e que uma intervenção a partir dessas três já seria suficiente para dar acesso aos documentos. Elas foram audaciosas e fizeram uma discussão muito interessante a partir das oito funções: diagnóstico, criação/produção, classificação, avaliação, descrição/indexação, aquisição/entrada de documentos, preservação/conservação e difusão/acesso/acessibilidade. Trata-se de um guia único de utilização desse tipo de abordagem em um estoque informacional tão relevante para a sociedade brasileira, tanto no que tange às informações relativas a uma população grande e diversa como a nossa quanto no que significa para a pessoa individualmente.

O livro faz um percurso importante nas seções de 1 a 6, quando chega no que considero a confluência entre a teoria e a prática, isto é, a seção 7, intitulada Registros civis frente às funções arquivísticas. Somente esta seção já valeria a contribuição das autoras.

Elas expõem, de maneira clara, a visível consolidação da nossa área, fruto, inclusive, de pesquisas desenvolvidas nos programas de pós-graduação. Isso tem sido fundamental para a configuração de uma Arquivologia alicerçada em referenciais teóricos para intervenção nos problemas dos arquivos. Este livro é uma prova viva disso. Percebe-se, claramente, que ele, como um todo, é prova da maturidade de duas profissionais egressas de um momento muito rico da área, que vem se transformando e ganhando novos contornos com essa aproximação que aconteceu e está acontecendo com a academia.

Entendo que, para a comunidade arquivística, é uma leitura obrigatória por conta desses dois aspectos (a relevância do conjunto documental e a aplicação do conhecimento arquivístico para lhe dar inteligibilidade). E isso é feito com muito cuidado, com rigor científico e com uma linguagem que permite a difusão do conhecimento, outro aspecto que considero importante para quem milita na área científica, oferecer à sociedade ferramentas para solucionar os problemas que a realidade nos impõe.

Um trabalho como este, que você, leitor, está prestes a ler, é um apontamento para um futuro promissor, onde a Arquivologia compromete-se socialmente com a organização, a preservação e o acesso às informações contidas nos documentos de arquivo e que são relevantes para uma sociedade.

Boa leitura.

Brasília, 5 de junho de 2024

Renato Tarciso Barbosa de Sousa
Professor Titular na Faculdade de Ciência da Informação da Universidade de Brasília

LISTA DE ABREVIATURAS E SIGLAS

AN	Arquivo Nacional
BDTD	Biblioteca Digital Brasileira de Teses e Dissertações
Brapci	Base de Dados Referenciais de Artigos de Periódicos em Ciência da Informação
Capes	Coordenação de Aperfeiçoamento de Pessoal de Nível Superior
CI	Ciência da Informação
CNJ	Conselho Nacional de Justiça
Conarq	Conselho Nacional de Arquivos
CRC	Central de Informações do Registro Civil
Edicic	Revista Educação e Investigação em Ciência da Informação da Ibero- América e do Caribe
GestãoDoc	Sistema Informatizado de Gestão de Processos e Documentos
ICA	International Council on Archives
Isad(G)	General International Standard of Archival Description
Moreq-Jus	Modelo de Requisitos para Sistema Informatizados de Gestão de Processos e Documentos do Poder Judiciário
Nobrade	Norma Brasileira de Descrição Arquivística
OC	Organização do Conhecimento
OI	Organização da Informação
PCD	Plano de Classificação de Documentos
RCPN	Registro Civil das Pessoas Naturais
RDC-Arq	Repositório Arquivístico Digital Confiável
Sigad	Sistema Informatizado de Gestão Arquivística de Documentos

Sirc	Sistema Nacional de Informações de Registro Civil
STF	Supremo Tribunal Federal
TJRJ	Tribunal de Justiça do Estado do Rio de Janeiro
TJSC	Tribunal de Justiça de Santa Catarina
TJSP	Tribunal de Justiça de São Paulo
TTDD	Tabela de Temporalidade e Destinação de Documentos

SUMÁRIO

INTRODUÇÃO..17

1
ARQUIVOLOGIA..21
   1.1 ABORDAGENS TEÓRICAS DA ARQUIVOLOGIA 23
      1.1.1 Abordagem teórica: Tradicional.. 24
      1.1.2 Abordagem teórica: Records management 28
      1.1.3 Abordagem teórica: Integrada 30
      1.1.4 Abordagem teórica: Funcional..31

2
ARQUIVOLOGIA: DIÁLOGOS COM ÁREAS CORRELATAS................... 35
   2.1 TECNOLOGIA DA INFORMAÇÃO E A ARQUIVOLOGIA 35
   2.2 A ORGANIZAÇÃO DO CONHECIMENTO E A ORGANIZAÇÃO DA INFORMAÇÃO.. 39
      2.2.1 A Organização do Conhecimento e da Informação frente às funções arquivísticas 48
         2.2.1.1 Classificação... 49
         2.2.1.2 Descrição/Indexação 51
         2.2.1.3 Avaliação arquivística 53

3
AS FUNÇÕES ARQUIVÍSTICAS 55
   3.1 PESQUISANDO SOBRE AS FUNÇÕES ARQUIVÍSTICAS........................ 56
   3.2 APRESENTAÇÃO DAS FUNÇÕES ARQUIVÍSTICAS E SEUS AUTORES......... 63
   3.3 RELEITURA DAS FUNÇÕES ARQUIVÍSTICAS 71
      3.3.1 Diagnóstico arquivístico 72
      3.3.2 Criação/Produção 75
      3.3.3 Classificação 78
      3.3.4 Avaliação..80
      3.3.5 Descrição/Indexação.. 82
      3.3.6 Aquisição/Entrada de documentos 86
      3.3.7 Preservação/Conservação.. 87
      3.3.8 Difusão/Acesso/Acessibilidade 90

4
PERCURSOS DA PESQUISA 95
4.1 PESQUISA BIBLIOGRÁFICA 95
4.2 PESQUISA DOCUMENTAL... 100

5
REGISTRO CIVIL 107
5.1 OS REGISTROS CIVIS: CONTEXTUALIZAÇÃO................................. 109
5.2 OS REGISTROS CIVIS NO BRASIL 112
5.3 OS ARQUIVOS DE REGISTRO CIVIL.. 115
5.3.1 Os arquivos de registro civil e a Coordenadoria de Gestão de Serviços Notariais e de Registro (CONR).. 121

6
REGISTROS CIVIS FRENTE ÀS FUNÇÕES ARQUIVÍSTICAS 127
6.1 DIAGNÓSTICO ARQUIVÍSTICO 127
6.2 CRIAÇÃO... 132
6.3 CLASSIFICAÇÃO 135
6.4 AVALIAÇÃO 138
6.4.1 Análise do Provimento n.º 50, de 28 de setembro de 2015 153
6.5 DESCRIÇÃO/INDEXAÇÃO 166
6.5.1 A descrição/indexação de registros civis: instrumentos de pesquisa...... 166
6.5.2 A descrição/indexação no processo de digitalização de registros civis ... 168
6.5.3 A descrição/indexação no processo de microfilmagem de registros civis ..175
6.6 AQUISIÇÃO/ENTRADA DE DOCUMENTOS 179
6.7 PRESERVAÇÃO/CONSERVAÇÃO 183
6.7.1 Preservação/Conservação dos registros civis em suporte papel 184
6.7.2 Preservação/Conservação dos registros civis em suporte digital.......... 185
6.7.3 Preservação/Conservação dos registros civis em microfilme.............. 203
6.8 DIFUSÃO/ACESSO/ACESSIBILIDADE... 205

7
A CRIAÇÃO DE UM REGISTRO CIVIL SOB A ÓTICA DAS FUNÇÕES ARQUIVÍSTICAS: ORIENTAÇÕES GERAIS.................................... 213

8
CONSIDERAÇÕES FINAIS.. 225

REFERÊNCIAS.. 229

INTRODUÇÃO

A Arquivologia tem assistido nas últimas décadas às alterações em seu corpus teórico e prático. A tecnologia, como um dos motivos, tem influenciado a forma como são produzidos e armazenados os documentos de arquivos. Para além disso, novos diálogos têm sido estreitados com distintas áreas do conhecimento, aqui elencadas Ciência da Informação, Organização do Conhecimento e da Informação, e Tecnologia da Informação. Temas trabalhados por essas áreas como repositórios digitais, indexação e representação do conhecimento e da informação também têm sido discutidos no âmbito da Arquivologia.

Em um arquivo, dentre os temas acima e as várias atividades realizadas, grande parte está contemplada nas funções arquivísticas, assim denominadas por seus principais propagadores Rousseau e Couture (1998). Marques (2016) considera que as funções arquivísticas são procedimentos metodológicos próprios da Arquivologia, cujo objeto de estudo é a informação orgânica arquivística, tornando-a uma área independente. Couture (2016) considera que os princípios arquivísticos são a espinha dorsal da área, por sua vez, as funções arquivísticas constituem sua musculatura.

As funções arquivísticas abrangem desde o processo de criação dos documentos até seu acesso e difusão. Essas funções têm orientado o desenvolvimento de pesquisas acadêmicas, bem como práticas do profissional arquivista. No Brasil, Santos (2007) escreve a respeito das funções trazendo uma visão própria. Em 2003, Couture *et al.*, revisitaram-nas, e fomentam novas abordagens, conceitos e aproximações com a Ciência da Informação e a Organização do Conhecimento e da Informação as quais serão abordadas neste livro.

Tendo em vista as abordagens, os autores citados por considerarmos as funções uma parte relevante da Arquivologia (sua musculatura, segundo Couture, 2016), o volume de produções científicas que utilizam as funções arquivísticas como fundamentação teórica no Brasil e a ampliação do corpus arquivístico nas últimas décadas, ocasionado principalmente pelos diálogos com outras áreas do conhecimento, optou-se aqui por fazer uma releitura das funções arquivísticas. A releitura será utilizada também para fins metodológicos, descrevendo como se dá a aplicação de cada uma dessas funções no âmbito dos registros civis brasileiros.

Os registros civis se constituem elemento fundamental de uma sociedade democrática, fontes de informação probatória tanto para o cidadão quanto para o Estado. Contemporaneamente, toda criança, ao nascer, tem o direito de ser registrada. Esse registro gera a certidão de nascimento do cidadão, promovendo seus primeiros direitos civis e consequentemente a emissão de documentos oficiais: carteira de identidade, cadastro de pessoa física, carteira de trabalho, dentre outros. Ao longo de sua vida civil, o cidadão poderá acumular ainda outros registros civis, como casamento e óbito, que terão também funções probatórias perante o Estado e a sociedade.

Para o Estado, os registros civis fomentam também dados estatísticos diversos e constituem-se documentos probatórios a respeito de sua população, como quantidade de nascimentos no país, população, casamentos, divórcios, alterações de sexo, falecimentos, causas desses falecimentos etc. Ademais, o governo utiliza essas informações em outros órgãos, além do estatístico, como o Tribunal Eleitoral, que tem acesso aos registros de óbito, podendo encerrar títulos de eleitores falecidos; o Instituto de Previdência Social, que cessa os benefícios findados com o falecimento do beneficiário; o Ministério da Saúde, que identifica as causas das mortes, dentre diversos outros usos.

Obrigatórios desde 1888 no Brasil, os arquivos de registros civis constituem-se fonte de informação para o presente e para a história do país, de famílias, de pessoas, da saúde, das profissões. Com mais de 100 anos de produção documental, tem-se como pressuposto que esses arquivos são parte do patrimônio documental brasileiro e, por isso, medidas de preservação e acesso, principalmente, devem ser adotadas para que esses registros estejam disponíveis "perpetuamente". O que solicita atenção e ação junto a este patrimônio e justifica a obra em tela, além de ser um tema apaixonante e carregado de sentimentos afetivos.

Levando em consideração o que foi brevemente exposto, emerge à frente um problema central, como estão sendo tratados os arquivos de registro civil no Brasil? Quais orientações são ou podem ser dadas sob a perspectiva da Arquivologia?

Busca-se então, de forma geral, analisar os documentos arquivísticos de registro civil no Brasil sob a ótica das funções arquivísticas. E de forma específica, reler as funções arquivísticas a partir das literaturas brasileira e estrangeira e dos diálogos assistidos entre a Arquivologia e outras áreas do conhecimento correlatas e eleitas para a presente obra; discutir aplicações das funções arquivísticas nos arquivos de registros civis no Brasil; e sistematizar orientações para o tratamento de arquivos de registro civil no Brasil frente às funções arquivísticas.

Para atingir tais objetivos opta-se metodologicamente por uma abordagem qualitativa, descritiva e aplicada, foram adotados como procedimentos metodológicos, a pesquisa bibliográfica e a documental. A primeira foi realizada nas seguintes bases de dados, reconhecidas da área de Ciência da Informação. E a segunda (pesquisa documental) em leis e normativas que regem os registros civis no Brasil, até o ano de 2020, foi realizada no "Portal da Legislação" e no CNJ por "Atos Normativos". Salienta-se que a coleta de dados foi realizada no ano de 2020.

As análises, releituras, discussões e orientações estão descritas em seções desta obra. É desejado que ela possa contribuir com o processo reflexivo da Arquivologia, que suscite novas e mais atualizadas pesquisas relacionadas aos arquivos de registros civis no Brasil, estimule os órgãos responsáveis pela criação de diretrizes aos cartórios a adotarem fundamentos e metodologias arquivísticas para esse acervo social que é o registro civil. E de forma ampla, que esta obra suscite atenção e proteção por parte do cidadão/leitor em prol dos acervos arquivísticos.

Quanto à estrutura, a presente obra está organizada da seguinte forma:

Introdução (a apresentação em tela da obra).

Capítulo 1 trata de aspectos relacionados à Arquivologia, seu histórico e abordagens teóricas.

Capítulo 2 apresenta os diálogos assistidos entre a Arquivologia e áreas correlatas, especialmente no que tange à Organização do Conhecimento, Organização da Informação e à Tecnologia da Informação, aqui base para a revisão das funções arquivísticas, buscando responder aos objetivos da obra.

Capítulo 3 apresenta as funções arquivísticas e revisão de acordo com as releituras feitas.

Capítulo 4 aborda os registros civis, seu histórico, constituição no Brasil, legislações que fundamentam essa atividade e seus arquivos.

Capítulo 5 apresenta a aplicação das funções arquivísticas nos arquivos de registro civil.

Capítulo 6 traz em linhas gerais orientações sobre a aplicação das funções arquivísticas nos registros civis.

Capítulo 7, por fim, apresenta algumas considerações finais das análises feitas de acordo com os objetivos retratados neste livro.

ARQUIVOLOGIA

A Arquivologia[1] como área do saber preza hoje essencialmente pelo acesso à informação. O que atualmente se entende por Arquivologia é o resultado do desenvolvimento da própria sociedade ao longo dos anos.

A vontade de imortalizar o que ora estava somente no plano cognitivo fez o homem desenvolver a escrita. Com a escrita, ele passou a produzir registros, desde contratos, documentos de transações, informações relativas à comunidade, principalmente para fins de cobrança de impostos, ou seja, informações cotidianas que precisavam estar disponíveis para além da oralidade. Essa necessidade impulsiona o surgimento dos arquivos ou conjuntos de documentos. Sendo os arquivos tão antigos quanto a própria escrita, Ribeiro (2002, p. 98) considera que "[...] o fazer arquivístico foi se tornando mais complexo à medida que as sociedades evoluíram e as necessidades dos agentes produtores e utilizadores da informação arquivística assim o exigiram".

---

[1] O uso do termo "arquivologia" ou "arquivística" é discutido por distintos autores. Para o holandês Ketelaar (2018), "Archival science is a science in the European sense of Wissenschaft. To avoid, however, confusion with the natural sciences in the Anglo-Saxon meaning, I personally use the term archivistics, being the equivalent to the Dutch archivistiek, the German Archivistik, the French archivistique, the Italian and Spanish archivistica". Ketelaar prefere utilizar o termo "arquivística" com uma visão europeia sobre a ciência no território anglo-saxão. As autoras brasileiras Castro, Castro e Gasparian (1985) escreveram um livro intitulado "Arquivística = técnica, Arquivologia = ciência". Para as autoras, "Arquivologia é a ciência dos arquivos. É o complexo de conhecimentos teóricos e práticos relativos à organização de Arquivos e às tarefas do Arquivista" (Castro; Castro; Gasparian, 1985, p. 25). Já "arquivística" consideram uma técnica dos arquivos. Por outro lado, o "Dicionário Brasileiro de Terminologia Arquivística" (2005, p. 37) define "arquivologia" como "Disciplina que estuda as funções do arquivo (2), e os princípios e técnicas a serem observados na produção, organização, guarda, preservação e utilização dos arquivos (1). Também chamada arquivística". E o "Dicionário de Terminologia Arquivística", organizado por Bellotto e Camargo (1996), conceitua "arquivologia" como "o mesmo que arquivística" (p. 9) e "arquivística" como "Disciplina, também conhecida como Arquivologia, que tem por objetivo o conhecimento da natureza dos arquivos e das teorias, métodos e técnicas a serem observados na sua constituição, organização, desenvolvimento e utilização" (p. 5). Ainda Santos (2015) traz uma seção (2.2) no seu livro para discutir o uso das terminologias "arquivologia" ou "arquivística". O autor chega à conclusão de que arquivística, "além de mais nova[,] está vinculada tanto aos processos administrativos, quanto à representação da memória, tanto à gestão das informações orgânicas quanto à preservação de documentos históricos" (Santos, 2015, p. 76), utilizando inclusive o termo "arquivística" no título de seu livro. O que Castro, Castro e Gasparian (1985) dividem em técnica e ciência, os dicionários unem tratando-os como sinônimos e Santos (2015) acredita que na Arquivologia atual se enquadre melhor a Arquivística. Levando em consideração que não há consenso entre os autores e as publicações, que os cursos de graduação no Brasil são denominados Arquivologia e que a análise terminológica dos termos não é o objetivo desta pesquisa, aqui se considera que o termo mais apropriado para esta pesquisa é "Arquivologia".

Os arquivos, símbolos de poder, estavam principalmente relacionados a governo, reis, imperadores, igreja católica, ou seja, a classes dirigentes de cada país e período. Conforme frisa Duranti (2007, p. 447, tradução nossa), "Assim, os arquivos eram um local de preservação sob a jurisdição de uma autoridade pública"[2].

Os arquivos dos reinos se constituíam documentos de "propriedade" do rei. Por exemplo, em Portugal eram acondicionados no próprio castelo de moradia do rei. Uma das torres do Castelo São Jorge, fechada a "sete chaves" e protegida por guardiões, era utilizada para acondicionar arquivos de Portugal, a conhecida Torre do Tombo, nome que serviu, mais tarde, para denominar o Arquivo Nacional de Portugal[3].

Segundo Duranti (2007), os arquivos eram um local de depósito dos documentos que ficava na parte mais remota do prédio, separado das áreas de trabalho e de qualquer possível fonte de contaminação ou corrupção. Os arquivos "[...] que entravam nessa zona restrita viveriam para sempre, em seu próprio contexto, como entidades estáveis e imutáveis, intocáveis por eventos políticos ou sociais, interesses, tendências ou influências" (Duranti, 2007, p. 449, tradução nossa)[4].

Observa-se a era dos arquivos cerrados, sem acesso, seja ao cidadão comum ou a pesquisadores interessados nos documentos enquanto fonte de informação, um reflexo das políticas da época, monárquica, eclesiástica, aristocrata, de poder absoluto e dominante com a sociedade. Não havia interesse em tornar públicos os registros armazenados em seus arquivos.

No período de arquivos oclusos, os arquivistas, consequentemente, eram também protetores e guardiões da documentação. Os procedimentos e as técnicas exercidas tinham caráter essencialmente prático e muito relacionado à história (Ribeiro, 2002).

Esse panorama começa a mudar com a difusão das ideias iluministas (século XVII e XVIII), pautadas na propagação de conhecimento, na liberdade política e econômica, em que passa a ser dada maior importância a obras humanas intelectuais (Araújo, 2014). Para Marques e Tognoli (2016, p. 69), "É no contexto do Iluminismo, portanto, que os arquivos passam a

---

[2] "Thus, the archives was a place of preservation under the jurisdiction of a public authority." (Duranti, 2007, p. 447).
[3] Disponível em: http://antt.dglab.gov.pt/inicio/identificacao-institucional/6-2/.
[4] "[...] entering this restricted zone would live forever in their own time of creation, in their own context, as stable and immutable entities, untouchable by political or social events, interests, trends, or influences." (Duranti, 2007, p. 449).

ter relevância, como auxiliares da administração pública". O movimento iluminista foi um dos grandes influenciadores para o que mais tarde foi denominado de Revolução Francesa.

A Revolução Francesa, resultado da transição do antigo regime para a modernidade, acarretou diversas mudanças no cotidiano da população e dos governos (economia, política). A institucionalização da ideia de Estado fez com que o governo centralizasse tudo o que ora tivesse sido ou fosse produzido em seu território, o que fez emergir, durante a Revolução Francesa, o primeiro arquivo nacional do mundo em 1790, o Archives Nationales de France (Araújo, 2014).

Esses dois movimentos – propagação do conhecimento iluminista e lemas de liberdade, igualdade e fraternidade da Revolução Francesa – evidenciam os arquivos como fontes de informação, o que fomentou a valorização dos acervos custodiados.

Duchein (1992, p. 70) considera que, "Após a Revolução Francesa, a noção de que o acesso aos arquivos era um direito civil era cada vez mais reconhecida [...]". Essa necessidade de dar acesso fez com que a Arquivologia aprimorasse seu fazer. Por outro lado, com a quantidade cada vez maior de documentos sendo produzidos e guardados, fez emergir distintas abordagens arquivísticas no mundo com o intuito de se adequar à realidade, que era e é imposta até hoje às instituições arquivísticas. "Esses avanços também levaram a um repensar de muitos conceitos, métodos e práticas arquivísticas tradicionais" (Eastwood; Macneil, 2016, p. 29), fato que será neste livro levantado em vários momentos, a iniciar pelas abordagens teóricas arquivísticas.

1.1 ABORDAGENS TEÓRICAS DA ARQUIVOLOGIA

Há distintas leituras para denominar ou classificar os diferentes momentos e as diversas visões existentes ao longo da história da Arquivologia no mundo: em momentos sendo denominada de correntes do pensamento arquivístico (Lopes, 2000), ou ainda, abordagens teóricas (Schmidt, 2012)[5].

Com o intuito de destacar os principais marcos da Arquivologia, e não de adentrar na questão de visões, denominação e ou classificação, optou-se pelo termo "abordagem teórica" e, para fins exploratórios, pela visão de Lopes (2009) das três principais, sendo as abordagens teóricas

---
[5] Schmidt (2012) divide as abordagens teóricas da Arquivologia em clássica, moderna e contemporânea.

tradicional, *records management*[6] e integrada. Considerou-se relevante citar ainda a abordagem funcional, que também tem origem canadense, assim como a integrada, e apresenta o pós-modernismo como pano de fundo. Há ainda a mencionar a existência de outras leituras sobre abordagens arquivísticas, como a *records continuum*, mas que não será objeto de análise aqui.

Na intenção de não somente apresentar as abordagens na visão brasileira, mas também relacioná-las ao desenvolvimento histórico da Arquivologia e seus diálogos com outras áreas, foi considerada a visão da autora espanhola Rodriguez López (2000, p. 379, tradução nossa[7]), que pondera que desde a ciência empírica, com o arranjo e a organização dos arquivos, até o presente a Arquivística passou por três estágios diferentes:

> 1. Consideração da Ciência Arquivística como uma ciência auxiliar da História, uma abordagem própria do século XIX, um estágio paralelo ao desenvolvimento das ciências históricas e a criação das primeiras escolas de arquivistas; 2. Ciência auxiliar da administração, ao mesmo tempo em que as grandes mudanças socioeconômicas do início do século e o surgimento do Records Management; 3. Finalmente, a consideração de que é parte integrante das Ciências da Informação.

Sendo assim, a Arquivística em um primeiro momento é relacionada à História, depois à Administração e, por fim, à Ciência da Informação (CI).

Em cada uma das abordagens trabalhadas buscou-se trazer a visão dos autores que são referência para o seu desenvolvimento. Muitos dos textos que serão utilizados foram escritos em outros idiomas, por isso há em nota de rodapé os textos originais e ao longo do desenvolvimento a tradução desses textos, também algumas questões de terminologia da área estão indicadas em virtude das distintas traduções realizadas.

1.1.1 Abordagem teórica: Tradicional

A abordagem tradicional, de origem europeia, está arraigada nos documentos históricos, no patrimônio documental. "Especialmente sob o ângulo do interesse histórico dos documentos, com diversas formas de

---

[6] Optou-se por utilizar o termo em inglês *"records management"* seguindo a leitura de Lopes (2009).
[7] "1. Consideración de la Archivística como una ciencia auxiliar de la Historia, planteamiento propio del siglo XIX, etapa paralela al desarrollo de las ciencias históricas y la creación de las primeras escuelas de archiveros. 2. Ciencia auxiliar de la administración, al tiempo que se inician los grandes cambios socioeconómicos de principios de siglo, y la aparición del records management. 3. Finalmente la consideración de que es una parte integrante de las Ciencias de la Información." (Rodriguez López, 2000, p. 379).

controle dos arquivistas-historiadores sobre a seleção dos documentos a conservar e sobre a destruição do resto" (Duchein, 1993, p. 13). Bruno Delmas, arquivista e historiador francês, em seu artigo intitulado "Naissance et Renaissance de L'archivistique Française[8]", de 2006, traz o histórico do desenvolvimento da Arquivologia na França e curiosamente demonstra que durante o século XVIII havia essa prática de seleção de documentos levantada por Duchein (1993). Eram selecionados aqueles documentos tidos como "importantes" para a história da França. Esse movimento teve como resultado coleções artificiais de documentos individualizados, as quais perderam seu contexto de produção e de relacionamento com outros documentos.

Após anos de prática de criação de arquivos constituídos por documentos dispersos e inacessíveis, mesmo com a publicação da Lei de Messidor em 1794 (que estabeleceu o direito de acesso aos arquivos públicos franceses e delimitou o que seria enviado para eles), a constituição dos arquivos continuava a dividir os documentos entre "monumentos escritos", que seriam enviados para a Biblioteca Nacional, Imperial ou Real (Delmas, 2006)[9]. Isso ocorreu até o estabelecimento do Princípio de Respeito aos Fundos, originado em 1841, a partir da publicação de uma circular do governo francês inspirada pelo arquivista Natalis de Wailly. Essa circular ficou conhecida como a "certidão de nascimento" do Princípio de Respeito aos Fundos.

O Princípio de Respeito aos Fundos considera que os documentos que tenham a mesma proveniência devem permanecer unidos como conjuntos documentais (fundos), constituídos organicamente e preservados nesse contexto, e não mais como coleções constituídas por seleções de "peças notáveis". Ele é até hoje considerado pela Arquivologia um de seus fundamentos basilares, Duchein (1986, p. 1) o vê como "o princípio fundamental do arquivo".

Outro marco para a história da Arquivologia, além da publicação da circular dando vida ao Princípio de Respeito aos Fundos, é o célebre "Manual dos Arquivistas Holandeses", publicado em 1898, que se constitui um dos marcos para a autonomização da Arquivologia. A partir desse

---

[8] Nascimento e renascimento da Arquivologia (Arquivística) francesa.

[9] "D'ailleurs la même loi de messidor prévoyait ce triage des documents conservés aux Archives nationales et départementales pour en extraire les plus importants, les monuments écrits quidevaient rejoindre la Bibliothèque tour à tour nationale, impériale ou royale comme d'ailleurs la politique des archives de l'Europe réunies à Paris par Daunou." (Delmas, 2006, p. 6).

manual, a Arquivologia deixa de se configurar como um saber auxiliar da ciência histórica para uma progressiva afirmação como disciplina de aparência marcadamente técnica, embora sem deixar de estar marcada ainda pela matriz historicista (Ribeiro, 2002). Foi a partir desse momento que a Arquivologia passou a aparecer formalmente como construção conceitual e sistemática do saber obtido a partir de práticas milenares de gestão de documentos de arquivos (Silva *et al.*, 2009).

Embora seja considerado um marco para a independência da Arquivologia, outros autores (Cook 2012a; Duranti, 1995; Ketelaar, 2007) acreditam que o Manual é um "como fazer" da arquivística, um método com 100 regras para os arquivos que, por muito tempo, foram consideradas regras "invioláveis", mas que não tinham aprofundamentos teóricos necessários para a consolidação de uma Teoria Arquivística. E ainda, para autores como Duranti (1995) e Herrera (1991), o marco das primeiras manifestações da Arquivologia como uma disciplina teria sido a publicação do *De re diplomatica* em 1681, escrita pelo monge beneditino Jean Mabillon (Marques; Rodrigues; Nougaret, 2018). Abordam-se aqui essas visões não com o objetivo de questionar o marco da cientificidade da Arquivologia, e sim de demonstrar as diferentes perspectivas a respeito.

Na perspectiva tradicional, a função primordial é de tornar recuperáveis os documentos custodiados, sendo deixada de lado a preocupação com o contexto de criação e o uso do documento.

> A Arquivística tradicional contemporânea recusa-se a questionar a origem, isto é, a criação, a utilização administrativa, técnica e jurídica dos arquivos, dos documentos recolhidos aos arquivos definitivos. Essa atitude resulta na crença generalizada de que estas questões não são parte da profissão. (Lopes, 2009, p. 132).

Um dos grandes nomes da Arquivologia tradicional é Hillary Jenkinson, arquivista britânico que publicou em 1922 *A Manual of Archive Administration*[10]. Sua publicação foi também uma forma de afirmação disciplinar da Arquivologia e um ensaio da redefinição de suas relações com a História e a Administração, como observado na visão de Rodriguez López (2000).

Schmidt (2012, p. 122) aborda que a visão de Jenkinson "[...] imprimiu na área a ideia do valor de prova do documento de arquivo, da imparcialidade em sua criação e a ideia da 'custódia oficial e contínua' para garantir

---

[10] Disponível em: https://archive.org/details/manualofarchivea00iljenk/page/n7.

autenticidade ao documento de arquivo". O profissional da Arquivologia tradicional para Jenkinson (1922) possuía duas responsabilidades principais: a primeira de conservar o acervo como "exímio guardião" e a segunda de fornecer aos historiadores e outros pesquisadores toda informação possível (Schmidt, 2012), o que demonstra o elo dessa abordagem, principalmente, com a terceira idade (preservação do acervo) e o arquivista como um protetor dos documentos do arquivo.

Cook (1998), um crítico da abordagem tradicional, explica que a abordagem clássica, que fora difundida por Jenkinson, considera os arquivos como acumulações naturais, orgânicas, inocentes e transparentes que o arquivista preserva de modo imparcial, neutro e objetivo. O autor acredita "[...] que essas afirmativas fundamentais da ciência arquivística tradicional, com suas dicotomias resultantes, são falsas" (p. 132). E, ainda completa, "Na verdade, [...] nunca foram completamente verdadeiras dentro do contexto de seu próprio tempo, e agora, no final do século XX, são extremamente enganosas" (p. 132). Essa "enganação" é revelada quando se percebe que é impossível ao arquivista ser imparcial na execução de suas tarefas cotidianas, escolher entre a "vida e a morte" dos documentos (avaliação) ou a forma como fará a descrição dos documentos, "escolhendo" palavras e termos que representem os documentos, uma vez que essas são questões dotadas de muita subjetividade.

Há que se perceber que Jenkinson publica seu artigo em 1922 e Cook escreve em 1998. Cook representa uma Arquivologia contemporânea que inclusive lança a abordagem funcional, (que será trabalhada em próximas subseções). O que se observa é que muitos aspectos desde Jenkinson foram e continuam a ser repensados, por isso aqui não se tira o mérito daquela publicação, pelo contrário, considera-a um marco para a construção da teoria arquivística. A publicação, ao passar cem anos por diversas políticas, reflexões, conceituações e fazeres em processos contínuos, consolida hoje o que conhecemos por Arquivologia.

Ainda a respeito da publicação de Jenkinson, a segunda edição de seu livro foi publicada em 1937. Já no prefácio, Jenkinson indica o que mudou no cenário arquivístico internacional desde a publicação da primeira edição em 1922 (novas leis, decretos, políticas), apontando inclusive a criação, "[...] após cinquenta anos de luta, de um Arquivo Nacional do Governo nos Estados Unidos"[11] (Jenkinson, 1937, p. VII, tradução nossa).

---

[11] "[...] after more than fifty years of struggle, of a National Archives of the United States Government." (Jenkinson, 1937, p. VII).

O Arquivo Nacional dos Estados Unidos foi inaugurado em 1934[12], local em que mais tarde os arquivistas Schellenberg e Brooks (1940 em diante) fizeram emergir uma nova abordagem arquivística, a *records management*.

1.1.2 Abordagem teórica: Records management

No decorrer da história da humanidade, a urbanização, a industrialização e as guerras são pontos que marcaram as sociedades, países e inclusive arquivos, como, por exemplo, a Revolução Francesa.

A Segunda Guerra Mundial (1939-1945) foi também uma dessas guerras que deixaram marcos na Arquivologia (Schmidt, 2012). Além de todos os resultados possíveis originados por uma guerra de proporção mundial, a produção de informação resultante de estratégias, combates, comunicações, documentos oficiais e desenvolvimento de tecnologias fez gerar considerável massa documental. A conservação e o acondicionamento de toda produção documental levantaram novas "formulações" ao fazer arquivístico.

Segundo Araújo (2013a), até o início da década de 1940, nos Estados Unidos predominava a ideia inglesa em que se deixava por conta das administrações o papel decisório sobre a avaliação de documentos. Quem primeiro faz referência ao ciclo de vida dos documentos, conceito que se materializou na criação de programas de gestão de documentos e na implantação de arquivos intermediários, foi Brooks, em 1940 (Indolfo, 2012). Impulsionado por discussão iniciada, dentre outros, pelo autor Vannevar Bush que buscava organizar a produção científica do período pós-guerra que se iniciava na época, e colocado principalmente como uma necessidade do Arquivo Nacional dos Estados Unidos na guarda dessas informações, em 1950 o governo dos Estados Unidos promulgou a Lei de Arquivos, estabelecendo o *records management* (Schmidt, 2012). Embora Brooks tenha sido incluído em todo o processo, quem acabou conhecido por difundir o conceito foi Schellenberg (1956), a principal referência sobre o assunto, pelo menos no Brasil.

Tendo como objeto a mesma informação que os arquivistas tradicionais, a *records management* desenvolveu métodos de trabalho baseados no pragmatismo e na eficácia da gestão dos documentos correntes, "[...] criando-se assim uma ruptura no seio da Arquivística, que ainda mal havia encetado a sua autonomização disciplinar e a correspondente fundamentação teórica" (Ribeiro, 2002, p. 99).

---
[12] Disponível em: https://www.archives.gov/about/history.

Tognoli (2012b) aborda que na tradição norte-americana os documentos correntes e intermediários (*records*) eram separados dos documentos permanentes (*archives*), assim como seus respectivos profissionais, *record manager* (gestor de documentos) e *archivist* (arquivista), respectivamente. "[...] os *archivists* estão interessados em cultura, história e eventos passados; os *records managers* estão preocupados com a eficiência e o presente"[13] (Atherton, 1985, p. 43, tradução nossa). Schellenberg (2006, p. 180) disseminou essa distinção considerando que os documentos públicos modernos possuem duas categorias: "[...] valores primários, para a própria entidade onde se originam os documentos, e valores secundários, para outras entidades e utilizadores privados".

Nesse sentido, Lopes (1994) descreve um acontecimento de 1992, um encontro intitulado "Seminário-taller de Selecction y Descarte Documental", que ocorreu em Montevidéu, onde foi proposta a possibilidade de reproduzir na América Latina o modelo profissional norte-americano. Representantes de Uruguai, Brasil, Peru, Colômbia, Argentina e Costa Rica foram unânimes em afirmar que a profissão é uma só e que o profissional formado nesses países saberia lidar com todas as idades arquivísticas. Até hoje não se observa essa divisão norte-americana de *archivist* e *records managers* na prática profissional do arquivista no Brasil.

Indolfo (2012) frisa que a visão norte-americana, inicialmente, era mais administrativa e econômica do que arquivística, uma vez que se tratava, essencialmente, de aperfeiçoar o funcionamento da administração, limitando a quantidade de documentos produzidos e o prazo de guarda. Nesse sentido, fica clara a relação da Arquivologia como ciência auxiliar da Administração, apresentada no início desta seção.

Segundo Araújo (2013a, p. 68), na *records management* a participação da arquivística acontece já na primeira idade dos documentos, isto é, "[...] na fase da sua produção e tramitação nos serviços administrativos, com a finalidade de aplicar métodos de economia e eficácia na gestão documental". Essa abordagem "[...] veio produzir uma 'autêntica revolução na disciplina Arquivística'" (Indolfo, 2012, p. 16), fazendo com que o tratamento do documento iniciasse desde sua produção, o que na Arquivologia tradicional ocorria somente quando o documento ingressava no arquivo de fato.

---

[13] "[...] archivists are interested in culture, history, and past events; records managers are concerned with efficiency and the present." (Atherton, 1985, p. 43).

Lopes (2009, p. 338) traz críticas acerca de Schellenberg e sua visão e considera que "Ele tinha o seu coração dividido entre as prédicas da arquivística tradicional e as práticas, na época recente, do *records management*", demonstrando a sua adaptação ainda recente à abordagem *records management*. Ainda diz que, "Apesar de seus limites e de seu envelhecimento, a obra *Arquivos modernos* tem o mérito de, ainda hoje, ser fundamental na formação de um profissional desta área" (Lopes, 2009, p. 339). As abordagens *records management* e tradicional influenciaram o que mais tarde viria a se chamar Arquivística integrada.

1.1.3 Abordagem teórica: Integrada

A Arquivística integrada, de origem canadense, tem como autores principais difundidos no Brasil Rousseau, Couture e Ducharme. A abordagem integrada propiciou o fenômeno da gestão integrada dos documentos arquivísticos no final dos anos 1980. Em um país relativamente "novo", tanto na questão política quanto arquivística, se comparado com a tradição europeia, por exemplo, essas ideias se transformaram em grandes inovações para a área.

Segundo Rousseau e Couture (1998), a arquivística pode ser definida dentro de três formas:

> Uma forma unicamente administrativa (records management), cuja principal preocupação é ter em conta o valor primário do documento; uma forma tradicional que põe a tónica unicamente no valor secundário do documento; uma forma nova, integrada e englobante, que tem como objectivo ocupar-se simultaneamente do valor primário e do valor secundário do documento (Rousseau; Couture, 1998, p. 284).

A abordagem integrada proporcionou a união de aspectos das abordagens *records management* (norte-americana) e tradicional (europeia). Dessa forma, a aproximação das abordagens identifica o fazer arquivístico como um processo completo de tratamento dos arquivos. Não considera tudo histórico, nem realiza uma avaliação seletiva (Delmas, 2006; Duchein, 1993), como era na tradicional; da mesma forma que não percebe cada parte do ciclo vital como algo isolado, inclusive quem trabalhava com cada uma delas (Schellenberg, 2006; Tognoli, 2012b), como era na *records management*.

A Arquivística integrada propõe a reintegração da disciplina por meio do ciclo vital dos documentos (corrente, intermediário e permanente) e uma possível aproximação com a Ciência da Informação, iniciada, por exemplo, na incorporação do termo "informação orgânica" como substituto do termo "documento de arquivo" (Tognoli; Guimarães, 2011). Essa informação "[...] pode ser ou orgânica, isto é, elaborada, enviada ou recebida no âmbito da sua missão, ou não orgânica, isto é, produzida fora do âmbito desta" (Rosseau; Couture, 1998, p. 64). A informação orgânica passa a ser tudo aquilo que a instituição produz e recebe em seu dia a dia oriundo de suas atividades. Já a não orgânica é tudo aquilo produzido fora, os autores citam livros e revistas, por exemplo, que estão na instituição, mas não foram produzidos por ela em suas atividades cotidianas.

Nesse contexto, a Arquivologia deixa de ser uma disciplina com a função única e exclusiva de guardiã de documentos e passa a ter maior preocupação com o fenômeno informação: "[...] elemento fundamental para o funcionamento e desenvolvimento de qualquer organização devendo ser gerida de forma eficaz" (Tognoli, 2012b, p. 118). É nesse contexto que a informação começa a ter um papel mais ativo na disciplina, o que demonstra o terceiro estágio da linha temporal da Arquivologia, o qual Rodriguez López (2000) considera como parte integrante das Ciências da Informação e será mais aprofundado no capítulo 3 deste livro.

Ainda quanto a essa abordagem, Rousseau e Couture (1998, p. 265) estabelecem sete funções arquivísticas – "criação, avaliação, aquisição, conservação, classificação, descrição e difusão de arquivos"[14] –, as quais serão estudadas detalhadamente no capítulo 4 do livro.

1.1.4 Abordagem teórica: Funcional

A última abordagem teórica arquivística adotada nesta pesquisa é denominada Arquivística funcional ou Arquivística pós-moderna, também de origem canadense como a integrada. Foi preconizada pelo arquivista

---

[14] Em francês: *"la création, l'évaluation, l'acquisition, la classification, la description, la communication et la conservation"* (Rousseau; Couture, 1994, p. 50-51). Em francês: *"création des documents, l'évaluation, l'acquisition (accroissement), la classification, la description, la diffusion et la préservation"* (Couture, 2016, p. 3). Em inglês: *"records creation, appraisal, acquisition, arrangement, description, preservation, and accessibility"* (Couture; Ducharme, 1998/1999, p. 49).

Taylor (1987/1988) e inaugurada por Cook (1997). Segundo Tognoli e Guimarães (2011, p. 22), essa abordagem "[...] propõe uma renovação e reformulação dos princípios e conceitos originais da disciplina, adotando a corrente Pós-moderna como pano de fundo".

Cook, em seu texto de 2001 traduzido em 2012 para o português "A ciência arquivística e o pós-modernismo: novas formulações para conceitos antigos", relaciona o pós-modernismo à Arquivologia. Cook (2012a, p. 5) critica veementemente abordagens arquivísticas, como a tradicional (conceitos antigos), já mencionada, e ainda frisa que "[...] princípios arquivísticos fundamentais somente serão preservados, neste mundo em mudança, se muitas de suas atuais interpretações, implementações estratégicas, e aplicações práticas forem descartadas". E ainda completa: "[...] princípios fundamentais tradicionais não soa como uma mudança radical de paradigma" (Cook, 2012a, p. 5).

Para Araújo (2013a), Cook inaugurou um campo de reflexões na tentativa de superar as visões positivistas calcadas em pressupostos de neutralidade e passividade. Em Cook (2012a, p. 3) observa-se essa ênfase: "Uma profissão enraizada no positivismo do século XIX, para não dizer em diplomática anterior, pode ter aderido a conceitos e, portanto, resultando em estratégias e metodologias, que não são mais viáveis em um mundo pós-moderno e informatizado", ou seja, para Cook, a partir da filosofia pós-moderna, a Arquivologia passa por remodelações, assim como outras disciplinas, da História à Literatura, à Psicanálise e à Antropologia, da análise cartográfica aos estudos de cinema, fotografia e arte, desde suas teorias até o seu "como fazer", desafiando teóricos e profissionais da área, afetando direta e indiretamente os arquivos.

Em suma, os pressupostos fundamentais formados por Cook (2012a) são: processo em vez de produto; documento tornando-se em vez de ser; documento dinâmico em vez de estático; contexto em vez de texto; reflexão sobre tempo e lugar em vez de absolutos universais. Essas têm se tornado as palavras de ordem na pós-modernidade para analisar e compreender a ciência, a sociedade, organizações e atividades empresariais, entre outros. Isso remete ao que se percebe também na Arquivologia atual, dogmas ainda tradicionais são revistos, ocasionados principalmente pela virtualidade dos documentos arquivísticos; ademais, o contexto se torna a peça-chave, principalmente, para a classificação e descrição dos documentos.

Para além da inserção do pós-modernismo na Arquivologia, Cook (2012a) propõe, a partir dessa visão, que o processo de avaliação, até então enraizado na visão schellenberguiana, fosse revisto, denominando-o agora de macroavaliação. Quando questionado sobre a macroavaliação em uma entrevista concedida a revista *InCID*, em 2012, diz:

> Se a avaliação tradicional designa o valor a longo prazo do conteúdo dos documentos, ou uma série de documentos, por seu valor potencial de investigação, a macro-avaliação avalia a importância do contexto funcional de sua criação e uso contemporâneo. A avaliação trata de documentos enquanto que a macro-avaliação trata de seu contexto mais amplo (ou "macro"). (Cook, 2012a, p. 149-150).

Com base em Terry Eastwood (1993, p. 27 *apud* Cook, 2012a, p. 6), que observou que "[...] é preciso entender o meio político, econômico, social e cultural de uma dada sociedade para compreender os seus arquivos", Cook considera que "As noções de verdade universal ou conhecimento objetivo baseadas nos princípios do racionalismo científico do Iluminismo, ou no emprego do método científico ou crítica textual clássica, são descartados como quimeras" (Cook, 2012a, p. 8).

Nesse sentido, para Cook (2012a), a avaliação não será mais realizada com base no conteúdo do documento, e sim em seu contexto político, econômico, social e cultural. Para determinar esse "valor" dos documentos baseado em seu contexto, o autor apresenta três pontos de análise ou, como ele mesmo denomina, "três entidades contextuais inter-relacionadas", que são:

> 1) os criadores de documentos (ou seja, estruturas, agências, instituições, burocratas), 2) os processos sócio-históricos (isto é, funções, programas, atividades, transações – serviços – que o Estado oferece aos cidadãos, e que os cidadãos demandam do governo) e 3) os cidadãos, clientes, constituintes, ou grupos, os quais estas funções e estruturas afetam, e que por sua vez influenciam tanto a função como a estrutura, direta ou indiretamente, explícita ou implicitamente. (Cook, 2012a, p. 150).

Nessa perspectiva, Cook (2012b) deixa claro que os arquivistas deverão pesquisar a natureza dessas entidades, criando as interconexões e as inter-relações para então atribuir um valor para o conjunto documental.

Para exemplificar, o Arquivo Nacional da Austrália adotou essa visão de Cook (2012b). Segundo seu site, a seleção de documentos é feita a partir de três princípios, que são: "Autoridade governamental, ação e responsabilidade; Identidade, direitos e prerrogativas; Conhecimento e memória da comunidade"[15] (Austrália, 2018, tradução nossa). Esses três princípios seguem as três entidades contextuais abordadas por Cook (2012b): os criadores, os processos e os cidadãos, conforme demonstrado no Quadro 1.

Quadro 1 – Demonstrativo da aplicação da macroavaliação de Cook no Arquivo Nacional da Austrália

Cook (2012b)	1 - Os criadores de documentos	2 - Os processos sócio-históricos	3 - Os cidadãos, clientes, constituintes, ou grupos
Arquivo Nacional da Austrália (2018)	1 - Autoridade governamental, ação e responsabilidade	2 - Identidade, interação e direitos	3 - Conhecimento e memória da comunidade

Fonte: elaborado pelas autoras (2020), baseada em Cook (2012b) e Arquivo Nacional da Austrália (Austrália, 2018)

Esse é um tipo de avaliação ainda distinta do que a Arquivologia ocidental está acostumada a ver e fazer e, por esse motivo, foi apresentado aqui apenas como demonstração de que a Arquivologia está em constante mudança e que há de considerar essas visões e renovações da área em meio ao mundo "pós-moderno" observado. A escolha de uma ou outra avaliação dependerá da realidade de cada instituição, da cultura, da forma de trabalho e do contexto em que se encontram os arquivos.

Apresentadas as principais abordagens teórico-arquivísticas, no próximo capítulo são abordados outros diálogos observados entre a Arquivologia e áreas correlatas.

---

[15] "Government authority, action and accountability; Identity, interaction and rights and entitlements; Knowledge and community memory." (Austrália, 2018).

ARQUIVOLOGIA: DIÁLOGOS COM ÁREAS CORRELATAS

A história da Arquivologia e suas abordagens demonstra**m** que a área vem desbravando novas interlocuções com outros campos do conhecimento, seja com a Organização da Informação e do Conhecimento, seja com a Tecnologia. Neste momento, serão apresentadas leituras feitas ao longo da escrita deste livro.

Destaca-se que a Arquivologia não possui diálogos somente com as áreas abordadas até o momento. Outras áreas serão citadas ao longo da pesquisa de forma mais breve, como Administração, História, Memória, Patrimônio, Química, Matemática, **Engenharia Civil**.

2.1 TECNOLOGIA DA INFORMAÇÃO E A ARQUIVOLOGIA

A Tecnologia da Informação enquanto disciplina que utiliza de conhecimentos científicos **e,** ou organizados para tratar a informação e viabilizar os processos de decisão humana (**Lima**; Pinto; Laia, 2002) tem ganhado espaço considerável no mundo atual. Todas as instituições produzem informação, por isso organizá-la para tomar a decisão correta é um desafio. Para isso, são desenvolvidos sistemas de informação que buscam atender às demandas distintas impostas por seus usuários.

Com predominância à digitalidade, processos inteiros passam a ser digitais, além daqueles digitalizados; é cada dia mais recorrente a criação de documentos natos digitais, o que requer, para além do tratamento, uma política de preservação eficiente.

Um movimento macro e social de preservação da memória, de novas formas de registro de informação e demais recursos da tecnologia tem feito com que nas últimas décadas a Arquivologia busque novos olhares, se remodele, se recrie, se atualize. Um dos movimentos que demonstram esse fato é o da arquivística funcional e integrada já apresentadas. Para Cook (2012a, p. 4-5), "No coração do novo paradigma está uma mudança que deixa de visualizar documentos como objetos físicos estáticos, e passa a entendê-los como conceitos dinâmicos virtuais". Os arquivos deixam de ter documentos com suporte massivamente em papel para ingressar no mundo virtual. O autor ainda afirma que essa mudança já ocorre e continuará a crescer, desafiando a maneira como os arquivistas pensam e, portanto, como realizam o seu trabalho.

Quanto às transformações vivenciadas, sobretudo na pós-modernidade, Ribeiro (2002) salienta que desde os anos 1980 para cá assistimos a reflexões importantes, questionando "verdades" até bem pouco tempo aceitas sem contestações; problematizando novas questões emergentes por força dos chamados "documentos eletrônicos"; e percebendo manifesta fragilidade e inadequação da "teoria" diante de uma realidade social e informacional que dá contexto aos arquivo, ou seja, às fontes de informação orgânicas. A visão de Ribeiro sobre essa "fragilidade e inadequação" já está posta para Cook (2012a, p. 22), sendo uma questão de tempo para que a Arquivologia se torne digital: "Com os registros eletrônicos, o meio físico torna-se quase totalmente irrelevante em um espaço de tempo de décadas ou séculos para preservar tais registros, já que os próprios registros serão migrados antes do meio físico se deteriorar, e de forma contínua".

Nesse sentido, a preservação não consistirá somente em melhores condições físicas de armazenamento de documentos em suporte papel, fitas magnéticas, CDs ou DVDs, atualizações de suportes, por exemplo. Conforme afirma Fonseca (2005, p. 64),

> A preservação não mais será voltada para a restauração, conservação e guarda adequada dos documentos físicos; ao contrário, seu principal objetivo será a migração e emulação constantes dos conceitos e inter-relações que agora definem os documentos eletrônicos para novos softwares.

Essa preocupação de preservar o digital se estende para além de metodologias apresentadas por Fonseca (2005) e já conhecidas da Arquivologia, chegando aos conhecidos repositórios digitais, utilizados há muito pela disciplina irmã, a Biblioteconomia.

O uso massivo de tecnologias na produção, na tramitação e no acondicionamento documental tem apresentado à Arquivologia desafios diários. A pandemia de Coronavírus (Sars-CoV-2) que eclodiu massivamente no mundo em 2020 tem consequentemente adiantado esse processo que vinha sendo desenvolvido nas últimas décadas no Brasil. Trabalhos de home office, dificuldades de viajar e isolamento social, alinhados às publicações do Decreto n.º 10.278/2020 (Decreto da Digitalização), incrementado pelo Decreto n.º 10.543/2020 (que regulamenta assinaturas eletrônicas), fizeram acelerar ainda mais esse processo com o uso massivo da tecnologia da informação aplicada à produção dos arquivos.

Em meio a esse contexto que vem se desenhando principalmente na última década no Brasil, publicações arquivísticas do Conarq, como o e-Arq Brasil, recomendações para repositórios arquivísticos confiáveis e recomendações para digitalização de documentos permanentes têm sido base para o fazer arquivístico, além das normativas nacionais, como os decretos apresentados. Nesse sentido, com o intuito de demonstrar principalmente as questões que remontam ao ambiente de armazenamento dos representantes digitais, a seguir será abordado o Repositório Arquivístico Digital Confiável.

É fato que atualmente não há uma solução única e pronta para a preservação digital, mas existem procedimentos, técnicas e tecnologias que podem ser utilizados para evitar perdas dos documentos digitais. Os repositórios que atendem a essas normativas são chamados no Brasil, especificamente, de Repositório Arquivístico Digital Confiável (RDC-Arq).

Os repositórios digitais têm sido utilizados para armazenar arquivos digitais de diversos formatos. Segundo o Conarq, um repositório digital é "[...] um complexo que apoia o gerenciamento dos materiais digitais, pelo tempo que for necessário, e é formado por elementos de hardware, software e metadados, bem como por uma infraestrutura organizacional e procedimentos normativos e técnicos" (Brasil, 2015c, p. 9). Para que isso se concretize, dentre as exigências estão conhecimento de ameaças e riscos em seus sistemas, monitoramento constante, planejamento e manutenção, bem como ações conscientes e implementação de estratégias, as quais serão requeridas dos repositórios para cumprir sua missão de preservação digital (Brasil, 2015c).

O status de repositório **arquivístico** digital confiável foi adotado pela Resolução do Conarq n.º43, de 4 de setembro de 2015, quando aborda que esse deve ser capaz de atender aos procedimentos arquivísticos em suas diferentes fases e aos requisitos de um repositório digital confiável:

> Art. 1º. Aprovar as Diretrizes para a Implementação de Repositórios Arquivísticos Digitais Confiáveis – RDC-Arq, anexas a esta Resolução, e recomendar sua adoção aos órgãos e entidades integrantes do Sistema Nacional de

Arquivos – SINAR, para o arquivamento e manutenção dos documentos arquivísticos em suas fases corrente, intermediária e permanente em formato digital, e de forma a garantir a autenticidade (identidade e integridade), a confidencialidade, a disponibilidade e a preservação desses documentos. (Brasil, 2015c).

Isso significa que, para ser um RDC-Arq, o repositório arquivístico digital confiável não será somente local de guarda de documentos, mas deve atuar em conjunto com normas e demais preceitos no âmbito da Arquivologia. Deverá atender a diferentes questões, inclusive pertinentes às fases corrente, intermediária e permanente, em parceria com um sistema informatizado de gestão arquivística de documentos (Sigad ou GestãoDoc), por exemplo.

A Resolução do Conarq n.º 43/2015 sugere, dentre todas as normas e documentos de referência, uma cadeia de custódia de documentos digitais completa que vai desde a produção do documento digital com a criação de um Sigad/GestãoDoc, a inclusão em um repositório arquivístico digital confiável de documentos de guarda permanente ou que tenham temporalidade considerável, até o seu acesso por meio de uma plataforma de acesso, conforme demonstrado na imagem a seguir.

Figura 1 – Cadeia de custódia de documentos digitais

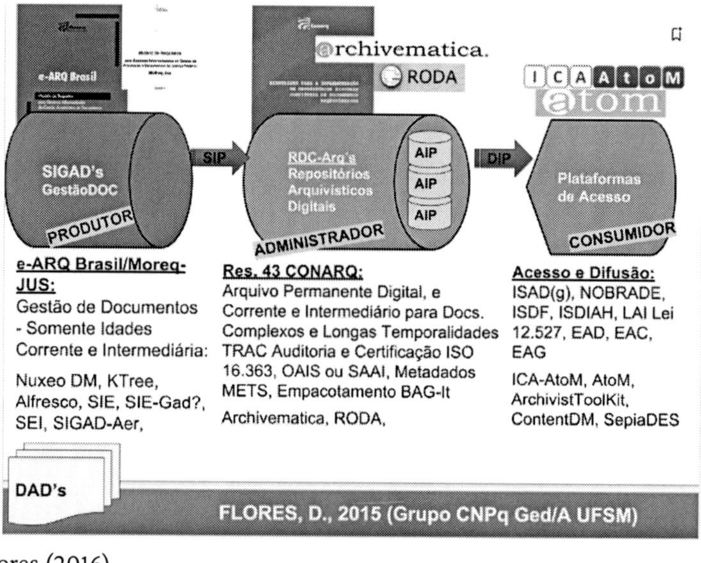

Fonte: Flores (2016)

A Resolução n.º 43/2015 ainda estabelece "[...] requisitos que um repositório digital deve seguir para que possa ser considerado confiável, com base na norma ISO 16363, independentemente do tipo de material digital (arquivístico ou não)" (Brasil, 2015c, p. 10).

Esses requisitos estão organizados em três conjuntos – a) infraestrutura organizacional, b) gerenciamento do documento digital e tecnologia e c) infraestrutura técnica e segurança –, todos baseados na norma ISO 16363/2012. Para além da ISO 16363/2012, a Resolução do Conarq n.º 43/2015 apresenta os padrões e os documentos de referência para a construção de repositórios arquivísticos digitais confiáveis. Dentre eles, têm-se Modelo de referência Oais; Relatório da Research Library Group (RLG) e da Online Computer Library Center (OCLC) – Repositórios digitais confiáveis: atributos e responsabilidades; ISO 16919/2014; Metadados de preservação (Premis); Protocolo para coleta de metadados (OAI-PMH); Padrão de codificação e transmissão de metadados (Mets); Descrição arquivística codificada (EAD); Norma Geral Internacional de Descrição Arquivística (Isad(G)); Norma Brasileira de Descrição Arquivística (Nobrade); e Metadados do e-Arq Brasil.

É possível inferir que são diversas as normativas que servem de referência para um repositório arquivístico digital ser considerado confiável e assim ser capaz de armazenar documentos de forma duradoura, íntegra e autêntica. Com a quantidade de documentos produzidos em formato digital (seja nato digital ou digitalizado), é desejável que instituições detentoras de arquivos façam uso de repositórios arquivísticos digitais confiáveis. Estes serão abordados novamente em capítulos finais quando das funções arquivísticas aplicadas na prática e das orientações apresentadas para os documentos de registro civil.

2.2 A ORGANIZAÇÃO DO CONHECIMENTO E A ORGANIZAÇÃO DA INFORMAÇÃO

Para iniciar este subcapítulo, introduzir-se-á a respeito da Ciência da Informação, com quem a Organização do Conhecimento e da Informação possuem estreitas relações. Segundo o autor dinamarquês Hjørland em seu verbete intitulado "Library and Information Science (LIS)[16]" (primeira parte em 2017 e segunda parte em 2018) na página da *Enciclopédia da Organização do Conhecimento da International Society for Knowledge Organization* (Isko),

---
[16] Biblioteconomia e Ciência da Informação

> Houve vozes de dentro da KO, alegando que a KO não faz parte da LIS, mas sim uma disciplina independente. No entanto, o presente artigo foi escrito do ponto de vista de que a KO é um subcampo da LIS e que a história e as questões teóricas da LIS são, portanto, importantes para os pesquisadores da KO considerarem.[17] (Hjørland, 2018, s/p, tradução nossa).

A Ciência da Informação como área do conhecimento estuda a produção, a organização e o uso da informação registrada. Seus afazeres se materializam nas atividades profissionais da área da informação, especificamente na Arquivística, na Museologia e na Biblioteconomia (Tognoli; Guimarães, 2011), contribuindo com as iniciativas que visam garantir o acesso à informação para quem dela necessitar.

É válido destacar que há essa relação da Arquivologia com a CI, mas, como esclarece Marques (2016, p. 181), não há subordinação entre as áreas. A Coordenação de Aperfeiçoamento de Pessoal de Nível Superior (Capes) divide as áreas, deixando a Arquivologia subordinada à CI por uma questão de organização própria para a divisão das áreas de pesquisa no Brasil.

> Pela última estruturação das grandes áreas, áreas, subáreas e especialidades proposta pela comissão (julho de 2005), parece-nos pertinente que a Arquivologia não continue subordinada à Ciência da Informação, uma vez que não pode segmentar-se desta, considerando o seu objeto de estudo (informação orgânica registrada) e os seus procedimentos metodológicos, conhecidos como "funções arquivísticas" – criação, classificação, avaliação, descrição e indexação, preservação, aquisição e difusão. (Marques, 2016, p. 181).

Marques (2016) considera que a Arquivologia possui objeto de estudo e procedimentos metodológicos próprios, o que a torna uma área independente.

Retornando à discussão introdutória da CI, para Borko (1968, p. 3), ela é uma

> [...] disciplina que investiga as propriedades e o comportamento da informação, as forças que governam seu fluxo e os meios de processamento para otimizar sua acessibilidade e utilização. Relaciona-se com o corpo de conhecimentos

---

[17] "There have been voices from within KO claiming that KO is not a part of LIS, but is an independent discipline. However, the present article is written from the viewpoint that KO is a subfield of LIS, and that the history and theoretical issues of LIS are therefore important for researchers in KO to consider." (Hjørland, 2018). (Optou-se por deixar as siglas no formato original).

relativo à produção, coleta, organização, armazenagem, recuperação, interpretação, transmissão, transformação e utilização da informação.

Considerado um dos pioneiros da Ciência da Informação, Vannevar Bush publica em 1945 o artigo "As we may think" ("Como nós pensamos"), publicação que também influenciou a criação da abordagem teórica da Arquivologia *records management*, como já apresentado. Bush introduz a noção de associação de conceitos ou palavras para a organização da informação, pois esse seria o padrão que o cérebro humano utiliza para transformar informação em conhecimento. Os processos para armazenar e recuperar informação deveriam ser feitos por associação de conceitos "como nós pensamos" (Barreto, 2002). Sua preocupação estava relacionada ao crescimento do número de documentos e à dificuldade resultante da recuperação da informação (Araújo, 2014), reflexo do período pós-guerra. Saracevic (1996, p. 42) também destaca que o problema era a "[...] tarefa massiva de tornar mais acessível um acervo crescente de conhecimento".

Buckland (1991) considera a existência de três principais usos da palavra "informação": informação como processo, informação como conhecimento e informação como coisa.

A informação como processo está relacionada ao ato de informar. "Quando alguém é informado, aquilo que conhece é modificado[18]". É a "[...] comunicação do conhecimento ou 'novidade' de algum fato ou ocorrência"[19]; "[...] a ação de falar ou o fato de ter falado sobre alguma coisa[20]" (Oxford English Dictionary, 1989, p. 944, v. 7 *apud* Buckland, 1991, p. 1, tradução nossa).

A informação como conhecimento se relaciona à informação como processo, mas nesse caso está ligada à percepção dessa informação no ouvinte/usuário. A informação é tida como aquela que reduz a incerteza, gerando conhecimento, inteligência (Buckland, 1991).

A informação como coisa é assinalada como a mais palpável dentre as três, inclui objetos, dados ou documentos cuja função seja informar (Buckland, 1991), conforme ilustra a imagem a seguir.

---

[18] "When someone is informed, what they know is changed." (Oxford English Dictionary, 1989, p. 944, v. 7 *apud* Buckland, 1991, p. 1).

[19] "[...] communication of the knowledge or 'news' of some fact or occurrence" (Oxford English Dictionary, 1989, p. 944, v. 7 *apud* Buckland, 1991, p. 1).

[20] "[...] the action of telling or fact of being told of something" (Oxford English Dictionary, 1989, p. 944, v. 7 *apud* Buckland, 1991, p. 1).

Figura 2 – Informação como coisa

Fonte: elaborada pelas autoras (2020), baseada em Buckland (1991)

Buckland (1991, p. 2, tradução nossa) ainda considera que

> Conhecimento, convicção e opinião são atributos individuais, subjetivos e conceituais. Entretanto, para comunicá-los, eles têm que ser expressos, descritos ou representados de alguma maneira física, como um sinal, texto ou comunicação. Qualquer expressão, descrição ou representação seria "informação-como-coisa".[21]

De acordo com o exposto, o conhecimento é algo intangível que dependerá do receptor da informação. A informação como o ato de informar também é intangível, pois dependerá do emissor da informação a ação de transmitir seu conhecimento. Já a informação como coisa é tangível, pois esse conhecimento está materializado em algum suporte.

Tognoli (2012b, p. 116) aponta que "[...] informação-como-coisa [...] reside o objeto mais palpável da Ciência da Informação (ou seja, aquele sobre o qual incidirão diretamente os processos da CI) e, consequentemente, da Arquivologia".

Quanto à Organização do Conhecimento, Hjørland considera que ela diz respeito a

---

[21] "Knowledge, belief, and opinion are personal, subjective, and conceptual. Therefore, to communicate them, they have to be expressed, described, or represented in some physical way, as a signal, text, or communication. Any such expression, description, or representation would be 'information-as-thing'." (Buckland, 1991, p. 2).

> [...] atividades como descrição de documentos, indexação e classificação realizadas em bibliotecas, bases de dados, arquivos e outros tipos de "intuições de memória" por bibliotecários, arquivistas, especialistas da informação, especialistas no assunto, bem como por algoritmos de computador e leigos.[22] (Hjørland, 2008, p. 86, tradução nossa).

A Organização do Conhecimento envolve os processos relacionados com a representação da informação e do conhecimento, objetivando o acesso à informação, como dito, relacionada com a Ciência da Informação.

Já a Organização da Informação, Svenonius (2000, p. 1, tradução nossa) considera que "[...] sua característica saliente é que a informação é organizada descrevendo-a usando uma linguagem de propósito-especial"[23]. Hjørland (2008) define Organização do Conhecimento tendo como ponto-chave a descrição em diferentes ambientes para públicos distintos. Svenonius, como apresentado, não utiliza o termo "organização do conhecimento", e sim "organização da informação". Alguns autores, como Smiraglia (2014) e Hjørland (2012), identificaram que a nomenclatura é diferente, mas o objetivo é o mesmo. Smiraglia (2014), em seu livro *The Elements of Knowledge Organization*, faz uma análise de quatro teorias da Organização do Conhecimento dos autores Hjørland, Dalhberg, Wilson e Svenonius. Quando o autor aborda Svenonius, traz a publicação de 2000, citada anteriormente, *The Intellectual Foundations of Information Organization*, e explica o uso do termo "*Information Organization*" (IO):

> [...] o título de seu livro usa a expressão "organização da informação" ao invés do termo que estamos usando (organização do conhecimento) é um sinal da imprecisão das definições dentro da disciplina da ciência da informação e das subdisciplinas (ou domínios) que trabalham dentro desta.[24] (Smiraglia, 2014, p. 13, tradução nossa).

Já para Hjørland (2012, p. 10, tradução nossa), o referido livro de Svenonius "[...] é claramente um trabalho da tradição de LIS e KO, que escolheu o rótulo IO em vez de KO" (e, portanto, indica a sinonímia entre

---

[22] "[...] activities such as document description, indexing and classification performed in libraries, bibliographical databases, archives and other kinds of 'memory intuitions' by librarians, archivists, information specialists, subject specialists, as well as by computer algorithms and laymen." (Hjørland, 2018, p. 86).

[23] "[...] its salient feature is that information is organized by describing it using a special-purpose language" (Svenonius, 2000, p. 1).

[24] "[...] That the Title of her book uses the phrase 'information organization'organization' instead of the tern we are using (knowledge orgazation) is a sign oh the imprecision of definitions within the discipline of information science and the sub-disciplines (or domains) that work within it". (Smiraglia, 2014, p. 13).

esses termos),[25] ou seja, os dois autores estão considerando que, mesmo com os diferentes termos, a Organização da Informação e a Organização do Conhecimento são sinônimos, nesse caso específico.

Contudo, outras contribuições em âmbito nacional e internacional auxiliam no entendimento da discussão. No contexto brasileiro, Bräscher e Café, em 2008, publicaram o artigo intitulado "Organização da Informação ou Organização do Conhecimento?", em que buscaram delinear uma proposta conceitual preliminar, delimitando o entendimento das disciplinas sobre esses domínios. Nesse artigo, os termos não são considerados sinônimos, as autoras distinguem a "organização do conhecimento" da "organização da informação", assim como a "representação da informação" da "representação do conhecimento", consequentemente.

Para as autoras, a Organização do Conhecimento é aquela que "[...] visa à construção de modelos de mundo que se constituem em abstrações da realidade" (Bräscher; Café, 2008, p. 6). Quando esses modelos de mundo são transformados em conceitos, tem-se a Representação do Conhecimento. O que as autoras entendem por conceito é baseado em Dahlberg (1978, p. 102), que considera como conceito "[...] a compilação de enunciados verdadeiros sobre determinado objeto, fixada por um símbolo linguístico."

Já a Organização da Informação "[...] é, portanto, um processo que envolve a descrição física e de conteúdo dos objetos informacionais" (Bräscher; Café, 2008, p. 6). Dessa forma, a Organização do Conhecimento está relacionada a algo conceitual (cognição), enquanto a Organização da Informação está ligada à materialidade/registro desse conceito (objetos físicos) (Lehmkuhl; Silva, 2017).

O que Hjørland (2008 *apud* Bräshcer; Café, 2008, p. 6) define como OC – "[...] o processo de organização do conhecimento, no sentido restrito usado na Ciência da Informação, compreende a elaboração de resumos, a catalogação, a classificação, a indexação, o estabelecimento de elos etc." – de acordo com a proposta conceitual das autoras, é OI, e não OC.

O processo de OI é constituído por etapas/metodologias aplicadas que visam à melhor recuperação e ao acesso à informação. Como parte do processo de OI, há a descrição física e de conteúdo do objeto. A descrição é um enunciado de propriedades de um "objeto" ou das relações desse

---

[25] "[...] is clearly a work from the tradition of LIS and KO, which has chosen the label IO rather than KO (and therefore indicating synonymity between these terms)." (Hjørland, 2012, p. 10).

objeto com outros que o identificam (Svenonius, 2000 *apud* Bräscher; Café, 2008). O fruto dessa descrição é chamado de representação da informação, entendida como "[...] um conjunto de elementos descritivos que representam os atributos de um objeto informacional específico" (Bräscher; Café, 2008, p. 5). Dessa forma, a questão se envolve na perspectiva de caracterizar o objeto em sua essência para que sua recuperação possa ser feita de forma eficaz.

Internacionalmente, essa análise terminológica é impulsionada por Hjørland em 2012, com o artigo "Knowledge Organization = Information Organization?",[26] título que se assemelha ao das brasileiras Bräscher e Café, inclusive. Nesse artigo, Hjørland faz uma análise do uso dos termos "Information Organization (IO)", "Organization of Information (OI)", "Information Architecture (IA)" e "Knowledge Organization (KO)", dentre diversos autores da área de Biblioteconomia, Ciência da Informação e outras áreas. A questão levantada por Hjørland busca identificar se esses termos podem ser considerados sinônimos ou não.

O autor considera que a "Organização do Conhecimento" já é um termo consolidado, principalmente após a criação da ISKO. "Information Architecture" "[...] é um termo bastante novo, que em alguns contextos parece ser mais 'quente', tecnologicamente avançado ou de prestígio"[27] (Hjørland, 2012, p. 8, tradução nossa). E "Information Organization" e "Organization of Information" foram incluídos para esclarecer o uso desses termos relacionados. É interessante o uso destas duas últimas terminologias, pois na tradução para o português querem dizer a mesma coisa. Porém, na recuperação dos dados de Hjørland, apresentam autores totalmente distintos. O objetivo desta pesquisa está relacionado aos termos "Organização do Conhecimento" e "Organização da Informação", contudo, como há essa distinção de tradução, serão apresentados aqui os quatro termos estudados por Hjørland.

A busca de Hjørland foi realizada no Índice de Citações de Ciências Sociais (SSCI)[28] de duas formas: uma com o filtro "todos os campos" e outra com o campo específico de "Ciência da Informação e Biblioteconomia".

---

[26] "Organização do Conhecimento = Organização da Informação?"
[27] "[...] is a rather new term, which in some contexts seems to be more "hot," technological advanced or prestigious term." (Hjørland, 2012, p. 8).
[28] Social Science Citation Index (SSCI). "O Social Sciences Citation Index é um índice multidisciplinar e indexa mais de 3.000 periódicos de ciências sociais – de 1988 até o presente" (Maastricht University, [201-], tradução nossa).

Dentre o que foi recuperado, Hjørland dividiu as seguintes classes: 1) os autores mais citados; 2) os periódicos mais citados ou trabalhos; e 3) as referências mais citadas.

Dentre os resultados, têm-se, por exemplo, os autores mais citados para "Organização do Conhecimento" em todos os campos: Hjørland, Dahlberg, Beghtol, Chi Mth e Kogut. Já o resultado para "Organização do Conhecimento" em campo específico de "CI e Biblioteconomia" apresenta Hjørland, Dahlberg, Beghtol, Ranganathan e Soergel.

Quanto à "Organização da Informação" em todos os campos, têm-se Miller, Svenonius, Baddeley, Porter e Zand. Já o resultado para "Organização da Informação" em campo específico apresenta Svenonius, Belkin, Choo, Ingwersen e Taylor. Alguns nomes já são conhecidos na área da Organização da Informação, como Svenonius e Choo, mas parte dos outros autores é da Psicologia ou estuda Administração. Para Hjørland (2012, p. 11, tradução nossa), "Parece que o IO [Information Organization] às vezes é usado como sinônimo de KO [Knowledge Organzation], mas em geral é muito variado o que é encontrado por esse termo"[29].

Quando se analisa o termo "Organization of Information" em "todos os campos", encontram-se os autores Duncan, Williamson, Alchian, Posner e Kahneman. E, em campo específico, apresentam-se Case, Davenport, Fidel, Kwasnik e Patton. Uma rápida busca pelo currículo dos autores recuperados em "todos os campos" demonstra que são psicólogos e economistas, consequentemente as revistas em que mais publicam nessa categoria são da área de Psicologia, o que para Hjørland faz do "Organization of Information" o "[...] termo com o elo mais fraco para KO e também é muito misto, o que é encontrado por ele"[30] (Hjørland, 2012, p. 11, tradução nossa).

Já o termo "Information Architecture" traz autores bem distintos, não vistos nas outras opções. Hjørland (2012, p. 11, tradução nossa) traz a "Information Architecture" como um campo "novo", mas depois finaliza dizendo que, "Na minha opinião, IA [Information Architecture] é, até certo ponto, 'vinho velho em garrafas novas' e a tendência para criar novos rótulos pode ter alguns efeitos negativos na fragmentação do campo".[31]

---

[29] "It appears that IO is sometimes used as synonym for KO, but in general it is very mixed what is found by that term." (Hjørland, 2012, p. 11).

[30] "[...] the term with the weakest link to KO and it is also very mixed, what is found by it." (Hjørland, 2012, p. 11).

[31] "In my opinion IA is to some extent – old wine in new bottle and the tendency to create new labels may have some negative effects in fragmenting the field." (Hjørland, 2012, p. 11).

Após a análise dos quatro termos utilizados por Hjørland, o autor chega à conclusão de que, "Aparentemente, os dados mostram que esses termos não devem ser considerados sinônimos porque cada um dos termos IO, OI, IA e KO produz um conjunto diferente de autores, periódicos e artigos de alta classificação"[32] (Hjørland, 2012, p. 8, tradução nossa, grifo nosso). Porém, concorda que, em muitos casos, os termos são usados de forma intercambiável e, portanto, indicando sinonímia, como o caso apresentado de Svenonius. Ainda para o autor, os princípios teóricos subjacentes são análogos, mas os diferentes termos têm tendência a serem aplicados em diferentes contextos: "KO no contexto da biblioteca; IA no contexto da web e IO e OI de maneiras não especificadas"[33] (Hjørland, 2012, p. 8, tradução nossa).

Hjørland não utiliza a mesma metodologia de Bräscher e Café, o que não permite equiparar as duas visões. O que se propôs aqui foi demonstrar que a temática está sendo discutida e que não há, ainda, definição única sobre o assunto.

Dessa forma, o que Bräscher e Café (2008) trazem como definições distintas, uma relacionada às construções psíquicas e outra às construções físicas, Hjørland alega que a distinção entre os termos deriva de seu objetivo e do contexto em que estão inseridos. Assim, considerando o que está sendo abordado no Brasil, levando em conta as definições de Bräscher e Café e o que Hjørland afirma, quando diz que os termos não são sinônimos, para esta pesquisa os dois termos são distintos. A distinção proposta por Bräscher e Café torna, inclusive, mais concreta a interação da OC e OI com outras áreas do conhecimento, como a Ciência da Informação e a Arquivologia.

Uma dessas interações da Arquivologia, da CI, da OC e da OI, conforme apresentado por Buckland (1991) na seção anterior (informação como coisa, processo e conhecimento), vai além da informação como coisa relacionada à CI e à Arquivologia (Tognoli, 2012b). A informação como coisa está relacionada também à OI, já a informação como processo e conhecimento está relacionada à OC.

A informação como processo e como conhecimento enquanto ato cognitivo de transmitir e de receber informação está intimamente ligada à Organização do Conhecimento, aplicada a unidades do pensamento

---

[32] "Apparently the data shows that these terms should not be considered synonyms because each of the terms IO, OI, IA and KO produce a different set of high ranked authors, journals and papers." (Hjørland, 2012, p. 8).
[33] "KO in the library context; IA in the web-context and IO and OI in more unspecified ways." (Hjørland, 2012, p. 8).

(conceitos), pois, para transmitir/receber a informação, o emissor/receptor estará criando conceitos que representarão o que foi recebido, gerando "inteligência"; e, para comunicar o conhecimento, o emissor estará criando conceitos para que seu receptor absolva o que está sendo transmitido.

Já a informação como coisa, objetos físicos que tenham a função de informar, está relacionada à Organização da Informação, que também está pautada na materialidade do conhecimento.

No intuito de aprofundar os diálogos entre a OC e a OI com a Arquivologia e considerando que Vital e Bräscher (2015) apontam que a OI e a RI na Arquivologia são desenvolvidas, especificamente, nos processos de classificação e descrição, por exemplo, serão apresentadas a seguir, para além dessas duas funções, a função de avaliação e a agora revisitada a partir da divisão estabelecida por Couture (2003), a função indexação unida à descrição.

2.2.1 A Organização do Conhecimento e da Informação frente às funções arquivísticas

A Arquivologia a partir da abordagem teórica integrada, passa a ter por objeto de estudo a informação orgânica arquivística; essa alteração faz com que a área dialogue mais com a CI e com a OC/OI. Nesse sentido, diversos autores têm buscado aprofundar as relações entre as disciplinas, demonstrando que os processos de uma e de outra são similares e que podem mutuamente se auxiliar, compartilhando de referencial teórico-metodológico, por exemplo (Barros, 2016; Tognoli; Barros, 2015; Vital; Bräscher, 2015; Vital; Medeiros; Bräscher, 2017). Para Rousseau e Couture (1998, p. 129),

> [...] a arquivística contemporânea tem obrigação de evoluir rapidamente, a fim de ocupar de maneira plena o seu lugar enquanto disciplina socialmente admitida, porque rendível e eficaz para os seus utilizadores (administradores, investigadores, etc.) e perfeitamente adaptada às necessidades de gestão da informação próprias do século XX.

Rousseau e Couture, principais responsáveis pela inserção da informação orgânica na Arquivologia, demonstram que a disciplina precisa evoluir e acompanhar o desenvolvimento de seu entorno. O diálogo com disciplinas que também possuem como objeto a informação se torna essencial, como a CI, a OC e a OI, para além de outras, como Administração, Estatística, História, Museologia etc., que também podem fazer parte desse universo informacional assistido na Arquivologia contemporânea. Adiante serão trabalhadas três das funções arquivísticas (classificação, descrição/indexação e avaliação), demonstrando interlocuções entre a OC e a OI com a Arquivologia.

2.2.1.1 Classificação

Vital e Bräscher (2015, p. 2), conforme citado anteriormente, veem na classificação arquivística formas de organizar e representar a informação. Para elas, "A classificação diz respeito à ordenação física e intelectual dos documentos, de forma hierarquizada e explicitando as relações entre eles". Também Sousa (2014, p. 6) enfatiza o papel da organização intelectual e da organização física presentes na classificação arquivística, considerando que

> Podemos dividir o processo classificatório em duas partes: a parte intelectual e a parte física. A parte intelectual se refere à classificação propriamente dita (processo mental de estabelecimento de classes) e à ordenação (a disposição dos documentos nas classes estabelecidas). A codificação entra como último elemento dessa parte intelectual. A parte física é representada pelo arquivamento dos documentos em um local determinado pela classificação e disposto segundo uma ordem definida.

A visão de Sousa (2014) para classificação (a ordenação física e intelectual) corrobora com as contribuições de Couture (2003) que serão apresentadas neste livro, ao identificar que a classificação é composta do componente intelectual (distribuição por classes, de acordo o método adotado) e material (ação de classificar).

Fazendo o paralelo com o que Bräscher e Café (2008) definem como OC e OI, o que está sendo base para esta pesquisa, considera-se que a classificação arquivística utiliza-se das bases da Organização do Conhecimento (aplicada a unidades do pensamento – conceitos). Por exemplo, quando o arquivista realiza a classificação de documentos na instituição, tem que obter primeiro certos conhecimentos a respeito da instituição, seu funcionamento e os fluxos de trabalho, realizando entrevistas, pesquisas em documentos etc. Somente assim ele terá propriedade para elaborar o plano de classificação. Esse conhecimento prévio a ser obtido é considerado aqui como Organização do Conhecimento, tendo como resultado o plano de classificação, constituído por parte intelectual (Sousa, 2014) ou componente intelectual (Couture, 2003). E cabe à Organização e à Representação da Informação a organização lógica e física dos documentos de acordo com o plano, que é a parte física (Sousa, 2014) ou o componente material (Couture, 2003).

Para Vital, Medeiros e Bräscher (2017, p. 45, grifo nosso),

> Quanto à classificação arquivística, verifica-se que apresenta aspectos de **organização e representação do conhecimento**, pois visa construir classes por meio da análise das funções e/ou da estrutura organizacional, ou seja, não parte de objetos em si, mas do conhecimento contextual. Por outro lado, após a elaboração do plano de classificação, resultante do processo, a sua aplicação para organizar os documentos tem características de **organização e representação da informação**, pois analisa os objetos físicos (documentos) visando organizá-los em classes pré-estabelecidas, dando-lhes tanto uma organização lógica quanto física.

As autoras apontam que a OC/RC é a análise das funções e da estrutura da instituição, tendo como resultado o plano de classificação. Já na OI/RI estaria presente a análise do objeto físico, o documento, para organizá-lo. Aqui considera-se que a OI/RI estaria presente já na materialidade do plano, quando o conhecimento é transferido para o plano de classificação.

Nesse sentido, levando em conta a perspectiva da OC/OI e os conceitos de classificação arquivística apresentados, essa função tem os seguintes elementos:

Quadro 2 – O processo de classificação arquivística com base na OC/OI

Etapa	Ação
Organização e Representação do Conhecimento	Trabalho intelectual do arquivista e sua equipe para buscar conhecimento prévio para a elaboração do plano de classificação. Parte intelectual (Sousa, 2014) ou componente intelectual (Couture, 2003).
Organização e Representação da Informação	O plano de classificação. Organização lógica e disposição física dos documentos a partir das classes estabelecidas no plano de classificação. Parte física (Sousa, 2014) ou componente material (Couture, 2003).

Fonte: elaborado pelas autoras (2021)

2.2.1.2 Descrição/Indexação

Para Ribeiro (1996, p. 13), todos os documentos (de arquivo ou outros) possuem informação "[...] nos Arquivos, essa informação torna-se acessível através dos instrumentos de pesquisa, constituídos por unidades de descrição, organizadas segundo determinados critérios".

Quanto à descrição de documentos, Bräscher e Café (2008, p. 6) consideram que é também um meio de representação da informação, "[...] compreendida como o conjunto de atributos que representa determinado objeto informacional e que é obtido pelos processos de descrição física e de conteúdo". Essa descrição de documentos adotada é geral para bibliotecas e arquivos. Já a descrição especificamente arquivística, para Vital e Bräscher (2015, p. 2), "[...] diz respeito à organização e representação da informação e objetiva gerir e recuperar os documentos". A origem epistemológica da palavra "descrição" vem do termo latino *descriptio*, originado do termo *describere*, que significa transcrever, copiar, narrar, definir, distribuir, colocar em classes, escrever sobre (Barros, 2016). Nessa perspectiva, a essência epistemológica da palavra é justamente o que acontece na Arquivologia, como traz Barros: "A descrição é a análise realizada pelo arquivista sobre os fundos e os documentos de arquivo agrupados natural ou artificialmente, com o objetivo de sintetizar e condensar a informação neles contida para oferecê-la aos interessados" (Barros, 2016, p. 38).

Essa análise realizada pelo arquivista requer conhecimento a respeito do órgão produtor, da produção documental, de tipologias, tipos documentais etc.; exige leitura dos documentos e aquisição de um rol de informações para que possa então identificar as características, os relacionamentos e os conceitos da informação orgânica arquivística e seu contexto. Nesse sentido, considera-se aqui que há aspectos da OC/RC relacionados às características do plano conceitual da descrição.

Quando os conceitos saem da unidade de pensamento (OC/RC) e são transformados em definições, gerarão a descrição física e de conteúdo do documento ou conjunto documental. Essa descrição é a base da construção dos instrumentos de pesquisas para posterior recuperação da informação. Para Rousseau e Couture (1998, p. 138), esses instrumentos fundamentais contemplam os catálogos, os guias, os repertórios, os inventários, bem como os índices (objetos físicos). Esse aspecto da descrição é considerado aqui como processo de OI/RI.

Para Vital, Medeiros e Bräscher (2017, p. 45),

> [...] a Organização e Representação da Informação em documentos arquivísticos apresentam características marcantes no processo de descrição. Este, por sua vez, fundamenta-se na análise contextual e posterior representação das informações dos conjuntos documentais consideradas relevantes para seu entendimento e recuperação.

As autoras concordam que há aspectos da OI e da RI na descrição arquivística, já a OC considera-se aqui que estaria presente no que elas denominam de "análise contextual", que seria uma prévia para posterior representação.

Ainda quanto à função de descrição, que será apresentada mais especificamente em subcapítulo a frente, a indexação passou a fazer parte deste processo a partir de Couture (2003). Silva, Sousa e Bandeira (2012), no artigo intitulado "A representação temática em documentos arquivísticos: o caso da indexação documental realizada pelos alunos de Arquivologia da UFPB", e Sousa e Araújo Junior (2017), com o artigo intitulado "A indexação e criação de taxonomias para documentos de arquivo: proposta para a expansão do acesso e integração das fontes de informação", demonstram a inserção da indexação no universo arquivístico. Mais precisamente na Organização do Conhecimento e na Arquivologia, Barros (2016) busca dialogar com esses três pontos no artigo intitulado "A indexação e a arquivística: aproximações iniciais no universo teórico da organização e representação do conhecimento".

Para Barros (2016, p. 41), "[...] é possível compreender a indexação como uma fase do processo de representação arquivística". Para exemplificar esse processo de representação, o autor traz a seguinte imagem:

Figura 3 – Processo de representação arquivística

Fonte: elaborada pelas autoras (2020), baseada em Barros (2016, p. 41)

No entanto, Barros não apresenta de onde está partindo a visão da Organização do Conhecimento. Dentre suas referências, está Hjørland (2008), com o texto "What is Knowledge Organization (KO)?", mas no conteúdo do texto não há citações a respeito dessa publicação. De igual forma, o que se propõe aqui é demonstrar que a indexação está sendo discutida na Arquivologia enquanto processo de representação junto da descrição.

A partir do que foi demonstrado, considera-se que a indexação na Arquivologia possui relação com a OC, partindo do pressuposto de que o arquivista precisará conhecer (análise conceitual) os documentos para a criação dos indexadores, e relação com a OI, quando o arquivista cria os vocabulários controlados, tesauros (físicos).

2.2.1.3 *Avaliação arquivística*

A avaliação arquivística é feita a partir do plano de classificação. Após a identificação e a categorização dos documentos, o arquivista poderá elaborar a Tabela de Temporalidade e Destinação de Documentos (TTDD). Para que sejam estipulados os prazos de guarda dos documentos ou sua eliminação, será necessária a constituição de uma comissão permanente de avaliação. Essa comissão multidisciplinar será responsável pelos estudos contextuais e documentais, pelas leis (tributárias, civis, contábeis que os envolvem), pelos usos futuros e pela identificação de possíveis documentos que podem servir para a construção da história e da memória da instituição/pessoa, dentre outros. Somente nesse exemplo fica claro o conhecimento prévio que toda a equipe precisará possuir para que seja definido o prazo de guarda dos documentos, o que se considera aqui como Organização do Conhecimento. O resultado do processo de avaliação será a TTDD (instrumento físico), nesse caso, a Organização e a Representação da Informação.

O conhecimento que está aqui sendo considerado é o do arquivista e o de sua equipe e/ou comissão, um conhecimento advindo da necessidade de avaliação e destinação dos documentos, que será explicitado em instrumentos arquivísticos, como a TTDD. Para que a informação produzida pelo arquivista seja transformada em novo conhecimento, o usuário precisará conhecer, ser informado sobre o arquivo, o documento ou o material arquivístico. O Quadro 3 demonstra os possíveis diálogos entre função arquivística, OC e OI.

Quadro 3 – Descrição das funções arquivísticas de classificação, descrição e avaliação e sua relação com a OC e a OI

Função	Organização do Conhecimento	Organização da Informação
Classificação	Componente intelectual – elaboração do plano de classificação.	Componente físico – o próprio plano de classificação.
Descrição	Componente intelectual – Conhecimento a respeito do contexto de produção dos documentos.	Componente físico – Instrumentos de pesquisas gerados.
Avaliação	Componente intelectual – Conhecimento a respeito dos possíveis usos dos documentos produzidos no futuro.	Componente físico – Tabela de temporalidade e destinação de documentos.

Fonte: elaborado pelas autoras (2020)

As interlocuções entre a OC/OI e a Arquivologia estão cada vez mais acentuadas, aqui abordadas especificamente a partir de três funções arquivísticas. Essas três funções, porém, não esgotam esse assunto, além de existir a possibilidade de novos estudos relacionando a OC/OI com outras funções arquivísticas e com o diagnóstico (que será apresentado no próximo capítulo e proposto como uma função arquivística), o acesso perante o usuário e o conhecimento gerado, até mesmo com a preservação/conservação a partir da criação de planos e programas de preservação de acervos, por exemplo.

AS FUNÇÕES ARQUIVÍSTICAS

As funções arquivísticas são consideradas pelos autores Couture e Ducharme (2005) um dos campos de estudo da Ciência Arquivística; os autores ainda detalham que ao todo são nove campos:

> 1) objeto e finalidade do arquivo; 2) arquivos e sociedade; 3) história dos arquivos da arquivística; 4) funções arquivísticas; 5) gestão de programas e serviços de arquivos; 6) tecnologias; 7) suportes e tipos de arquivos: arquivos eletrônicos; 8) ambientes de arquivo; 9) problemas particulares relacionados aos arquivos. (Couture; Ducharme, 2005, p. 41, tradução nossa)[34].

Couture e Ducharme (2005) indicam outro autor, Pedersen (1994 *apud* Couture; Ducharme, 2005), que considera seis os campos de pesquisa, dentre eles:

> 1) a natureza da informação e da documentação histórica; 2) a história da sociedade e suas instituições; 3) arquivos na sociedade; 4) questões e relacionamentos (incluindo etnias, tecnologias da informação e outros problemas inerentes aos arquivos); 5) funções arquivísticas; e 6) o gerenciamento de programas de arquivo. (Pedersen, 1994 *apud* Couture; Ducharme, 2005, p. 46, tradução nossa[35]).

Mesmo as visões dos autores apresentando diferenças, os dois textos levantam como um dos campos de pesquisa da área as funções arquivísticas, foco deste livro. Nesse sentido, Couture (2016, p. 3) considera que "Se os princípios e fundamentos teóricos fornecem uma espinha dorsal para a arquivística, as funções constituem sua musculatura" demonstrando que as funções dão sustentação à área.

---

[34] "1) Objet et finalité de l'archivistique; 2) Archives et société; 3) Histoire des archives et de l'archivistique; 4) Fonctions archivistiques; 5) Gestion des programmes et des services d'archives; 6) Technologies; 7) Supports et types d'archives: les archives électroniques; 8) Milieux d'archives; 9) Problèmes particuliers relatifs aux archives." (Couture; Ducharme, 2005, p. 41).

[35] "1) the nature of information and of historical documentation; 2) the history of society and its institutions; 3) archives in society; 4) issues and relationships (including ethnics, information technologies, and other problems inherent to archives); 5) archival functions; and 6) the management of archival programs." (Couture; Ducharme, 2005, p. 46).

Dessa forma, este capítulo trará uma pesquisa bibliográfica feita sobre as funções arquivísticas,[36] enfatizando a pertinência sobre a temática deste livro. Na sequência serão apresentadas a visão dos autores e suas obras selecionadas sobre as funções arquivísticas. Para encerrar será exposta a releitura feita.

3.1 PESQUISANDO SOBRE AS FUNÇÕES ARQUIVÍSTICAS

Para responder a um dos objetivos da obra, foi realizada uma pesquisa bibliográfica nas bases de dados: Biblioteca Digital Brasileira de Teses e Dissertações (BDTD); Base de Dados Referenciais de Artigos de Periódicos em Ciência da Informação (Brapci); Scopus; e bases de dados integradas (Web of Science Core Collection (WOS), Derwent Innovations Index (DII), Korean Journal Database (KCI), Russian Science Citation Index (RSCI) e SciELO Citation Index). As palavras-chave utilizadas foram: "funções arquivísticas" e "*archival functions*"[37], dependendo da base pesquisada. De todos os documentos recuperados, foram lidos os títulos e os resumos; caso estivessem dentro do escopo, eram abertos e identificados[38]. O objetivo desse levantamento foi identificar produções científicas que tinham como objetivo analisar as funções arquivísticas e também aqueles que utilizavam as funções arquivísticas como base para a fundamentação teórica.

O levantamento realizado nas bases demonstrou que não havia textos cujo objetivo foi uma releitura das funções arquivísticas no Brasil e no exterior, como se propõe nesta obra. Contudo, o artigo de Couture e Ducharme (2005)[39] foi recuperado na base de dados Scopus e, ao ser estudado, identificou-se que se tratava de uma republicação de um texto em francês de 1998 dos autores[40], com a diferença daquele possuir *résumé* e *abstract* e este não. Dessa forma, os dois serão utilizados como base para a revisão juntamente com os outros textos já destacados.

Quanto ao segundo momento do levantamento de dados, identificar pesquisas que utilizam as funções arquivísticas em sua fundamentação teórica, está apresentado na última coluna do quadro a seguir. Chama-se

---

[36] Salienta-se que o termo "arquivística" será utilizado para se tratar das funções, enquanto o termo "arquivologia" será utilizado quando se tratar do campo de conhecimento.

[37] Foi realizada uma pesquisa nas bases internacionais pelos termos em francês "*fonctions de la archivistique*" e "*fonctions and archivistique*", mas não foi recuperado nenhum estudo.

[38] Fizeram parte da pesquisa somente as publicações que estavam em formato *open access*.

[39] "Research in archival science: a status report" (2005).

[40] "This article was first published in the journal *Archives* 30, nos. 3–4 (1998–1999), p. 11-38, under the title: 'La recherche en archivistique: un état de la question'." (Couture; Ducharme, 2005, p. 41).

atenção ao fato de que todas as pesquisas identificadas a seguir utilizam em grande parte os autores Rousseau e Couture (1994 ou 1998) ou em menor quantidade Santos (2012, 2007 ou 2009) para essa contextualização teórica.

Quadro 4 – Pesquisas sobre as funções arquivísticas

Base de Dados	Palavra-chave utilizada	Produções Recuperadas	Produções que utilizam as funções arquivísticas como fundamentação teórica
BDTD	"funções arquivísticas" Entre aspas, todos os campos.	18 (1 repetido) = 17	1 - VENTURA, Renata. A atuação dos arquivos públicos estaduais do Brasil nas atividades de representação da informação para atendimento da lei de acesso à informação. 2018. **Dissertação** (Mestrado em Ciência da Informação) – Universidade Federal de Santa Catarina, Florianópolis, 2018.
			2 - GOMES, Camila Daniela Lima de Souza. Contribuições histórico-epistemológicas da organicidade como nível de integração teórica da Arquivologia. 2019. 184 f., il. **Dissertação** (Mestrado em Ciência da Informação) – Universidade de Brasília, Brasília, 2019.
			3 - CONRADO, Flavia Helena. Arranjo, descrição e difusão do patrimônio documental arquivístico da Universidade Federal do Rio Grande do Sul. 2014. 187 f. **Dissertação** (Mestrado em História) – Universidade Federal de Santa Maria, Santa Maria, 2014.
			4 - BAISCH, Lucas Figueiredo. Patrimônios de Maria: registro de fotografias digitais para salvaguardar informações do patrimônio arquitetônico da cidade de Santa Maria na Web 2.0 com softwares livres. 2012. 325 f. **Dissertação** (Mestrado em História) – Universidade Federal de Santa Maria, Santa Maria, 2012.

Base de Dados	Palavra-chave utilizada	Produções Recuperadas	Produções que utilizam as funções arquivísticas como fundamentação teórica
BDTD	"funções arquivísticas" Entre aspas, todos os campos.	18 (1 repetido) = 17	5 - KICH, Tassiara Jaqueline Fanck. Descrição do patrimônio documental judicial: processos da Primeira República no Rio Grande do Sul. 2011. 110 f. **Dissertação** (Mestrado em História) – Universidade Federal de Santa Maria, Santa Maria, 2011.
			6 - STROHSCHOEN, Cristina. Quando o patrimônio é uma imagem que quebra: políticas de acesso e preservação de coleções fotográficas de negativos de vidro. 2012. 166 f. **Dissertação** (Mestrado em História) – Universidade Federal de Santa Maria, Santa Maria, 2012.
			7 - BATISTA, Danielle Alves. Auditoria arquivística: uma análise de requisitos no contexto do Arquivo Público do Estado de São Paulo. 2016. 103 f., il. **Dissertação** (Mestrado em Ciência da Informação) – Universidade de Brasília, Brasília, 2016.
			8 - SOARES, Ana Paula Alves. Avaliação da qualidade em serviços de arquivos. 2012. **Dissertação** (Mestrado em Ciência da Informação) – Universidade Federal de Santa Catarina, Florianópolis, 2012.
			9 - WATANABE, Eduardo. Representação das informações de processos judiciais. 2019. 268 f. **Dissertação** (Mestrado em Ciência da Informação) – Universidade de Brasília, Brasília, 2019.
			10 - MACHADO, Magnus Verissimo de Oliveira. Catálogo seletivo de fotografia da escola de iniciação agrícola General Vargas 1954/1985 – São Vicente do Sul RS. 2017. 189 f. **Dissertação** (Mestrado em História) – Universidade Federal de Santa Maria, Santa Maria, 2017.

Base de Dados	Palavra-chave utilizada	Produções Recuperadas	Produções que utilizam as funções arquivísticas como fundamentação teórica
BDTD	"funções arquivísticas" Entre aspas, todos os campos.	18 (1 repetido) = 17	11 - CÉ, Graziella. Uma política de identificação de fundos, descrição e difusão em instituições federais de ensino superior (IFES). 2016. 323 f. **Dissertação** (Mestrado em História) – Universidade Federal de Santa Maria, Santa Maria, 2016.
			12 - SANTOS, Henrique Machado dos. Auditoria de repositórios arquivísticos digitais confiáveis: uma análise das normas ISO 14721 e ISO 16363. 2018. 286 f. **Dissertação** (Mestrado em História) – Universidade Federal de Santa Maria, Santa Maria, 2018.
			13 - BITTENCOURT, Joséli Pasetto. Registros de batismo enquanto patrimônio documental: o olhar arquivístico sobre a Paróquia Nossa Senhora das Vitórias – Cacequi/RS. 2019. 99 f. **Dissertação** (Mestrado em História) – Universidade Federal de Santa Maria, Santa Maria, 2019.
Brapci	funções arquivísticas Por "título, palavra-chave e resumo".	54	1 - PEREIRA, Diogo B.; SILVA, Eliezer P. Funções arquivísticas: caracterizando finalidades de instituições de arquivo. **Ágora**, v. 29, n. 58, p. 1-22, 2019. Disponível em: http://hdl.handle.net/20.500.11959/brapci/112488. Acesso em: 6 abr. 2020.
			2 - LEHMKUHL, Camila S. *et al*. Diálogos entre a função arquivística de avaliação e a representação da informação. **Informação & Informação**, v. 24, n. 2, p. 163-181, 2019. DOI: 10.5433/1981-8920.2019v24n2p163.
			3 - FLORES, Daniel; HEDLUND, Dhion C. Análise e aplicação do ica-atom como ferramenta para descrição e acesso ao patrimônio documental e histórico do município de Santa Maria – RS. **Informação & Informação**, v. 19, n. 3, p. 86-106, 2014. DOI: 10.5433/1981-8920.2014v19n3p86.

Base de Dados	Palavra-chave utilizada	Produções Recuperadas	Produções que utilizam as funções arquivísticas como fundamentação teórica
Brapci	funções arquivísticas Por "título, palavra-chave e resumo".	54	4 - MARTENDAL, Fernanda F.; SILVA, Eva C. L. A abordagem da difusão arquivística nos artigos de periódicos científicos A1 das áreas do conhecimento "comunicação e informação" e "educação" da Capes. **Ciência da Informação em Revista**, v. 7, n. esp., p. 41-56, 2020. DOI: 10.28998/cirev.2020v7nespc.
			5 - SOUZA, Bridget B. S.; SOUZA, Joice J. C. C. E. Princípios para análise da partitura musical como documento arquivístico. **Archeion Online**, v. 2, n. 2, 2014. Disponível em: http://hdl.handle.net/20.500.11959/brapci/14885. Acesso em: 17 nov. 2020.
			6 - MOURA, Iuri I.; BAHIA, Eliana M. D. S. Avaliação de documentos em instituições públicas de ensino superior de Florianópolis – SC: panorama de uma década. **Informação@Profissões**, v. 9, n. 1, p. 48-69, 2020. DOI: 10.5433/2317-4390.2020v9n1p48.
			7 - LOPES, Bianca C. M.; PINHEIRO, Lena V. R. Uma perspectiva interdisciplinar da difusão dos arquivos. *In:* ENCONTRO NACIONAL DE PESQUISA EM CIÊNCIA DA INFORMAÇÃO, 19., 2018. Disponível em: http://hdl.handle.net/20.500.11959/brapci/102722. Acesso em: 17 nov. 2020.
			8 - MENEZES, Priscila L. O processo de difusão desenvolvido pelos arquivos públicos estaduais da região Sul do Brasil. **Ponto de Acesso**, v. 6, n. 3, p. 47-71, 2012. DOI: 10.9771/1981-6766rpa.v6i3.6164.
			9 - ROCKEMBACH, Moisés. Difusão em arquivos: uma função arquivística, informacional e comunicacional. **Informação Arquivística**, v. 4, n. 1, 2015. Disponível em: http://hdl.handle.net/20.500.11959/brapci/41739. Acesso em: 17 nov. 2020.

Base de Dados	Palavra-chave utilizada	Produções Recuperadas	Produções que utilizam as funções arquivísticas como fundamentação teórica
Brapci	funções arquivísticas Por "título, palavra-chave e resumo".	54	10 - NETO, Luiz C. F.; CUNHA, Francisco J. A. P. A disseminação da informação arquivística no sistema de saúde brasileiro: análise do portal do datasus com base nos princípios da lei de acesso à informação. Ágora, v. 30, n. 61, p. 870-885, 2020. Disponível em: http://hdl.handle.net/20.500.11959/brapci/141782. Acesso em: 17 nov. 2020.
			11 - FRANÇA, Henrique E. C.; SOUZA, Josiane F.; CHAVES, Everaldo B. Tratamento arquivístico do prontuário do paciente: um contraponto terminológico a Galvão, Ferreira e Ricarte. **Revista Analisando em Ciência da Informação**, v. 4, n. esp., 2016. Disponível em: http://hdl.handle.net/20.500.11959/brapci/80962. Acesso em: 17 nov. 2020.
Bases de dados integradas: WOS, DII, KCI, RSCI e SciELO	"funções arquivísticas" Pesquisa por tópico.	2	Nenhuma das produções recuperadas utilizou as funções arquivísticas para fundamentação teórica.
	"archival functions" Pesquisa por tópico.	30	2 - GOMES, Daniel L. *et al*. Proposta de uma ferramenta para classificação arquivística com base em ontologias. **Em Questão**, v. 26, n. 1, p. 351-374, 2020. DOI: 10.19132/1808-5245261.351-374.
Scopus	"archival functions" Pesquisa por *all fields*.	94	1 - SOUSA, Renato T. B. de; ARAÚJO JÚNIOR, Rogério H. de. Considerações sobre a classificação e descrição de documentos de arquivo no contexto do ambiente tecnológico e social. **Ciência da Informação**, v. 48, n. 2, 6 set. 2019.
			2 - BATISTA, Danielle A.; OLIVEIRA, Eliane B. Auditoria arquivística: uma proposta de requisitos. **Informação & Sociedade: Estudos**, v. 29, n. 1, 27 mar. 2019.

Base de Dados	Palavra-chave utilizada	Produções Recuperadas	Produções que utilizam as funções arquivísticas como fundamentação teórica
Scopus	"archival functions" Pesquisa por all fields.	94	3 - SIMÕES, Maria da Graça; FREITAS, Maria C. V de; RODRÍGUEZ-BRAVO, Blanca. Theory of Classification and Classification in Libraries and Archives: Convergences and Divergences. **Knowledge Organization**, v. 43, Issue 7, p. 530-538, 2016.
			4 - COUTURE, Carol; DUCHARME, Daniel. Research in Archival Science: A Status Report. **Archivaria**, n. 59, p. 41-67, 2005.
	funções arquivísticas Pesquisa por all fields.	1	Não utilizou as funções arquivísticas para fundamentação teórica.

Fonte: elaborado pelas autoras (2020)

A partir da apresentação do Quadro 4, ficam evidentes alguns fatos, os quais são apresentados por meio de quatro tópicos a seguir.

1. Na BDTD, dentre as 17 dissertações e teses recuperadas, 13 usam as funções arquivísticas como base, o que se considera um número expressivo. Essas pesquisas são das universidades UnB (3), UFSC (2) e UFSM (8). Na UFSM é possível assistir a um padrão de orientação dessas pesquisas, principalmente pelo professor Dr. Daniel Flores, que pode demonstrar uma possível linha de pesquisa seguida por esse professor.

2. Nas bases internacionais (bases integradas WOS, DII, KCI, RSCI, SciELO e Scopus), mesmo as buscas feitas com palavras-chave em inglês, o que se recupera na maioria são textos brasileiros que utilizam as funções como fundamentação teórica. Fato que demonstra que a adoção das funções arquivísticas tem sido uma prática brasileira. Os únicos textos que estão em outra língua e que foram apresentados no Quadro 4 são o de Couture e Ducharme (2005) e o de Simões, Freitas e Rodríguez-Bravo (2016), este último está publicado na Knowledge Organization e trata da classificação em arquivos e bibliotecas. As autoras Simões e Freitas são da Universidade de Coimbra e Rodrígue-

z-Bravo de Léon, da Espanha, o que destoa do restante das pesquisas recuperadas; contudo, Freitas fez seu mestrado na Universidade Federal de Minas Gerais (UFMG), o que pode demonstrar possível vínculo com essa leitura brasileira das funções arquivísticas.
3. Chama atenção em todas as pesquisas realizadas, seja nas bases brasileiras ou nas internacionais, que o Brasil está adotando as funções arquivísticas de forma interdependente como metodologia de pesquisa. Os autores partem das sete funções arquivísticas para analisar um viés específico, por exemplo, Rockembach (2015), em "Difusão em arquivos: uma função arquivística, informacional e comunicacional". Mas, nenhuma delas propõe uma releitura das funções de forma globalizada.
4. Outro fato a ser mencionado é que as publicações recuperadas datam principalmente os últimos 10 anos. A pesquisa mais antiga recuperada foi de 2011, na UFSM, sob a orientação da Prof.ª Dr.ª Glaucia Konrad. Não foi possível identificar um fato específico que justificasse esse rumo que as funções arquivísticas tomaram no Brasil. Contudo, acredita-se que a difusão do livro de Rousseau e Couture, traduzido em 1998 para o português de Portugal, tenha sido uma das motivações para seu uso no Brasil.

3.2 APRESENTAÇÃO DAS FUNÇÕES ARQUIVÍSTICAS E SEUS AUTORES

Aqui serão apresentadas as visões de Rousseau e Couture (1998), Couture e Ducharme (1998/1999, 2005), Couture *et al.* (2003) e Santos (2007). Ao final, será exibido um quadro compilando todas as visões apresentadas.

As funções arquivísticas, como relatado anteriormente, provêm da Arquivologia na abordagem teórica integrada, ou seja, aquela que busca a conexão entre as abordagens tradicional e *records management*. Considerando que é uma abordagem canadense, parte dos autores analisados aqui será consequentemente canadense.

As sete funções identificadas por Rousseau e Couture são "criação, avaliação, aquisição, conservação, classificação, descrição e difusão de arquivos"[41] (Rousseau; Couture, 1998, p. 265). Os autores ainda frisam que "[...] não se

---

[41] Em francês: *"la création, l'évaluation, l'acquisition, la classification, la description, la communication et la conservation"* (Rousseau; Couture, 1994, p. 50-51). Em francês: *"création des documents, l'évaluation, l'acquisition (accroissement), la classification, la description, la diffusion et la préservation"* (Couture, 2016, p. 3). Em inglês: *"records creation, appraisal, acquisition, arrangement, description, preservation, and accessibility"* (Couture; Ducharme, 1998/1999, p. 49).

trata aqui de estabelecer distinções entre os arquivos correntes, os intermediários e os definitivos" (Rousseau; Couture, 1998, p. 265). As funções devem "[...] cobrir o conjunto dos princípios, dos métodos e das operações que se aplicam à organização e ao tratamento dos arquivos, independentemente da idade destes" (Rousseau; Couture, 1998, p. 265). Os autores deixam visível essa intenção de integração das idades da Arquivologia, antes dividida.

As funções arquivísticas trazidas no livro escrito em francês por Rousseau e Couture em 1994, chamado *Les Fondements de la Discipline Archivistique*[42] foram traduzidas para o português (de Portugal) em 1998, como já mencionado. Quanto às funções no livro traduzido, no resumo são denominadas as funções de criação, avaliação, aquisição, classificação, descrição, comunicação e conservação (Rousseau; Couture, 1998, p. 22). O termo "comunicação" chama atenção quando posteriormente no mesmo texto traduzido denomina-se "difusão" (Rousseau; Couture, 1998, p. 295). Na escrita original em francês (Rousseau; Couture, 1994), a função é denominada *"la communication"*, o que demonstra considerável diferença na tradução dos termos, não havendo no livro traduzido nenhuma menção a esse respeito. A Figura 4 demonstra como seriam essas sete funções propostas pelo livro traduzido em 1998.

Figura 4 – Funções arquivísticas segundo Rousseau e Couture (1998)

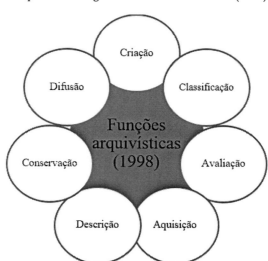

Fonte: elaborada pelas autoras (2021), baseada em Rousseau e Couture (1998)

---

[42] "Os fundamentos da disciplina arquivística."

Posteriormente, Couture *et al.* publicaram em 1999 (com edições em 2003 e em 2008) o livro intitulado *Les Fonctions de L'archivistique Contemporaine*[43]. O livro traz a experiência de dez especialistas, como Florence Arès, Michel Champagne, Hélène Charbonneau, Normand Charbonneau, Carol Couture, Louise Gagnon-Arguin, Gilles Héon, James Lambert, Dominique Maurel e Johanne Perron, grande parte professores na Universidade de Montreal, no Canadá.

No livro, cada autor escreve um capítulo, apenas dois deles são escritos por dois autores. O primeiro capítulo, que será aqui utilizado como base, foi escrito pelo próprio Carol Couture, além do primeiro capítulo, Couture também é o autor do capítulo sobre avaliação. Nesse primeiro capítulo introdutório, ele traz uma leitura geral sobre a construção de uma política de gestão de arquivos e considera que essa política deve ser composta por: legislação e regulamentação; que sejam determinados os recursos necessários humanos e financeiros; e que seja elaborado um plano de ação. Este último, por sua vez, é composto pelas funções arquivísticas. Nesse contexto, as funções arquivísticas farão parte da estrutura de uma política de gestão de arquivos[44].

Também escrito em francês e ainda não traduzido para o português, Couture *et al.* (2003) consideram como funções arquivísticas: l'analyse dês besoins, la création, l'évaluation, l'accroissement (l'acquisition), la classification, la description et l'indexation, la diffusion, la préservation. Como não há tradução da obra, os termos foram aqui traduzidos para o português de acordo com o dicionário do International Council on Archives (ICA); para as palavras não recuperadas nesse dicionário, como "l'accroissement", a tradução foi feita a partir do dicionário brasileiro de terminologia arquivística. Fazendo as devidas traduções, as funções arquivísticas são ilustradas na Figura 5 a seguir.

---

[43] "As funções da Arquivística contemporânea."
[44] A política de gestão de arquivos não é o foco nesta obra, por essa razão não será aqui aprofundada e sim as funções arquivísticas especificamente que estariam nesta visão de Couture (2003) contempladas no plano de ação da política.

Figura 5 – Funções arquivísticas segundo Couture *et al.* (2003)

Fonte: elaborada pelas autoras (2021), baseada em Couture *et al.* (2003)

As sete funções enumeradas por Rousseau e Couture em 1994 (tradução de 1998) se tornam oito em 2003. Há uma discussão sobre a função "análise das necessidades"[45], um estudo prévio feito pelo arquivista sobre o arquivo. A indexação toma forma no campo arquivístico, sendo unida à função de descrição. Além dessas, a aquisição é remodelada e fica mais abrangente, sendo unida ao termo "entrada de documentos"[46], já que não está atentando somente para a aquisição de documentos no arquivo, mas também para a forma com que esse acervo cresce no decorrer dos anos ou com as mudanças do ciclo vital percebidas entre os arquivos corrente/intermediário/permanente, ou seja, quanto à transferência e o recolhimento.

Para, além disso, em 1998 vemos o termo "conservação", quando em 2003 é denominado "preservação".

Importante frisar que em 2016 Couture publicou um artigo na revista *In Situ Revue des Patrimoines* denominado "La discipline archivistique au Canada: état de développement et perspectives d'avenir". Em seu teor,

---

[45] No livro Couture não a considera uma função especificamente arquivística; contudo, como forma de demonstrar a integralidade do livro de Couture *et al.* (2003), em que o Capítulo 2 é denominado "L'analyse des besoins", neste momento é apresentada a análise das necessidades como uma função, fato que será novamente discutido no item 4.3.1.

[46] No dicionário tradicional, a palavra *l'accroissement* é traduzida como "aumento", contudo no Dibrate ela aparece como tradução na definição de entrada de documentos.

Couture aborda o desenvolvimento da Arquivologia no Canadá e afirma em um dos parágrafos:

> Como disciplina, a arquivística canadense desenvolveu um conjunto de funções que lhe são próprias e que ancoram na realidade o papel e as intervenções do arquivista. Tudo baseado na análise de necessidades, racionalização da criação de documentos, avaliação, aquisição (crescimento), classificação, descrição, disseminação e preservação são as funções que caracterizam a disciplina de arquivo.[47] (Couture, 2016, p. 3, tradução nossa).

Essa citação demonstra que até recentemente (2016) Couture ainda considerava que são oito as funções arquivísticas. Não fazia menção à indexação junto da descrição, contudo, como é um texto que o autor possui o objetivo de demonstrar a Arquivologia no Canadá e não tratar especificamente das funções arquivísticas, conforme o livro de Couture *et al.* (2003), não se adentrará nessa discussão. Além disso, chama atenção o fato de Couture abordar que as funções são próprias dessa visão canadense da Arquivologia, confirmando a abordagem integrada como pano de fundo.

Seguindo a análise dos termos utilizados para denominar as funções arquivísticas, pode ser encontrada em artigo publicado por Couture e Ducharme em 1998/1999, intitulado "La recherche en archivistique: un état de la question[48]" (em francês), na revista *Archives*, da Associação dos Arquivistas de Québec; nele as funções são denominadas "création, évaluation, acquisition, classification, description, conservation et diffusion" (Couture; Ducharme, 1998/1999, p. 17). Como mencionado, o artigo foi traduzido para o inglês e republicado em 2005 pela revista *Archivaria*, sob o nome "Research in Archival Science: A Status Report"; nesse texto as funções são "creation, appraisal, acquisition, arrangement, description, preservation, and accessibility" (Couture; Ducharme, 2005, p. 49). O que chama atenção é a palavra "accessibility", que no texto original é "diffusion".

Com uma rápida busca ao Multilingual Archival Terminology[49] (1999, tradução nossa), dicionário do ICA, a palavra "accessibility" é definida como "Direito, oportunidade ou meio de encontrar, usar ou abordar

---

[47] "Comme discipline, l'archivistique canadienne a développé un ensemble de fonctions qui lui sont propres et qui ancrent dans la réalité le rôle et les interventions de l'archiviste. Toutes basées sur une analyse des besoins, la rationalisation de la création des documents, l'évaluation, l'acquisition (accroissement), la classification, la description, la diffusion et la préservation sont les fonctions qui caractérisent la discipline archivistique." (Couture, 2016, p. 3).

[48] "Pesquisa arquivística: um estado da arte."

[49] "Right, opportunity, or means of finding, using, or approaching documents and/or information; in data processing, the process of entering data into and retrieving data from memory." (ICA, 1999).

documentos e/ou informações; no processamento de dados, o processo de inserir dados e recuperar dados da memória", ou seja, o termo está relacionado ao direito de usar e encontrar a informação e ao processo de incluir e recuperar dados. Ainda como palavras relacionadas em francês, encontram-se "accessibilité (fr), communicabilité (fr), contrôle d'autorités (fr), contrôle d'autorités (fr), copie de référence (fr), descripteur (fr), document de référence (fr), document officiel (fr), fichier d'autorités (fr), mot-clé (fr), point d'accès (fr)"[50], ou seja, a palavra "diffusion" não aparece nos itens relacionados. Ela também não consta como termo isolado no dicionário do ICA, assim como no "Dicionário Brasileiro de Terminologia Arquivística do Arquivo Nacional" (Brasil, 2005). Uma das hipóteses para tal diferença na tradução dos textos de Couture e Ducharme (1998/1999, 2005) pode ser o fato de o termo "diffusion" não aparecer no dicionário do ICA, por exemplo.

Como observado, esses são termos que conceitualmente não são tratados como sinônimos, são palavras distintas, mas que podem gerar diferentes interpretações quanto ao uso de um ou outro dependendo do texto que será utilizado como base.

Apresentando uma visão brasileira a respeito das funções, Vanderlei Santos (2007) apresenta no livro *Arquivística: temas contemporâneos* um capítulo intitulado "A prática arquivística em tempos de gestão do conhecimento" no qual traz as funções arquivísticas voltadas para a gestão de documentos, justificando que é uma abordagem sumária sobre as funções arquivísticas. O autor faz uma "combinação" dos termos utilizados para as funções arquivísticas e define o uso de sete delas: criação/produção, classificação, avaliação, aquisição, preservação/conservação, descrição e difusão/acesso. Ele não discute a questão de idiomas e traduções, como apontado anteriormente, mas afirma que,

> Embora existam diversas denominações para cada uma e alguns autores agrupem ou desconsiderem algumas delas, optou-se por usar como referência a proposta de Rousseau e Couture (1998, p. 265), posteriormente aprofundada por um dos autores e seus colaboradores (Couture, *et al.*, 2003). (Santos, 2007, p. 179).

De acordo com a visão de Santos (2007), as funções estariam assim distribuídas:

---

[50] Disponível em: http://www.ciscra.org/mat/mat/term/29.

Figura 6 – Funções arquivísticas de acordo com Santos (2007)

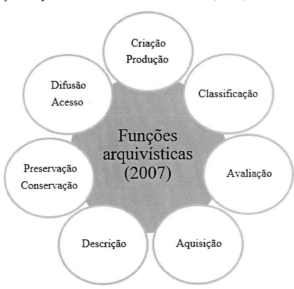

Fonte: elaborada pelas autoras (2021), baseada em Santos (2007)

É válido chamar atenção para a última função – difusão/acesso –, na qual o autor une dois temas. No texto, Santos (2007) justifica o uso da palavra "acesso", pois o termo "difusão" não aparece no "Dicionário Brasileiro de Terminologia Arquivística" (Brasil, 2005) nem no "Dicionário de Terminologia Arquivística" (Bellotto; Camargo, 1996), bases da área; a palavra que representa essa função nesses dicionários é "acesso", por isso a união entre os dois termos. Esse fato demonstra uma necessidade específica da realidade brasileira. Quanto ao diagnóstico (análise das necessidades), o autor não o apresenta como uma função arquivística, mas assinala que "[...] deve ser salientado que uma etapa anterior a qualquer uma dessas funções é o diagnóstico da situação arquivística da instituição [...]" (Santos, 2007, p. 182). Ainda quanto à criação, o autor traz a palavra "produção" e não deixa claro o motivo dessa escolha, mas fica evidente que no contexto brasileiro é mais comum falar-se em produção documental do que em criação documental ou criação de documentos[51].

O Quadro 5 a seguir apresenta uma compilação do que acabou de ser apresentado sobre as funções arquivísticas e as visões de cada autor.

---

[51] Uma busca simples na Brapci apresentou como resultado para "produção documental" (campo de busca: todos) 61 resultados, já para "criação documental" ou "criação de documentos" (todos) exibiu dois resultados.

Quadro 5 – Compilação das funções arquivísticas de acordo com os autores apresentados

Rousseau e Couture (1994) Original em francês	Rousseau e Couture (1998) Tradução para o português do livro de 1994	Couture e Ducharme (1998/1999) Original em francês	Couture e Ducharme (2005) Tradução para o inglês do texto de 1998/1999	Couture et al. (2003) Em francês	Santos (2007) Original em português
				Analyse dês besoins	
Création	Criação	Création	Creation	Création	Criação/Produção
Classification	Classificação	Classification	Arrangement	Classification	Classificação
Évaluation	Avaliação	Évaluation	Appraisal	Évaluation	Avaliação
Acquisition	Aquisição	Acquisition	Acquisition	Accroissement (Acquisition)	Aquisição
Description	Descrição	Description	Description	Description/ Indexation	Descrição
Conservation	Conservação	Conservation	Preservation	Préservation	Preservação/ Conservação
Communication	Difusão	Diffusion	Accessibility	Diffusion	Difusão/Acesso

Fonte: elaborado pelas autoras (2021)

A partir da apresentação do Quadro 5, observa-se de forma resumida o que foi levantado anteriormente. O que destoa é o uso do termo "análise de necessidades", a inclusão da palavra "entrada de documentos" em aquisição e da "indexação" em descrição, a alteração da "conservação" para "preservação" e a última, a que mais demonstrou alternância, da "comunicação" passando por "difusão", "acessibilidade" e "acesso".

3.3 RELEITURA DAS FUNÇÕES ARQUIVÍSTICAS

Aqui as funções arquivísticas serão relidas, levando em consideração os diálogos da Arquivologia com outras áreas do conhecimento já apresentadas, a atualização da visão dos autores que inauguraram a Arquivologia integrada no mundo (Rousseau e Couture (1994, 1998), Couture e Ducharme (1998/1999, 2005) e Couture *et al.* (2003)) e a visão da terminologia brasileira (Santos, 2007). Buscando não limitar a presente obra em possíveis "interpretações" de tradução e visões locais, para fins metodológicos, serão adotadas aqui as seguintes funções arquivísticas:

Figura 7 – Metodologia de pesquisa a partir das funções arquivísticas

Fonte: elaborada pelas autoras (2021), baseada em Rousseau e Couture (1998), Santos (2007), Couture e Ducharme (1998/1999, 2005) e Couture *et al.* (2003)

Com o objetivo de conceituar e justificar o porquê do uso dessas funções específicas, a seguir serão apresentadas cada uma das funções arquivísticas consideradas nesta obra.

3.3.1 Diagnóstico arquivístico

Couture (2003) inicia a discussão de "análise das necessidades" com a definição do dicionário francês chamado *Le Petit Larousse* (1993), que será utilizado pelo autor também para definir outras funções; o que chama atenção à *prima* vista é o fato de não ser um dicionário exclusivamente arquivístico.

O autor parte da definição das palavras "análise", definida por esse dicionário como "[...] um conjunto de obras, incluindo o estudo detalhado de um problema, a concepção de um método para resolvê-lo e a definição precisa do problema"[52] (Le Petit Larousse, 1993, p. 64 *apud* Couture, 2003, p. 12, tradução nossa)[53], e "necessidade", definida como "[...] o que é necessário, indispensável"[54] (Le Petiti Larousse, 1993, p. 137 *apud* Couture, 2003, p. 12, tradução nossa). Ele ainda completa que na Arquivologia a análise das necessidades pode ser vista como o estudo de uma "[...] situação que nos permite reconhecer o que é essencial para o gerenciamento dos arquivos de uma instituição"[55] (Couture, 2003, p. 12, tradução nossa). E ainda faz uma analogia afirmando ser fácil entender essa função quando se pensa no que um médico precisa conhecer antes de fazer um diagnóstico e propor o tratamento a uma doença.

Antes de dar continuidade à discussão, convém apresentar a questão levantada por Couture (2003) de que a análise de necessidades não é uma intervenção arquivística, mas da Ciência da Administração, devendo ser adaptada para atender aos propósitos específicos da gestão de arquivos. Couture não a reconhece como uma função especificamente arquivística.

---

[52] "[...] l'ensemble dês traxaux comprenant l'étude détaillée d'um problème, la conception d'une méthode permettant de le résoudre et la définition precise du traitement correspondant." (Couture, 2003, p. 12 *apud* Le Petiti Larousse, 1993, p. 64).

[53] Considerando que o acesso ao livro de Couture *et al.* (2003) nesta pesquisa se deu por meio de e-book via *googlebooks*, o número da página utilizada aqui pode ser distinto do livro físico.

[54] "[...] ce qui est nécessaire, indispensable." (Le Petiti Larousse, 1993, p. 137 *apud* Couture, 2003, p. 12).

[55] "[...] situation qui permet de reconnaître ce qui est indispensable à La gestion dês archives d'une institution" (Couture, 2003, p. 14).

Entende-se que a origem da análise das necessidades/diagnóstico seja realmente da Administração; contudo, leva-se em conta nesta pesquisa que o diagnóstico arquivístico tenha especificidade latente no que tange à fundamentação em Arquivologia e possa ser, sim, considerado uma função arquivística.

Como observado anteriormente, a tradução de Couture (2003) para "l'analyse des besoins" é análise das necessidades; contudo, Santos (2007) já a denomina diagnóstico (mesmo não considerando essa uma função arquivística), termo este que é adotado nesta pesquisa.

Em busca de aproximar diálogos com a Administração para a leitura em tela, observa-se que, "Em sua essência, o diagnóstico fornece uma fotografia instantânea de onde a organização se encontra presentemente, enquanto que a análise presciente estabelece os alvos para a mudança" (Lawrence; Lorsch, 1972, p. 30). Pode-se inferir que o diagnóstico busca identificar possíveis falhas na instituição e, a partir dessa análise, indicar possibilidades de mudanças para a melhoria do que foi identificado.

Na Administração, segundo Lawrence e Lorsch (1972, p. 30), questões como "[...] onde estão ocorrendo os problemas para se atingir a integração? Como os membros estão administrando os conflitos? Quais são as fontes de satisfação e de insatisfação dos indivíduos? [...]" são feitas para a criação do diagnóstico enquanto primeiro estágio do trabalho de desenvolvimento organizacional.

No diagnóstico arquivístico essas questões não estão totalmente relacionadas, mas, a essência é a mesma, conhecer para apresentar melhorias, propostas; contudo, o objetivo de análise são os arquivos, cujos processos envolvem consequentemente a Administração. Dentre os objetivos da função de análise das necessidades, Couture (2003) lista alguns, como:

- Permitir ao arquivista adquirir um bom conhecimento da instituição em causa (missão, atividades, organização, contexto de funcionamento e documentos criados e recebidos no exercício das suas atividades), bem como a situação geral;
- Gerir os arquivos e identificar claramente os meios para implementá-los, bem como propor soluções;

- Permitir às autoridades da instituição tomar uma decisão informada sobre a gestão dos arquivos[56], ou seja, o arquivista deverá conhecer claramente a instituição, identificar possíveis problemas, criar soluções para o que foi identificado e apresentá-las para a administração, que tomará a decisão final a respeito.

Por esse motivo, reafirma-se que há uma peculiaridade bastante intensa quanto ao diagnóstico arquivístico, o que justifica que seja uma função arquivística autônoma e que servirá de base para o desenvolvimento de todas as outras funções.

O que se pode identificar a respeito dessa função é o fato de ser uma atividade essencial, primordial, para qualquer intervenção que o arquivista deseje fazer em um arquivo. No Brasil, o uso do termo "análise de necessidades" é pouco comum, porém, como apresentado, Santos já a denomina de "diagnóstico" em 2007.

Segundo Silva (2014, p. 6), o diagnóstico é frequentemente a primeira das etapas do planejamento, sem o qual não é possível traçar as metas e os objetivos: "[...] é uma etapa fundamental, pois precede e define as demais etapas, sendo, portanto, vital a estruturação do processo de planejamento". Segundo o "Dicionário de Terminologia Arquivística" (Bellotto; Camargo, 1996, p. 24), diagnóstico de arquivos é a:

> Análise das informações básicas (quantidade, localização, estado físico, condições de armazenamento, grau de crescimento, freqüência de consulta e outros) sobre os arquivos, a fim de implantar sistemas e estabelecer programas de transferência, recolhimento, microfilmagem, conservação e demais atividades.

Lopes (2000, p. 160) elenca uma série de dados a serem coletados nesse processo de diagnóstico, dentre eles:

> História, missão, funções e atividades da instituição produtora/acumuladora; meios de produção dos documentos; histórico da formação e acumulação do acervo; volume/

---

[56] "L'analyse des besoins n'est pas une intervention propre à l' archivistique. Elle réleve plutôt des sciences de l'administration et doit être adaptée pour répondre aux finalités propres de la gestion des archives. En archivistique, elle a pour objectifs ultimes. D'une part de permettre à l'archivist d'acquérir une bonne connaissance de l'institution concernée (mission, activiés, organisation, contexte de fonctionement et documents créés et reçus dans l'exercice de ses activitiés) ainsi que de la situation énérale de la gestion des archives et d'identifier clairement les moyens à mettre en ecuvre ainsi que les solutions à proposer. D'autre part, elle doit permettre aux autorités de l'institution de pendre une décision éclairée en matière de gestion des archives." (Couture, 2003, p. 14-15).

quantidade de documentos (mensuração); datas-limite do acervo; tipos de documentos (em função dos assuntos e atividades institucionais que representam); legislações e normas aplicáveis aos documentos e à instituição; estado de conservação (acondicionamento e armazenamento; condições do ambiente de guarda); método de classificação; método de arquivamento; existência de instrumentos técnicos de gestão de documentos (plano de classificação, tabela de temporalidade de documentos, índices e glossários de assuntos, listagens de equivalências etc.); operações técnicas de gestão de documentos (eliminação, transferência e recolhimento); existência de instrumentos de pesquisa para a recuperação da informação; existência e tipos de hardwares e softwares para a administração dos documentos, dentre outros.

Quanto ao diagnóstico, em contraponto ao que Couture (2003, p. 6) descreve sobre a análise de necessidades, a qual "[...] cobre, assim, a vasta realidade de tudo que precisa ser conhecido antes de intervir", fica evidente a relação entre as funções "análise de necessidades" e "diagnóstico".

Portanto, a função de diagnóstico foi incluída na perspectiva da presente obra, pois se considera que nada deve ser feito em um arquivo sem que antes se conheça de fato o que é e como funciona toda a instituição e sua produção documental. Isso porque todas as funções subsequentes utilizarão dessas informações para melhor executar sua tarefa. Como afirma Couture (2003, p. 16, tradução nossa): "É o caminho privilegiado para reconciliar necessidades a serem preenchidas e os meios para colocar em prática. É, por assim dizer, o alicerce de todo o empreendimento arquivístico".[57]

3.3.2 Criação/Produção

A função de criação, como o próprio nome remete, está relacionada a todo o processo de criação dos documentos. Não é novidade, sendo a única alteração de terminologia adotada a que diz respeito à visão de Santos (2007), que apenas acrescenta a palavra "produção". Nenhuma das duas aparece no Dibrate, nesse sentido, acredita-se que as duas possam ser consideradas sinônimas, pois parte do material científico recuperado no Brasil sobre essa função a aborda como "produção", conforme já

---

[57] "C'est la façon privilégiée de réconcilier besoins à combler et moyens à mettre en place. Elle est, pour ainsi dire, la pierri d'assise de toute l'entreprise archivistique." (Couture, 2003, p. 16).

apresentado anteriormente. Além desse olhar sobre a criação/produção especificamente, dentro da análise dessa função aqui será também apresentada a identificação arquivística, considerada essencial neste momento de criação/produção documental.

Para Couture (2003, p. 16, tradução nossa), a criação

> [...] consiste em controlar a criação de informações ou documentos e estabelecer normas que visam evitar a perda de tempo e eficiência que resulta da existência de informações ou documentos cujas modalidades de criação, difusão e recepção não satisfariam a necessidade identificada.[58]

Dentre algumas de suas vantagens, estão evitar a criação ou manutenção de informações ou documentos desnecessários para prever a gravação de qualquer informação que não existe e que seria útil, padronizar a apresentação de certos tipos de documentos, como correspondência (tradicional ou eletrônica), atas, relatórios, dentre outros (Couture, 2003).

Sobre este último aspecto, Rodrigues (2011, p. 120) destaca que "A correta delimitação da tipologia documental, considerada em função do seu contexto de produção, é de fundamental importância para definir sua classificação, avaliação, descrição e padrões de produção, seja em suporte convencional ou eletrônico".

Isso significa que na criação/produção a tipologia deve ser identificada, estudada e controlada para que as outras funções subsequentes possam ser definidas.

Ainda com relação ao citado texto de Rodrigues (2011), denominado "Identificação: uma nova função arquivística?", publicado pela *Revista Educação e Investigação em Ciência da Informação* da Ibero-América e do Caribe (Edicic), a autora traz uma abordagem que não é especificamente da arquivística integrada. O texto apresenta uma leitura da metodologia de identificação arquivística utilizada na Espanha, da diplomática contemporânea canadense (Duranti), a visão de Schellenberg quanto à gestão de documentos e uma visão brasileira sobre a identificação, sustentada também por Bellotto, como uma necessidade primária de todos os arquivos que servirá de base para a prática de outras funções arquivísticas, como descrição, avaliação e classificação.

---

[58] "[...] consiste à contrôler la création de l'information ou des documents et à établir des normes qui visent à éviter les pertes de temps et d'efficacité qui résultent de l'existence d'informations ou de documents dont les modalités de création, de diffusion et de réception ne répondraient pas au besoin identifié." (Couture, 2003, p. 16).

Por exemplo, no Decreto n.º 97/2000, que estabelece o Regulamento do Sistema Andaluz de Arquivos (Espanha), projeto coordenado por Antonia Heredia Herrera, a identificação é reconhecida como sendo "[...] obrigatória para qualquer fundo documental e deverá ser feita, preferencialmente, nas áreas de produção documental" (Espanha, 2000, art. 27).

Apesar da identificação arquivística ser reconhecida e necessária aqui não se considera ela uma função arquivística, mas um processo indispensável à produção e à organização documental e que está inserido na função de criação/produção enquanto um processo de reconhecimento tipológico e diplomático dos arquivos, o qual ajudará no controle desde a criação dos documentos de arquivo e consequentemente no auxílio do estabelecimento de normas de padronização tipológica.

Esses tipos documentais, entretanto, só podem ser identificados e padronizados se houver conhecimento do funcionamento da entidade produtora dos arquivos, o que possibilitará o estabelecimento do vínculo arquivístico, além da análise minuciosa feita na gênese documental, ou seja, na concepção do documento de arquivo.

Luciana Duranti (1995, p. 2) reitera a necessidade de o profissional conhecer bem o elo que une o documento ao órgão que o produziu, afirmando que, como "[...] o arquivo é um todo constituído por partes [...], é impossível entender e controlar o todo sem compreender e controlar suas partes ainda que as mais elementares".

Além da necessidade da identificação arquivística, do controle e do estabelecimento de padrões para a criação de documentos, a função de criação/produção visa atentar para a veracidade e a autenticidade do documento produzido.

Duranti (1994, p. 51) considera a autenticidade "[...] uma das características dos registros documentais, sendo as outras a imparcialidade, a unicidade, o inter-relacionamento e a naturalidade". Sobre a autenticidade, "[...] os documentos são autênticos porque são criados tendo-se em mente a necessidade de agir através deles, são mantidos com garantias para futuras ações ou para informação" (Duranti, 1994, p. 51). A imparcialidade é o que assegura que os documentos "[...] não são escritos 'na intenção ou para a informação da posteridade', nem com a expectativa de serem expostos ou com o receio do olhar do público" (Duranti, 1994, p. 50). A unicidade "[...] provém do fato de que cada registro documental assume um lugar único na estrutura documental do grupo ao qual pertence e no universo documental" (Duranti, 1994, p. 51). O inter-relacionamento está ligado "[...] ao fato de que os documentos estabelecem relações no decorrer do andamento das transações e de acordo com suas necessidades" (Duranti, 1994, p. 51). E a naturalidade diz respeito à "[...] maneira como os documentos se acumulam no curso das transações de acordo com as necessidades da matéria em pauta" (Duranti, 1994, p. 51). Essas características possibilitam a identificação de documentos de arquivo como um acontecimento "natural" do fazer administrativo, com valor de prova e possível partícula para a compreensão do hoje e do passado.

Ainda com relação à função de criação/produção, Santos (2007) considera que é formada por procedimentos relacionados à manutenção do maior rigor possível à produção dos documentos de arquivo, abrangendo definição de normas, conteúdo, modelos, formato e trâmite. Nesse momento, o arquivista será conselheiro, agente educador para o produtor do documento, por meio de diálogos, manuais, planos, dentre outros, o que demandará dele conhecimento profundo do funcionamento da organização, dos objetivos e da missão, das tecnologias disponíveis e dos tipos de documentos utilizados para o exercício do negócio da instituição, o que justifica a etapa de diagnóstico anterior.

No texto específico sobre a criação, Gagnon-Arguin (2003 *apud* Couture *et al.*, 2003) apresenta a função de criação com um viés tecnológico bastante presente. A tecnologia tem modificado a forma como se produzem os documentos e consequentemente o arquivista precisa estar atento a essas alterações para a gestão documental. Esse fato demonstra diálogos da TI com a função de criação/produção, podendo-se ainda suscitar possíveis diálogos com a OC/OI, considerando que, desde a produção/criação do documento de arquivo, esse contará com aspectos conceituais e de descrição do objeto físico.

Da função de criação/produção, conhecer, padronizar e identificar como os documentos são criados é uma parte essencial. Além disso, atentar-se para as características básicas dos documentos, conforme apresentado por Duranti (1994), desde sua criação, torna-se fundamental, principalmente com o advento da tecnologia aplicada aos arquivos.

3.3.3 Classificação

A classificação, assim como a criação, aparece em todos os estudos citados no referencial teórico, em Rousseau e Couture (1998), Couture e Ducharme (1998/1999, 2005), Santos (2007) e Couture (2003). A função de classificação refere-se à forma como os documentos serão agrupados de acordo com as características em comum (Santos, 2007). Para Sousa (2003, p. 241), a classificação "[...] dá sentido e [...] preserva o caráter orgânico do conjunto, espinha dorsal de todo o conhecimento arquivístico e o que delimita e distingue o objeto (informação) da Arquivística das outras áreas da Ciência da Informação".

Quando se levanta a questão de diferenças com outras áreas da CI, está-se tratando do objeto de estudo da Arquivologia, a informação orgânica arquivística, enquanto outras áreas como Museologia e Biblioteconomia "selecionam" informações (peças/coleções) e analisam isoladamente o objeto de seu acervo para disponibilização e acesso ao usuário, não estando presente o caráter orgânico. Dessa forma, é na classificação que os estudos das relações orgânicas são mais aprofundados, isso porque a classificação objetiva que os documentos naturalmente criados continuem agrupados de acordo com as suas conexões. "Acervos guardados sem qualquer classificação estão no limbo do universo do conhecimento, porque não é possível ligá-los ao conteúdo informacional existente" (Lopes, 1996, p. 98). De acordo com Rousseau e Couture (1998), a classificação é a primeira fase de tratamento que conduzirá ao acesso do acervo documental.

A classificação pode ser funcional, estrutural, dentre outras. Segundo o *Dicionário de Terminologia Arquivística* (Brasil, 2005, p. 37), o método estrutural "[...] tem por eixo a estrutura administrativa da entidade produtora do arquivo". O método funcional "[...] tem por eixo as funções desempenhadas pela entidade produtora do arquivo" (Brasil, 2005, p. 38), ou seja, a estrutural está relacionada à estrutura hierárquica da instituição e a funcional, ao conjunto de atividades e funções desenvolvidas por ela.

O que há de novo nessa função, quanto à visão proposta por Couture (2003, p. 18, tradução nossa), diz respeito aos diferentes tipos de classificação: "[...] a *classification* (componente intelectual) da *classment* (componente material) dos arquivos."[59] Optou-se por deixar os termos originais em francês, pois, ao fazer a tradução para o português, o termo "classement" (posição) estaria relacionado à classificação, à posição, à ordem; e o termo "classification" (classificação), à categorização, o que não indica as diferenças, conforme apontado por Couture (2003).

---

[59] "[...] la classification (composante intellectuelle) du classement (composante matérielle) des archives." (Couture, 2003, p. 18).

A respeito dessa diferenciação, Couture (2003) salienta que a situação é diferente agora e, tanto nas ciências de arquivo como nas de informação, a palavra "classificação" (*classification*) se refere à distribuição por classe e por categoria, de acordo com certa ordem e método, enquanto a palavra "classificação" (*classement*) se refere à ação de classificar. Para Héon (2003, p. 218, tradução nossa e grifo nosso), "Diferentemente da 'classement', uma noção que se refere às operações físicas de armazenamento de documentos, a 'classification' diz respeito à identificação e ao ordenamento intelectual das acumulações de documentos dentro de um fundo".[60] A primeira definição está relacionada ao que Couture (2003) chama de componente material e a segunda, de componente intelectual. Com relação a esses termos, "classement" e "classification", no Brasil pode-se fazer uma analogia com o que se denomina de classificação e ordenação. Segundo Gonçalves (1998, p. 12), o objetivo da classificação é, "[...] basicamente, dar visibilidade às funções e às atividades do organismo produtor do arquivo, deixando claras as ligações entre os documentos". Já a ordenação busca "[...] facilitar e agilizar a consulta aos documentos, pois, mesmo no que se refere a uma mesma atividade, e em relação a um mesmo tipo documental, os documentos atingem um volume significativo". Isso significa que a primeira denominada no Brasil de classificação seria a "classification" e a segunda, a "classement", seria a ordenação.

Fazendo um contraponto ainda com o que foi apresentado subcapítulo 3.2.1.1, considera-se que essas duas sejam atividades desenvolvidas no âmbito da OC, mesmo que a "classement" tenha relação com a disposição do objeto físico, pois, para relacionar seu lugar de guarda, é necessário conhecimento prévio daquele documento e suas relações. Quando o conhecimento é materializado no plano de classificação, faz-se uso da OI.

Essa função se faz necessária para que possam ser visualizados esquematicamente os documentos e suas relações, compreendendo o contexto operacional do arquivo, além de servir de base para a construção da avaliação/tabela de temporalidade dos documentos.

3.3.4 Avaliação

A avaliação, como demonstrada, também está presente em todas as perspectivas das funções arquivísticas. Ela é o processo no qual

---

[60] "Distincte du classement, notion qui réfère aux opérations matérielles de rangement des documents, la classification concerne a l'identification et [la] mise en ordre intellectuelle des accumulations de documents à l'intérieur d un fonds." (Héon, 2003, p. 218).

serão identificados os valores (primário ou secundário) dos documentos, bem como o seu prazo de guarda e destinação final (guarda permanente ou eliminação).

Segundo o *Dicionário Brasileiro de Terminologia Arquivística* (Brasil, 2005, p. 41), a avaliação é o "Processo de análise de documentos de arquivo que estabelece os prazos de guarda e a destinação, de acordo com os valores que lhes são atribuídos". A avaliação de documentos permite a identificação/definição dos valores de vida dos documentos e consequentemente dos prazos para a eliminação do que for supérfluo.

Como instrumento resultante da avaliação, tem-se a tabela de temporalidade, que permitirá o acompanhamento, a transferência, a eliminação e a recolha/guarda permanente. Dentre seus benefícios, estão a redução de massa documental, a diminuição de recursos humanos e materiais e a preservação da documentação histórica. A tabela de temporalidade, segundo o *Dicionário Brasileiro de Terminologia Arquivística* (Brasil, 2005, p. 159), é o "Instrumento de destinação, aprovado por autoridade competente, que determina prazos e condições de guarda tendo em vista a transferência, recolhimento, descarte ou eliminação de documentos".

A avaliação é necessária, bem como acredita Schellenberg (2006), pois é humanamente impossível guardar tudo o que é produzido, além dos gastos para guarda e preservação, o acesso pode ser comprometido se a massa documental for demasiada. Contudo, ela tem sido um grande desafio para os arquivistas, como elenca Couture (2003, p. 14): "[...] não há originalidade em afirmar que a função de avaliação é o difícil nó da disciplina arquivística."[61] E, para que seja executada, necessita de conhecimento profundo da instituição que gerou a documentação, no curso de suas atividades, ou seja, ela refletirá em diversas outras funções, desde a criação, como a forma com que o documento é concebido, até a preservação dos documentos e a quantidade de documentos que deverão ser preservados permanentemente.

Com relação aos diálogos observados, a função de avaliação pode estar relacionada à OC quando da organização conceitual e lógica dos documentos, enquanto sua materialização se dá na TTDD (OI).

Da avaliação arquivística se considera aqui que guardar tudo é impossível; o arquivo deverá passar por um processo de avaliação para eliminar o que não for necessário, mesmo que seja um processo difícil e que algumas informações possam, consequentemente, ser perdidas.

---

[61] "[...] il n'y a aucune originalité à affirmer que la fonction évaluation constitue le noued dur de la discipline archivistique." (Couture, 2003, p. 14).

3.3.5 Descrição/Indexação

A função de descrição é consenso entre os autores abordados aqui, porém seu ineditismo está na união com a palavra "indexação", um termo utilizado por outras áreas, como a Biblioteconomia.

Iniciando as discussões sobre a descrição, pode-se dizer que ela é considerada função central, intimamente relacionada à classificação e ao acesso. É definida como um "[...] conjunto de operações para descrever as características físicas e o conteúdo do arquivo, ou, mais precisamente, registrar informações sobre a estrutura, funções e conteúdo dos documentos arquivísticos"[62] (Couture, 2003, p. 19, tradução nossa). "Acima de tudo, eles captam e reúnem informações sobre contexto" (Yeo, 2016, p. 136).

Para o *Dicionário Brasileiro de Terminologia Arquivística* (Brasil, 2005, p. 67), descrição é o "Conjunto de procedimentos que leva em conta os elementos formais e de conteúdo dos documentos para elaboração de instrumentos de pesquisa". Para Bellotto (2006, p. 29), "[...] as autorias, a caracterização das tipologias de documento, a função implícita, os assuntos, as datas (tópica e cronológica) são fornecidas pela operação denominada, em arquivística, descrição de documentos".

Segundo Yeo (2016, p. 135), "A descrição é tanto um processo quanto um produto". O exercício da descrição (representação da informação[63]) leva à elaboração de instrumentos de pesquisa, os quais facilitarão a recuperação dos documentos de arquivo e o acesso a eles. Para Schellenberg (2006, p. 313), os instrumentos de busca têm dois propósitos básicos: "a) tornar os papéis conhecidos às pessoas que possam vir a se interessar pelos mesmos e b) facilitar ao arquivista a pesquisa". Rousseau e Couture (1998, p. 137) consideram que "Os instrumentos de descrição documental fundamentais que são confeccionados pelo arquivista constituem a ponta de lança da arquivística". Isso quer dizer que os instrumentos de pesquisa serão a comunicação entre os usuários e os arquivos, e facilitarão a execução do trabalho do arquivista em dar acesso aos documentos. É importante, dessa forma, que o arquivista conheça bem seus usuários para que os diferentes instrumentos de pesquisa sejam eficazes frente às expectativas daqueles

---

[62] "[...] [l'] ensemble des opération permettant de décrire les caractéristiques physiques et le contenu d'archives »ou plus précisément« [l'] enregistrment de l'information portant sur la structure, les fonctions et le contenu des documents d'archives." (Couture, 2003, p. 19).

[63] Assunto tratado nesta obra.

que os usarão. Para que esse usuário seja conhecido, uma das atividades a serem desenvolvidas é o estudo de usuário, que por muito tempo não foi preocupação dos arquivistas, mas que, com a evolução das leis de acesso e a difusão dos arquivos, se tornou fundamental.

Retornando à questão inicial deste subcapítulo relacionado à indexação, Couture (2003, p. 20, tradução nossa) afirma que "[...] a descrição, como uma função de arquivo, evoluiu muito nos últimos dez anos. Alguns até dizem que é: O setor que experimentou o maior desenvolvimento [...]".[64] Nesse sentido, o autor considera a inserção do termo "indexação" relacionado a uma necessidade da Arquivologia em conversar com os sistemas de tecnologia da informação desenvolvidos para arquivos. "A informática transforma seu questionamento e modifica significativamente sua relação com a informação" (Couture, 2003, p. 21 tradução nossa).[65]

Para ele, na descrição será necessário usar técnicas de análise de conteúdo do documento com o objetivo de selecionar, condensar, categorizar, reagrupar e organizar a informação. A descrição pode assumir duas formas:

> [...] a **condensação** que leva à anotação, o resumo indicativo e o resumo informativo; a **indexação** por assunto que fornece os termos precisos que permitem o acesso à informação (o grau de precisão é decisivo em relação à eficiência relativa dos índices), é claro que toda essa redução tem a vantagem de ser baseada em um tesauro que é o vocabulário controlado – cada termo expressando um conceito único – graças ao qual é possível direcionar escolhas uniformes na indexação. (Couture, 2003, p. 20), (tradução nossa, grifo nosso).[66]

Nesse sentido, a visão de Couture sobre a descrição de conteúdo dos documentos estaria dividida da seguinte forma:

---

[64] "[...] la description, comme fonction archivistique, a beaucoup évolué au cours des diz dernières années. Cestains affirment même que c'est: Le sectour qui a connu le plus grand développement [...]". (Couture, 2003, p. 20).

[65] "L'informatique transforme leur questionnement et modifie sensiblement leur rapport avec l'information." (Couture, 2003, p. 21).

[66] "[...] la condensation qui méne à l'annotation, au résumé indicatif et au résumé informatif, et l'indexation par sujet qui fournit les termes précis permettant d'accéder à l'information (le degré de précision est déterminant par rapport à l'efficacité relative des index), naturellement toute cette démarque a avantage à être basée sur un thésaurus qui est le vocabulaire contrôle - chaque terme exprimant un concept unique - grâce auquel il est possible de viser des choix uniformes en matière d'indexation." (Couture, 2003, p. 20).

Figura 8 – Processo de análise do conteúdo de acordo com Couture (2003)

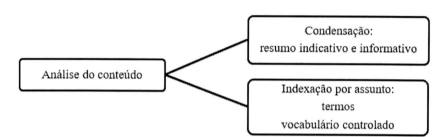

Fonte: elaborada pelas autoras (2020), baseada em Couture (2003)

Ainda quanto ao uso do termo "indexação" na Arquivologia, a autora Antonia Herrera (1991, p. 300, tradução nossa, grifo nosso) frisa que a descrição é a ponte entre o usuário e o arquivista e que "[...] na cabeça da ponte está o arquivista que realiza uma tarefa de análise que envolve identificação, leitura, resumo e **indexação** que transmite ao usuário para que ele inicie a recuperação"[67].

Na literatura da área da Biblioteconomia, a indexação "[...] pressupõe um trabalho de análise da informação e uma ocasião de tradução, a partir da qual se adéquam os termos dentro da linguagem documentária estabelecida" (Oliveira; Cunha; Vieira, 2018, p. 5). Para Lancaster (2004, p. 19), "Essa linguagem pode se dar por meio de linguagem natural, quando as palavras-chave são escolhidas de forma livre, ou controlada, quando os termos representativos derivam de vocabulários controlados, 'essencialmente uma lista de termos autorizados'".

Ter um vocabulário controlado em um arquivo padroniza os termos, os assuntos e as funções, podendo facilitar consequentemente o fazer arquivístico. Por outro lado, a diversidade de tipologias e temáticas abordadas em cada um dos conjuntos documentais dotados de sua própria especificidade, objetivo, faz da criação de um vocabulário controlado para arquivos um grande desafio para o arquivista. Além disso, esses termos controlados podem gerar diversos documentos de arquivo descritos ou indexados da mesma forma (igualmente), podendo a recuperação, nesse caso, ser comprometida. Por exemplo, o *Vocabulário Controlado de Atos*

---

[67] "[...] En la cabeza del puente está el archivero que realiza una tarea de análisis que supone identificación, lectura, resumen e **indización** que transmite al usuario para que éste inicie la recuperación." (Herrera, 1991, p. 300, grifo nosso).

Administrativos (VCAD) da Biblioteca Ministro Oscar Saraiva, do Superior Tribunal de Justiça, que tem como objetivo padronizar a terminologia utilizada para representar os assuntos dos atos administrativos a fim de promover maior precisão na recuperação da informação,[68] tem como assuntos, por exemplo, "Acervo; Acervo bibliográfico; Acervo cultural; Acervo documental; Acervo histórico" e também "Arquivo; Arquivo histórico; Arquivo histórico virtual". Na Arquivologia, termos como "acervo histórico" e "arquivo histórico", por vezes, são utilizados como sinônimos; nesse sentido, representar um conjunto documental como acervo histórico e arquivo histórico, ou somente acervo ou arquivo, poderá resultar na recuperação falha das informações ao usuário, dependendo do termo que ele utilizar. Portanto, as especificidades da Arquivologia e do acervo particularmente devem ser levadas em conta na construção de um vocabulário controlado.

Ainda quanto à indexação no contexto brasileiro, em 2006 foi publicada pelo Conarq a Norma Brasileira de Descrição Arquivística (Nobrade), que é uma adaptação/tradução da General International Standard of Archival Description (Isad(G)), criada pelo ICA em 1994. Na versão brasileira há a inclusão da área oito – "pontos de acesso e indexação de assuntos" –, o que demonstra diálogo explícito entre a descrição e a indexação, já apresentado nessa norma que é a maior referência para a descrição arquivística no Brasil. Será apresentado um exemplo de aplicação da Nobrade na aplicação da função de descrição nos arquivos de registro civil (capítulo 8), o exemplo demonstra na prática que faz-se uso da condensação e da indexação por assuntos ao fazer-se uso desta norma de descrição.

A descrição acompanhada do termo "indexação", é resultado das novas relações percebidas entre a Arquivologia e a Biblioteconomia, a OC/OI, conforme exposto em distintos momentos ao longo desta obra. O que se tem que deixar claro quanto à indexação é que os arquivos têm suas especificidades por serem construções orgânicas do cotidiano de uma instituição ou pessoa, e não peças individualizadas, como seriam os livros, por exemplo. Outro diálogo possível nessa função diz respeito à TI, há softwares de descrição arquivística sendo desenvolvidos para auxiliar o arquivista nesse processo de descrição, como o AtoM (Access to Memory),[69] que utiliza a Isad(G) como pano de fundo, permitindo o acesso aos usuários pela web.

---

[68] Disponível em: https://bdjur.stj.jus.br/jspui/bitstream/2011/122161/VCAD_Junho_2018.pdf.
[69] Disponível em: https://www.accesstomemory.org/pt-br/.

Dessa forma, é perceptível a indispensabilidade da descrição, devendo a indexação fazer parte do processo como meio de acesso ao documento de arquivo, tanto para o arquivista quanto para o pesquisador/usuário, considerado como qualquer pessoa que tenha interesse ou venha a ter em consultar documentos arquivísticos, independentemente da formação ou dos objetivos do consulente.

3.3.6 Aquisição/Entrada de documentos

Essa função é originalmente identificada como aquisição e assim denominada por todos os autores supracitados. Contudo, em Couture (2003) é acrescida a palavra "accroissement". Ao fazer uma busca no *Dicionário Brasileiro de Terminologia Arquivística* pelo termo "aquisição" no Dibrate, ele traz: "aquisição – ver entrada de documentos" (2005, p. 25). Já o termo "entrada de documentos" possui a seguinte definição:

> 1 Ingresso de documentos em arquivo, seja por comodato, compra, custódia, dação, depósito, doação, empréstimo, legado, permuta, recolhimento, reintegração ou transferência. [...] 2 Ingresso de documentos em arquivo corrente através do protocolo. (2005, p. 85).

Dentre os termos em outro idioma para "entrada de documentos" consta como tradução em francês a palavra "accroissement".

Fazendo um comparativo com a definição de aquisição apresentada por Couture (2003, p. 17 *apud* Lambert; Coté, 1992), ela é "[...] toda medida relacionada ao aumento no número de fundos documentais de uma instituição [...]".[70] Esse aumento pode se dar por meio de doação, compra, empréstimo, troca e/ou reintegração. É ainda considerada aquisição a entrada no arquivo corrente, intermediário e permanente, por meio de protocolo, transferência e recolhimento da documentação. Intimamente ligado à avaliação, o arquivamento "[...] rege a transição dos arquivos institucionais do status de arquivos correntes para os arquivos intermediários, dos arquivos correntes e intermediários para os arquivos definitivos"[71] (Couture, 2003, p. 18, tradução nossa).

---

[70] "[...] l'ensemble des mesures employées afin d'accroître le nombre de fonds d'archives d'um organisme [...]." (Couture, 2003, p. 17).

[71] "[...] régit le passage des archives institutionnelles du statut d'archives courantes à celui d'archives intermédiaires, de celui d'archives courantes et d'archives iintermédiares à celui d'archives définitives." (Couture, 2003, p. 18).

Dessa forma, e trazendo um viés brasileiro para a presente leitura, foi escolhido o termo "aquisição/entrada de documentos" para denominar esta função. Considera-se que "aquisição" é de uso amplo, todavia, sem uma acepção definida, já a definição de "entrada de documentos" do Dibrate abrange a significação de Couture (2003), desde as formas de crescimento do acervo por doação, compra, permuta, a entrada do documento no arquivo corrente por meio do protocolo, até a transferência e seu recolhimento.

Segundo Couture (2003, p. 18, tradução nossa), "Essa importante função de arquivamento se aplica ao longo do ciclo de vida dos arquivos".[72] Relacionada à guarda, ao espaço físico, ao planejamento da política de aquisição e preservação, essa função é salutar em todas as esferas, pública ou privada. Gestores, correntemente, procuram o arquivista justamente buscando soluções por não terem mais locais disponíveis para a guarda dos documentos. O que faz refletir sobre o papel do arquivista no planejamento de um arquivo. É fundamental o arquivista estar ciente do que receberá no arquivo corrente/intermediário/permanente organicamente ao longo da história da instituição. Caso seja ainda uma instituição passível de compra, reintegração e doação de acervos será necessário que isto esteja explícito na política de gestão de arquivos da instituição. E a partir desse levantamento, o arquivista poderá organizar melhor o espaço, precisar os recursos humanos necessários.

Enquanto diálogos identificados com outras áreas do conhecimento, essa função pode estar relacionada, por exemplo, a cálculos matemáticos para mensuração de seu espaço disponível e do acervo a ser recebido no futuro, seja em suporte papel ou digital. Há alguns manuais disponíveis sobre como mensurar acervos, como o *Guia prático para a mensuração do acervo documental do Ministério Público do Estado do Paraná* publicado em 2015[73] e que pode ser uma ferramenta a ser adotada pelo arquivista.

3.3.7 Preservação/Conservação

Couture e Ducharme (1998/1999) e Couture *et al.* (2003) usaram o termo "preservation/préservation". Em Rousseau e Couture (1998), o termo foi traduzido para o português como "conservação". No entanto, Santos (2007) adotou os dois de forma unida "preservação/conservação".

---

[72] "Cette fonction archivistique importante s'applique tout au long du cycle de vie des archives." (Couture, 2003, p. 18).

[73] Disponível em: https://administracao.mppr.mp.br/arquivos/File/dgd/Guia_Pratico_MP_PR_revisado_SUBADM_versao_final.pdf

A preservação/conservação é uma função primordial, senão a mais antiga das atribuições dos arquivistas no mundo, como considera Couture (2003, p. 24, tradução nossa): o arquivista, durante muito tempo, "[...] foi tido como um guardião, conservador, como muitas vezes se afirmava no título profissional."[74] Mas, com o decorrer da história da profissão, essa atribuição passa a ser expandida e novas surgem. O autor aponta que "O arquivista então vê sua função de preservação como sendo proativa em vez de passiva e atenta ao material que é confiado à sua custódia"[75] (Couture, 2003, p. 24).

A história da função de preservação, segundo Couture (2003), parte da restauração. Durante a década de 1970, passa de restauração para conservação. E, a partir de 1980, se fala mais em abordagem preventiva à conservação, denominando-a preservação. A preservação relacionada a questões de conservação preventiva é aquela realizada diariamente nos arquivos para que os suportes documentais não sejam afetados por fatores ambientais, químicos ou biológicos.

Na perspectiva de Santos (2007, p. 182), a conservação/preservação abrange "[...] aspectos relacionados à manutenção da integridade física e/ou lógica dos documentos ao longo do tempo, bem como as tecnologias que permitem seu processamento e recuperação".

E, segundo o *Dicionário Brasileiro de Terminologia Arquivística* (Brasil, 2005, p. 53), os termos "preservação" e "conservação" representam conceitos distintos: conservação é a "Promoção da preservação e da restauração dos documentos"; já preservação é a "Prevenção da deterioração e danos em documentos, por meio de adequado controle ambiental e/ou tratamento físico e/ou químico" (Brasil, 2005, p. 135).

Na visão de Couture (2003), a preservação contempla a conservação e a restauração; a preservação se relaciona a tudo o que seja feito cotidianamente no acervo para prevenir que algo aconteça. Se algo realmente acontecer, aí pode entrar em cena a restauração, por exemplo. Nesse sentido, a preservação se apresenta em contexto macro, enquanto a conservação e a restauração fazem parte da preservação. A restauração não foi aqui considerada, pois a função de restaurar é do restaurador, e não do arquivista.

---

[74] "[...] l'archiviste qu'il soit um gardien, um conservateur, comme en faisait d'ailleurs souvent état le libellé de son titre professionnel." (Couture, 2003, p. 24).

[75] "L'archiviste voit alors sa fonction de préservation comme étant proactive plutôt que passive et attentiste face au matériel que l'on confie à sa garde." (Couture, 2003, p. 24).

A preservação estará relacionada a uma gama diversa de ações em torno das melhores formas de acondicionamento do conjunto documental. Dentre elas, estão temperatura e umidade relativa do ar constantes para que as fibras do papel não sofram com as alternâncias de temperatura e de umidade; espaço físico adequado para a quantidade de documentos e em bom estado de conservação; mobiliários especiais para guarda de documentos, evitando que seja um atrativo a insetos e fungos; mobiliários especiais para o manuseio e a limpeza dos documentos; uso de equipamentos de proteção individual (EPIs) ao entrar no arquivo e manusear os documentos; controle de luz no acervo, seja natural ou artificial, para que os raios ultravioletas não desbotem e/ou ressequem as fibras dos documentos em papel; sistema de segurança que priorize o acervo; e instalações elétricas e hidráulicas externas à sala de guarda. Quanto à preservação do documento em si, a digitalização pode ser uma aliada na política de preservação a ser desenvolvida, evitando o contato e o manuseio direto com o documento.

É válido ressaltar que não se trata apenas dos documentos que tenham como suporte o papel. Com a produção em massa de documentos digitais, é necessário que haja também políticas de preservação digitais, seja de migrações, emulações, adoção de formatos aceitos em arquivos, adoção de repositórios confiáveis, dentre outras. Além da preservação estrutural dos documentos digitais, há que se lembrar também dos cuidados indispensáveis às mídias em que estão sendo acondicionados esses documentos, como pendrives, HDs externos, servidores, que também precisam de espaço especial com controle de temperatura, umidade, limpeza, dentre outros.

Cook (2012a, p. 25), quando fala da preservação, traz a seguinte reflexão:

> Preservação não focará, como disse antes, na reparação, conservação e salvaguarda do meio físico em que o registro estava, mas se concentrará em migrar ou emular constantemente os conceitos e inter-relações que agora definem os registros virtuais e fundos virtuais para novos programas de software. (É claro que reparação e conservação tradicionais continuarão a existir para o legado documental dos séculos passados.).

Nesse sentido, a adoção de tecnologias da informação, como os repositórios digitais, e a atualização das políticas de preservação são necessárias sempre para que os arquivos possam caminhar lado a lado com as alterações de suporte, sistemas e formatos digitais que surgem a todo o momento na indústria tecnológica, evitando perdas documentais. Aqui não será aprofundado o tema da preservação digital, mas serão levantadas novas questões práticas dessa função quando se tratar de sua aplicação nos registros civis.

Somente com os exemplos apresentados aqui sobre a preservação fica nítida a quantidade de áreas do conhecimento relacionadas ao fazer arquivístico, destacam-se Química, Física, Engenharia Civil, Arquitetura, Biologia e Tecnologia da Informação.

Para encerrar este subcapítulo, levando-se em conta o que foi apresentado e as variações terminológicas brasileiras, enfatiza-se que essa função compreende dois termos, "preservação e conservação", por ser considerada mais abrangente do que somente um termo isolado.

3.3.8 Difusão/Acesso/Acessibilidade

A "difusão" é um termo comum a todos os autores aqui abordados, mas "acesso" só é apresentado por Santos (2007) e "acessibilidade" somente aparece no texto traduzido do francês (1998/1999) para o inglês (2005) de Couture e Ducharme. Outro fato a ser mencionado é que no resumo de Rousseau e Couture (traduzido em 1998) uma das funções que aparecem é a comunicação, a qual é denominada no interior do mesmo texto de difusão. Quanto a essa questão, possivelmente foi um erro de tradução, pois o texto original chama de "communication". De qualquer forma, Couture (2003) inicia essa parte no livro questionando o leitor: "Devemos falar de difusão ou comunicação?". O texto apresenta distintos termos e suas definições, como "comunicação", "marketing", "difusão" e "promoção" ("*promotion*"), mas chega à conclusão de que, "Depois de mais hesitações, se optou pelo termo difusão, por ser mais difundido no ambiente de arquivo, embora admitir que a distinção entre comunicação e difusão não seja muito grande"[76] (Couture, 2003, p, 22, tradução nossa), ou seja, demonstra que o termo, antes utilizado como "comunicação" no livro escrito com Rousseau em 1994, foi substituído pelo termo "difusão", a partir da discussão terminológica apresentada.

---

[76] "Après plusieurs hésitations, nous optons finalement pour l'utilisation du terme diffusion, plus répandu dans le milieu archivistique, tout en admettant à l'avance de la distinction entre communication et diffusion n'est pas très grande." (Couture, 2003, p. 22).

Utilizando o já mencionado dicionário *Le Petit Larousse* (1993 *apud* Couture, 2003), Couture considera que a difusão é a ação de propagar conhecimento, saber. Logo, ele (Couture, 2003, p. 22, tradução nossa) traz sua própria definição:

> [...] a difusão pode ser definida como a ação de dar a conhecer, de destacar, de transmitir e/ou tornar acessível, ou a informação contida em documentos de arquivo, aos usuários (pessoa ou organizações) para atender às suas necessidades específicas.[77]

Isso significa que a difusão está relacionada à disseminação de informações que ocorre do arquivo para seus usuários e colaboradores.

Santos (2007), quando aborda a função de difusão, apresenta como referências os dois dicionários de terminologia arquivística (Bellotto; Camargo, 1996; Brasil, 2005). Como já mencionado, o termo "difusão" não está presente em nenhum dos dois dicionários e, por isso, o autor aponta o conceito de acesso para definir essa função. Segundo o Dibrate (Brasil, 2005, p. 19), acesso é uma "[...] função arquivística destinada a tornar acessíveis os documentos e a promover sua utilização." O próprio dicionário traz o acesso como função arquivística, porém não é possível determinar que esteja tratando dessas funções como estão sendo vistas aqui ou se, por coincidência, foi denominada função arquivística, já que o termo "função arquivística" só aparece essa única vez no dicionário.

Santos (2007, p. 182, grifo nosso) segue sua análise considerando que a definição de acesso "[...] é bem mais abrangente e esclarecedora, pois abrange os dois conceitos" ("acesso" e "difusão"), que, "[...] no entanto, não se restringe ao acesso às informações e documentos armazenados, mas a difusão das práticas para que isso ocorra adequadamente". Em virtude disso, ele justifica o uso das duas funções unidas e adaptadas a essa visão e definição brasileira, não observada fora daqui.

Ainda quanto à difusão, Bellotto (2006, p. 228) considera que há duas vias de ação relacionadas à difusão dos arquivos: "[...] a que lança elementos de dentro do arquivo para fora" e a que "[...] permite o retorno dessa mesma política, acenando com atrativos no recinto do arquivo". Essa função de difusão é essencial também quando o arquivista precisa mostrar

---

[77] "[...] la diffusion pourrait se définir comme étant l'action de faire connaître, de mettre en valeur, de transmettre et/ou de rendre accessibles une ou des informations contenues dans des documents d'archives à des utilisateurs (personner ou organismes) connuns ou potentiels pour répondre à leurs besoins spécifiques." (Couture, 2003, p. 22).

à comunidade o que é feito dentro de um arquivo, questões do processo de gestão documental e, claro, do próprio acervo documental, evidenciando o quão ricas podem ser as informações contidas no arquivo para os cidadãos.

Couture (2003, p. 20, tradução nossa) reforça que "[...] continuamos afirmando e acreditamos profundamente que a difusão de informações sobre arquivos é um dos propósitos mais importantes da arquivística".[78] Para tanto, o arquivista deve ser, além de tudo o que a profissão exige de questões teórico-práticas, proativo, criativo e inovador para criar diferentes formas de dar visibilidade ao arquivo; a imagem do arquivista em uma sala trancada protegendo o acervo é coisa do passado.

Com relação ao acesso e à acessibilidade, no Brasil normativas como a Lei n.º 12.527, de 18 de novembro de 2011, conhecida como Lei de Acesso à Informação (LAI), e a própria Constituição Federal, de 5 de outubro de 1988, mencionam o acesso como um direito a todo cidadão brasileiro. Assim, dar condições básicas de acesso a todo cidadão é um dever.

A acessibilidade, segundo a Lei n.º 13.146, de 6 de julho de 2015 (Estatuto da Pessoa com Deficiência), se refere à

> [...] possibilidade e condição de alcance para utilização, com segurança e autonomia, de espaços, mobiliários, equipamentos urbanos, edificações, transportes, informação e comunicação, inclusive seus sistemas e tecnologias, bem como de outros serviços e instalações abertos ao público, de uso público ou privados de uso coletivo, tanto na zona urbana como na rural, por pessoa com deficiência ou com mobilidade reduzida. (Brasil, 2015b, art. 3º, I).

Utilizando a lei como base, mas não somente para pessoa com deficiência ou mobilidade reduzida, os arquivos precisam dar acessibilidade a todos. Para Costa, Silva e Ramalho (2010, p. 132), "A acessibilidade se refere à qualidade do acesso, de ser acessível".

Em um país como o Brasil, que, de acordo com o último Censo do Instituto Brasileiro de Geografia e Estatística (IBGE) de 2010, possui cerca de 45 milhões de pessoas com algum tipo de deficiência, o que representa aproximadamente 24% da população (2018),[79] é essencial pensar em políticas públicas para acessibilidade em arquivos e com ênfase no acesso às pessoas com algum tipo de necessidade especial.

---

[78] "[...] continuons d'affirmer et nous croyons profondément que la diffusion de l'information que contiennent les archives est parmi les finalités les plus importantes de l'archivistique." (Couture, 2003, p. 20).

[79] Disponível em: https://biblioteca.ibge.gov.br/visualizacao/periodicos/94/cd_2010_religiao_deficienci a.pdf.

Os arquivos devem se reestruturar/readaptar para atender a qualquer necessidade, especialmente advindas de alguma deficiência, como prevista na mencionado Lei n.º 13.146, de 6 de julho de 2015, adaptando instrumentos de buscas para deficientes visuais, espaço para circulação de cadeirantes, assim como acesso por meio de rampas, elevadores, dentre outros.

A acessibilidade deve ser considerada como parte da missão do arquivista perante a sociedade. Conforme Cook (2012a, p. 20-21), "[...] os arquivos são um encargo público sagrado de preservar as memórias da sociedade que devem ser amplamente compartilhados". Já os arquivistas "[...] servem a sociedade, não o Estado, mesmo que trabalhem para uma agência dentro da burocracia do estado" (Cook, 2012a, p. 20-21).

No início do século XXI, a sanção pública para arquivos em democracias mudou fundamentalmente do modelo anterior estadista (Cook, 2012a). Para Ketelaar (1992), agora eles são do povo, para o povo e mesmo pelo povo. E questões como difusão, acesso e acessibilidade se tornam essenciais.

Diante do que foi abordado, mesmo que na visão do próprio Couture (2003) a difusão inclua o acesso, para o contexto brasileiro, considera-se importante deixar os três termos vinculados. No Brasil, a palavra "difusão", como mencionado, não aparece no Dibrate, já "acesso" é um termo já bem difundido na sociedade brasileira, principalmente a partir de políticas públicas, como LAI, portais de transparência, arquivos públicos, dentre outras. Já "acessibilidade" nos arquivos, com base nessas normativas, deve abranger a todos, independentemente das condições físicas e motoras do cidadão. Por esses motivos, os três termos relacionados são considerados uma função nesta obra em razão das definições e contexto: "difusão", "acesso" e "acessibilidade".

No tocante aos diálogos observados entre essa função e outras áreas do conhecimento, é possível que ocorra com a TI no desenvolvimento de sistemas de informação utilizados em arquivos para fornecer acesso ao acervo e na construção de sites. Com relação à difusão, pode-se trabalhar em conjunto com a Museologia para exposição de arquivos; com a educação para mediação da informação e formação, com o Jornalismo, para criação de matérias publicitárias sobre o arquivo e seu acervo; com o marketing, como o próprio Couture enumera, ao trabalhar com metodologias próprias para divulgação do acervo como a criação de infográficos, plataformas digitais e mídias sociais do arquivo; com o teatro, para apresentações culturais sobre o acervo, dentre outras possibilidades. A acessibilidade poderá ter relação com a TI no desenvolvimento, por exemplo, de *plugins*, como de libras ou de leitura da tela para que o usuário possa ter acesso ao site do arquivo. Além da estrutura informática para receber todos os usuários, há também a necessidade de adequação da infraestrutura, o que torna o diálogo com a Engenharia Civil e a Arquitetura imperioso.

Observa-se em geral que o principal objetivo dos arquivos é fornecer o maior acesso à informação possível (com organização, clareza e segurança física e intelectual), pois os documentos de arquivo são fontes de informação, direitos e memória para distintos objetivos e usuários.

Finaliza-se aqui o assunto sobre a Arquivologia, seu histórico e abordagens, mais especificamente aquela que deu origem às funções arquivísticas, a Integrada; as interlocuções observadas principalmente com a Tecnologia da Informação, a Ciência da Informação, a Organização do Conhecimento e a Organização da Informação; e a releitura feita das funções arquivísticas. Essas reflexões são releituras das funções arquivísticas a partir das literaturas brasileira e estrangeira e de diálogos assistidos entre a Arquivologia e outras áreas do conhecimento correlatas eleitas para a presente obra. Inicia-se a seguir a discussão sobre os registros civis para que, em seguida, possam ser aplicadas as funções arquivísticas aos registros civis, especificamente.

4

PERCURSOS DA PESQUISA

A pesquisa bibliográfica colabora com o entendimento dos objetivos e permite nova análise e discussão com outros olhares sobre assuntos ainda pouco estudados. Esta etapa da escrita do livro foi realizada em bases de dados reconhecidas da área da Ciência da Informação tanto para elaborar a fundamentação teórica quanto para investigar se o tema era inédito e se havia sido produzido algum trabalho de dissertação e/ou tese com a mesma temática.

A pesquisa bibliográfica sobre os registros civis foi realizada nas seguintes bases de dados: Biblioteca Digital Brasileira de Teses e Dissertações; Base de Dados Referenciais de Artigos de Periódicos em Ciência da Informação; Scopus; e bases de dados integradas (Web of Science Core Collection, Derwent Innovations Index, Korean Journal Database, Russian Science Citation Index e SciELO Citation Index).

Quanto à pesquisa documental sobre as normativas que regem o registro civil no Brasil, foi realizada no "Portal da Legislação" e no CNJ por "Atos Normativos" e serão apresentadas no item 5.2.

4.1 PESQUISA BIBLIOGRÁFICA

A pesquisa bibliográfica sobre os registros civis buscou identificar pesquisas que possuíam como temática e conteúdo os registros civis a fim de servirem de base para a construção do referencial teórico sobre estes, desde o histórico, definições, usos e tendências dos registros civis.

As palavras-chaves em todas as bases de dados pesquisadas foram "registro civil" ou "*civil registry*"; levando em conta a diversidade de denominações, optou-se por esse termo por considerá-lo mais abrangente. Em certos casos, além de "registro civil", foram incluídas também as palavras "arquiv*" ou "*archiv*$*$" com o intuito de filtrar pesquisas relacionadas a essas palavras.

Com relação ao período da publicação, foi admitido todo o disponibilizado nas bases até o momento da busca. Foram lidos os títulos e os resumos. Se o resumo contivesse aspectos relacionados à pesquisa, o arquivo era aberto e lido na íntegra. No quadro a seguir é apresentado de forma geral o que foi recuperado nas respectivas pesquisas. A primeira coluna contém a descrição da base de dados utilizada, na segunda as palavras-chave para a busca, na terceira a quantidade de pesquisas recuperadas e na última coluna as pesquisas que foram adotadas por trazerem contribuições para a presente tese.

Quadro 6 – Pesquisas sobre registros civis

Base utilizada	Palavra-chave	Quantidade recuperada	Pesquisas utilizadas
BDTD	"registro civil" Por assunto	29	1 - SANTOS, Ana Gabriela da Silva. "**O Código daria remédio a tudo isso**": impasses na introdução do Registro Civil no Brasil (1874-1916). Dissertação (Mestrado em História) – Universidade Federal de São Paulo, São Paulo, 2018.
			2 - MAKRAKIS, Solange. **O Registro Civil no Brasil.** Dissertação (Mestrado em Administração) – Escola Brasileira de Administração Pública e de Empresas, Fundação Getúlio Vargas – FGV, Rio de Janeiro, 2000.
			3 - LEHMKUHL, Camila Schwinden. **O acesso à informação no Sistema Nacional de Informações de Registro Civil (Sirc)**. Dissertação (Mestrado em Ciência da Informação) – Universidade Federal de Santa Catarina, Florianópolis, 2017.
			4 - BORTOLI, Dejane Luiza. **O documento eletrônico no ofício de registro civil de pessoas naturais.** Dissertação (Mestrado em Ciência da Computação) – Universidade Federal de Santa Catarina, Florianópolis, 2002.
Brapci	"registro civil" Todos	4	1 - LEHMKUHL, Camila Schwinden; SILVA, Eva Cristina L. Central de informações de registro civil das pessoas naturais frente ao acesso à informação. **Informação & Informação**, v. 23, n. 2, p. 259-283, 2018. DOI: 10.5433/1981-8920.2018v23n2p259.

Base utilizada	Palavra-chave	Quantidade recuperada	Pesquisas utilizadas
Brapci	"registro civil" Todos	4	2 - LEHMKUHL, Camila Schwinden; SILVA, Eva Cristina L. O Sistema Nacional de Informações de Registro Civil (Sirc) e o acesso à informação. **Revista Analisando em Ciência da Informação**, v. 4, n. esp., 2016. Disponível em: http://hdl.handle.net/20.500.11959/brapci/80956. Acesso em: 28 dez. 2020.
			3 - SALLES, Geraldo G. Fundo cartorial. Ágora, v. 10, n. 22, p. 9-38, 1995. Disponível em: http://hdl.handle.net/20.500.11959/brapci/13042. Acesso em: 28 dez. 2020.
			4 - LEHMKUHL, Camila Schwinden; SILVA, Eva Cristina L. Registros civis públicos: a situação dos arquivos no núcleo da região metropolitana de Florianópolis. Ágora, v. 26, n. 52, p. 179-212, 2016. Disponível em: http://hdl.handle.net/20.500.11959/brapci/13476. Acesso em: 28 dez. 2020.
Scopus	"registro civil" e "*archiv**"[80] Especificamente em *Social Sciences*	34	1 - PÉREZ ORTIZ, María; GONZÁLEZ LOZANO, Francisco; VIVAS, Augustín. La investigación genealógica en los archivos eclesiásticos: fuentes y metodología. **Ibersid: Revista de Sistemas de Información y Documentación**, v. 11, n. 1, p. 41-50, 2017.
			2 - SOLÍS, Lorena; NAVARRO, Celia; BAENA, Juan J. Documentación e investigación genealógica: guía de fuentes para la gestión de la información familiar. **Scire: Representación y Organización del Conocimiento**, v. 20, n. 1, p. 73-89, 2014.

---

[80] A pesquisa foi mais abrangente inserindo *"archiv"* (inglês/espanhol) do que "arquiv" (português).

Base utilizada	Palavra-chave	Quantidade recuperada	Pesquisas utilizadas
Scopus	"civil registry" e "archiv*" Especificamente em *Social Sciences*	27	Algumas pesquisas recuperadas foram iguais à busca anterior[81] e as que divergiram não interessaram a esta pesquisa.
Bases de dados integradas: WOS, DII, KCI, RSCI e SciELO	"registro civil" por título	12	1 - IRARRAZAVAL GOMIEN, Andrés. Os primórdios do registro civil do Chile: ruptura ou continuidade com os antigos itens eclesiásticos? **Rev. study. hist.-legal.**, Valparaíso, n. 36, p. 315-341, 2014. 2 - FREDERES, Ashley; SCHWID, Aaron Ross. Marcos legais para registro civil e sistemas de estatísticas vitais. **Rev. bras. epidemiol.**, Rio de Janeiro, v. 22, supl. 3, e190018, 2019.
	"civil registry" por título	25	Algumas pesquisas recuperadas foram iguais à busca anterior e abrangeram mais as áreas de Direito e Sistemas de Informação.

Fonte: elaborado pela autora (2020)

Após a apresentação do Quadro 6, ponderam-se algumas reflexões a seguir.

a. Na BDTD, a maioria das produções recuperadas era da área de Direito, trazendo discussões sobre transgêneros, pais socioafetivos, retificações de registros, dentre outros assuntos. No total, quatro pesquisas foram selecionadas na BDTD e servirão para a construção do referencial sobre registro civil.

b. Quanto à Brapci, foram recuperados quatro resultados. Desses, três são de produções da autora Lehmkuhl com Silva (dois de 2016 e um de 2018). A primeira pesquisa de 2016 foi resultado do trabalho de conclusão de curso da autora e trata dos arquivos de

---

[81] Um artigo recuperado que interessou foi "Human Rights Practitioners cannot be left Behind: Engaging in Civil Registration and Vital Statistics (CRVS) Systems Thinking for Country Implementation of the Sustainable Development Goal Agenda", de Claire Brolan, de 2019; contudo, ele não estava em formato de acesso aberto.

registro civil da região metropolitana de Florianópolis; a segunda de 2016 é sobre o Sistema Nacional de Informações de Registro Civil (Sirc), uma pesquisa preliminar da dissertação; e a pesquisa de 2018 contempla a pesquisa anterior com os resultados da dissertação. A outra publicação recuperada na Brapci é de 1995, de autoria de Geraldo Salles, denominada "Fundo Cartorial". Trata-se de um artigo que descreve o fundo cartorial do Arquivo Público do Estado de Santa Catarina, um acervo constituído por registros civis e de imóveis. Como a autora já realizou estágio no referido órgão, e não fica claro no artigo, sabe-se que os arquivos de registro civil são constituídos por livros-talões em que um dos lados era destacado e entregue ao cidadão que solicitava uma certidão e o outro lado ficava no cartório. A partir desses livros, o governo cobrava os impostos dos cartórios por certidão emitida. Esse método foi utilizado por volta de 1940 até 1980. Depois de um tempo, alguns desses livros foram transferidos para o Arquivo e constituem parte do fundo cartorial atualmente. Por fim, essa pesquisa na Brapci demonstra que a temática de registro civil é ainda pouco trabalhada na área de Ciência da Informação.

c. Na Scopus, assim como na BDTD, grande parte do que foi recuperado era da área de Direito; portanto, após a leitura dos títulos e dos resumos, foram selecionadas apenas duas produções para esta pesquisa. Uma produção trata da genealogia na Ciência da Informação e a outra da genealogia em arquivos eclesiásticos, ambas produções espanholas.

d. Nas bases integradas, apenas três publicações foram selecionadas para a pesquisa: uma sobre o início do registro civil no Chile, outra do México e outra de autores estadunidenses sobre registro civil e estatísticas vitais. A recuperação das pesquisas demonstra que os registros civis fazem parte massivamente da cultura de países ibero-americanos.

É preciso citar que os filtros, principalmente nas bases de dados internacionais, foram aplicados considerando que as pesquisas recuperadas são em maioria da área da Saúde e do Direito. Ainda que apresentem que os registros civis, além de tudo, são fontes de informação para variadas pesquisas em distintas áreas do conhecimento, a pesquisa em tela se volta ao tratamento arquivístico dispensado aos registros civis e a uma parte de sua história. Nesse viés, não foi identificada no levantamento nenhuma pesquisa que tivesse o objetivo de analisar os arquivos de registro civil sob a ótica das funções arquivísticas, demonstrando seu ineditismo. Contudo, aquelas pesquisas apresentadas na última coluna do Quadro 6, como mencionado anteriormente, serão utilizadas na fundamentação teórica quando tratarem dos registros civis.

4.2 PESQUISA DOCUMENTAL

Outro método de pesquisa utilizado para a construção do referencial teórico sobre os registros civis foi a pesquisa documental. Recorre-se a esse método de pesquisa por contemplar aqueles documentos conservados em arquivos de órgãos públicos e instituições privadas, os quais não possuem tratamento e são bases para algumas discussões da pesquisa. Para Mattar Neto (2005, p. 153), a pesquisa documental se vale de

> [...] documentos não convencionais e semipublicados, que são produzidos no âmbito governamental, acadêmico, comercial e industrial, em cuja origem o aspecto comercial não é levado em conta, e que, portanto não são normalmente encontrados nos circuitos de distribuição comercial e nas bibliotecas.

Para esta obra, esses documentos estão relacionados, principalmente no âmbito governamental, às normativas jurídicas a respeito dos registros civis. Para a coleta de dados, foram realizadas buscas no site "Portal da Legislação",[82] que contempla a legislação federal brasileira. Foi utilizado como palavras-chaves o termo "registro civil das pessoas naturais", o que resultou em 29 normativas que contemplaram o período de 1939 a 2019. Feita a leitura das ementas, foram selecionadas oito normativas para esta pesquisa, grande parte das publicações recuperadas é nova redação ou alteração das duas leis que regem o registro civil no Brasil (a Lei n.º 6.015, de 31 de dezembro de 1973, e a Lei n.º 8.935, de 18 de novembro de 1994).

---

[82] Disponível em: https://legislacao.planalto.gov.br/legisla/legislacao.nsf/fraWeb?OpenFrameSet&Frame=-frmWeb2&Src=/legisla/legislacao.nsf%2FFrmConsultaWeb1%3FOpenForm%26AutoFramed.

Quadro 7 – Normativas selecionadas para a pesquisa a partir de buscas no "Portal da Legislação"

Tipo	Número	Data	Ementa
Lei	6.216	30/06/1975	Altera a lei 6.015, de 31/12/1973, que dispõe sobre os registros públicos.
Lei	6.015	31/12/1973	Dispõe sobre os registros públicos e dá outras providências.
Decreto	9.929	22/07/2019	Dispõe sobre o Sistema Nacional de Informações de Registro Civil – Sirc e sobre o seu comitê gestor.
Lei	13.846	18/06/2019	Institui o Programa Especial para Análise de Benefícios com Indícios de Irregularidade, o Programa de Revisão de Benefícios por Incapacidade, o Bônus de Desempenho Institucional por Análise de Benefícios com Indícios de Irregularidade do Monitoramento Operacional de Benefícios e o Bônus de Desempenho Institucional por Perícia Médica em Benefícios por Incapacidade; altera as Leis n.º 6.015, de 31 de dezembro de 1973, 7.783, de 28 de junho de 1989, 8.112, de 11 de dezembro de 1990, 8.212, de 24 de julho de 1991, 8.213, de 24 de julho de 1991, 8.742, de 7 de dezembro de 1993, 9.620, de 2 de abril de 1998, 9.717, de 27 de novembro de 1998, 9.796, de 5 de maio de 1999, 10.855, de 1º de abril de 2004, 10.876, de 2 de junho de 2004, 10.887, de 18 de junho de 2004, 11.481, de 31 de maio de 2007, e 11.907, de 2 de fevereiro de 2009; e revoga dispositivo da Lei n.º 10.666, de 8 de maio de 2003, e a Lei n.º 11.720, de 20 de junho de 2008.
Lei	13.484	26/09/2017	Altera a lei n.º 6.015, de 31 de dezembro de 1973, que dispõe sobre os registros públicos.
Decreto	8.270	26/06/2014	Institui o sistema nacional de informações de registro civil – Sirc e seu comitê gestor, e dá outras providências.
Lei	9.140	04/12/1995	Reconhece como mortas pessoas desaparecidas em razão de participação, ou acusação de participação, em atividades políticas, no período de 02/09/1961 a 15/08/1979, e dá outras providências.

Tipo	Número	Data	Ementa
Lei	8.935	18/11/1994	Regulamenta o art. 236 da constituição federal, dispondo sobre serviços notariais e de registro.

Fonte: elaborado pela autora (2020)

Salientam-se os Decretos n.º 8.270, de 26 de junho de 2014, e n.º 9.929, de 22 de julho de 2019, que tratam do Sistema Nacional de Informações de Registro Civil, um sistema que reúne informações que provêm dos registros civis brasileiros para os órgãos do governo que necessitam desses dados para a criação de políticas públicas e a execução de suas atividades. O Decreto n.º 8.270/2014 foi objeto de análise de pesquisa de Lehmkuhl e Silva (2016, 2017, 2018).

Já o Decreto n.º 9.929/2019 revogou o anterior, destacando-se as seguintes alterações:

a. mudanças na composição dos representantes do Comitê Gestor do Sirc, principalmente em virtude da criação e da extinção de ministérios do Governo Federal;

b. a coordenação do Comitê Gestor, que era alternada entre o Ministério da Previdência Social e a Secretaria de Direitos Humanos da Presidência da República e que hoje acontece entre o Ministério da Economia e o Ministério da Mulher, Família e Direitos Humanos; e

c. a participação no Comitê Gestor, além dos representantes dos ministérios, que era assim designada: "§ 3º A coordenação do comitê gestor convidará o Conselho Nacional de Justiça – CNJ e duas entidades de representação nacional dos registradores civis de pessoas naturais a indicarem representantes para integrarem o comitê na qualidade de membros" (Brasil, 2014b). E com a nova normativa: "§ 7º O Coordenador do CGSirc convidará o Conselho Nacional de Justiça, o Tribunal Superior Eleitoral e duas entidades de representação nacional dos registradores civis de pessoas naturais a participarem das reuniões do Comitê sem direito a voto" (Brasil, 2019a), salientando-se que esses não terão direito a voto.

O Sirc não será objeto de estudo deste livro, contudo essa menção se faz necessária tendo em vista que é um importante sistema para gerenciamento de dados de registro civil. Apesar disso, ele não é um sistema arquivístico, ou seja, é somente um repositório de dados de registro civil de uso único e exclusivo do Governo Federal alimentado pelos cartórios de registro civil.

Ainda sobre o levantamento documental, foi realizada uma busca no site do Conselho Nacional de Justiça[83] utilizando como palavras-chaves o termo "registro civil" com os seguintes filtros: Instrução Normativa; Portaria; Provimento; Resolução; Recomendação Conjunta; Emendas; Portaria Conjunta; Recomendação; Resolução Conjunta; Orientação e Instrução Normativa Conjunta. Foram recuperados 42 resultados, feita a leitura das ementas e, por fim, selecionadas 12 normativas para fazerem parte desta pesquisa, conforme apresentado no quadro a seguir.

Quadro 8 – Normativas selecionadas para a pesquisa a partir de buscas por atos do CNJ

Tipo	Número	Data	Ementa
Recomendação	40	02/07/2019	Dispõe sobre os prazos e informações a serem prestadas ao Sistema Nacional de Informações de Registro Civil – SIRC pelas serventias extrajudiciais de registro de pessoas naturais.
Provimento	93	26/03/2020	Dispõe sobre o envio eletrônico dos documentos necessários para a lavratura de registros de nascimentos e de óbito no período de Emergência em Saúde Pública de Importância Nacional (ESPIN), estabelecida pela Portaria n.º 188/GM/MS, de 4 de fevereiro de 2020.
Provimento	82	03/07/2019	Dispõe sobre o procedimento de averbação, no registro de nascimento e no de casamento dos filhos, da alteração do nome do genitor e dá outras providências.
Provimento	73	28/06/2018	Dispõe sobre a averbação da alteração do prenome e do gênero nos assentos de nascimento e casamento de pessoa transgênero no Registro Civil das Pessoas Naturais (RCPN).

---

[83] Disponível em: http://www.cnj.jus.br/busca-atos-adm.

Tipo	Número	Data	Ementa
Provimento	50	28/09/2015	Dispõe sobre a conservação de documentos nos cartórios extrajudiciais.
Provimento	46	16/06/2015	Revoga o Provimento 38 de 25/07/2014 e dispõe sobre a Central de Informações de Registro Civil das Pessoas Naturais – CRC.
Provimento	45	13/05/2015	Revoga o Provimento 34 de 09/07/2013 e a Orientação 6 de 25/11/2013 e consolida as normas relativas à manutenção e escrituração dos livros Diário Auxiliar, Visitas e Correições e Controle de Depósito Prévio pelos titulares de delegações e responsáveis interinos do serviço extrajudicial de notas e registros públicos, e dá outras providências.
Portaria	57	20/03/2020	Incluir no Observatório Nacional sobre Questões Ambientais, Econômicas e Sociais de Alta Complexidade e Grande Impacto e Repercussão o caso coronavírus – Covid-19.
Portaria Conjunta	2	28/04/2020	Estabelece procedimentos excepcionais para sepultamento de corpos durante a situação de pandemia do Coronavírus, com a utilização da Declaração de Óbito emitida pelas unidades notificadoras de óbito, na hipótese de ausência de familiares, de pessoa não identificada, de ausência de pessoas conhecidas do obituado e em razão de exigência de saúde pública, e dá outras providências.
Portaria Conjunta	1	30/03/2020	Estabelece procedimentos excepcionais para sepultamento e cremação de corpos durante a situação de pandemia do coronavírus, com a utilização da Declaração de Óbito emitida pelas unidades de saúde, apenas nas hipóteses de ausência de familiares ou de pessoas conhecidas do obituado ou em razão de exigência de saúde pública, e dá outras providências.

Tipo	Número	Data	Ementa
Resolução Conjunta	6	21/05/2020	Institui sistemática unificada para o envio, no âmbito do Poder Judiciário, de informações referentes a condenações por improbidade administrativa e a outras situações que impactem no gozo dos direitos políticos, estabelecendo, ainda, o compartilhamento dessas informações entre o Conselho Nacional de Justiça e o Tribunal Superior Eleitoral.
Portaria	53	15/10/2020	Disciplina o funcionamento da Coordenadoria de Gestão de Serviços Notariais e de Registro, no âmbito da Corregedoria Nacional de Justiça, e dá outras providências.

Fonte: elaborado pela autora (2020)

Observa-se que a maior parte das publicações data de 2019 e 2020, principalmente relacionadas ao coronavírus, que tem modificado a forma como são feitos os registros civis em meio à pandemia. Essas normativas foram objeto de estudo de pesquisa de Lehmkuhl e Silva (2020) sobre os registros civis em meio à pandemia de coronavírus no Brasil.

Destaca-se o Provimento n.º 50/2015, que dispõe sobre a conservação de documentos nos Cartórios Extrajudiciais e será detalhadamente analisado na função de avaliação. Quanto ao Provimento n.º 53/2020, sua comissão e os documentos produzidos que foram passíveis de acesso serão analisados ao longo da aplicação das funções arquivísticas com os arquivos de registro civil.

5

REGISTRO CIVIL

Os registros civis retratam o ciclo de vida do cidadão, que se inicia com o nascimento, possível emancipação, casamentos e divórcios, e se fecha com a morte, mediante o registro de óbito. Ele é um registro ou uma instituição em que seus assentos têm, em diversos países, eficácia constitutiva que objetiva identificar e reconhecer as pessoas, demonstrando e publicitando a sua "historicidade pessoal" a partir de seu nome, sobrenome, estado civil, sua identidade, sua nacionalidade, de forma a contribuir, assim, com uma das tarefas fundamentais do regime democrático de "[...] superar as desigualdades sociais e regionais e instaurar um regime democrático que realize a justiça social" (Silva, 1994, p. 110).

A Lei de Registros Públicos (Lei n.º 8.935, de 18 de novembro de 1994), artigo 1º, considera que os "Serviços notariais e de registro são os de organização técnica e administrativa destinados a garantir a publicidade, autenticidade, segurança e eficácia dos atos jurídicos" (Brasil, 1994). Nesse sentido, diz-se que o registro civil "pertence a todos", já que visa comprovar, publicitar e tornar juramentado e abrangente tanto o fato básico do nascimento de cada pessoa como os demais fatos que a lei obrigatoriamente sujeite a esse registro e que, na sua essência, são os concernentes ao estado civil (Nhancale, 2012).

Depois de concluído o registro, ele fica à disposição de quem por ele tiver interesse. É dever do registrador dar publicidade aos atos registrados, possibilitando ao público em geral, sem formalismos excedidos, o fornecimento de informações e certidões dos atos inscritos na serventia (Siviero, 2004), por isso se denomina registro civil público. Essa discussão da publicidade do registro civil será novamente retomada na função de difusão/ acesso/acessibilidade.

De acordo com a Lei n.º 6.216, de 30 de junho de 1975, há quatro tipos de cartório no Brasil, tendo cada um uma função específica. O foco desta obra se dá exclusivamente aos cartórios de registro civil das pessoas naturais, responsáveis pelo registro de nascimento, casamento, óbito, entre outros, além da emissão de certidões referentes a esses atos.

É importante frisar que há distintos nomes sendo utilizados para denominar os cartórios de registro civil especificamente; somente no levantamento de dados sobre o atendimento da Recomendação n.º 11/2013 do Conselho Nacional de Justiça (CNJ) – (que será ainda apresentado nesta obra), foi possível identificar que cada região ou às vezes dentro do próprio estado denominam-se os registros civis de forma distinta. Em alguns estados eles encontram-se junto do cartório de notas (aqueles que fazem escrituras, por exemplo). Foram encontrados pelo menos dez nomes distintos: ofício das pessoas naturais; registro das pessoas naturais; serventias; cartório de registro das pessoas naturais; serviços notarial e registral; zona; registro civil com funções notariais; ofício extrajudicial; cartório do registro civil dos casamentos e das causas matrimoniais; e cartório único.

A título de exemplo, em Santa Catarina, o Código de Normas da Corregedoria-Geral da Justiça do Estado determina que

> Art. 432. As serventias serão assim identificadas: I – Tabelionato de Notas; II – Tabelionato de Protesto; III – Ofício de Registro de Imóveis; IV – Ofício de Registros Civis das Pessoas Naturais e de Interdições e Tutelas; V – Ofício de Registros Civis das Pessoas Jurídicas e de Títulos e Documentos; e VI – Escrivania de Paz. (Santa Catarina, 2013, p. 107).

Dessa forma, os estabelecimentos que tratam dos registros civis em Santa Catarina devem ser denominados de Ofício de Registros Civis das Pessoas Naturais. É válido ainda explicitar o termo "Escrivania de Paz", pois no estado diz respeito àqueles estabelecimentos que acoplam mais do que uma atribuição, são registros civis e tabelionatos. Contudo, essa denominação não foi observada em outros estados brasileiros.

O termo "cartório", popularmente utilizado para chamar essa instituição, segundo o dicionário *Michaelis*, é um "Lugar onde se arquivam cartas, notas, títulos e outros documentos de importância" (Michaelis, 2015). Na segunda definição consta como "Escritório destinado ao funcionamento de tabelionatos, ofícios de notas, registros públicos etc." (Michaelis, 2015). Vê-se que "cartório" é uma expressão mais abrangente para denominar os serviços prestados por delegação do Poder Público que vão além do registro civil. Há que mencionar que na justiça brasileira há cartórios judiciais e extrajudiciais, no caso desta obra o foco são os extrajudiciais.

Especificamente em âmbito nacional, de acordo com a Constituição Federal, artigo n.º 236: "Os serviços notariais e de registro são exercidos em caráter privado, por delegação do Poder Público" (Brasil, 1988). Segundo a Lei n.º 8.935, de 18 de novembro de 1994, artigo 1º, já mencionado, "Serviços notariais e de registro são os de organização técnica e administrativa destinados a garantir a publicidade, autenticidade, segurança e eficácia dos atos jurídicos" (Brasil, 1994). As duas normativas identificam como sendo "serviços de registro".

Já a Lei de Registros Públicos (Brasil, 1973) afirma que "[...] § 1º Os Registros referidos neste artigo são os seguintes: I – o registro civil de pessoas naturais [...]". Já o CNJ, por exemplo, na Recomendação n.º 40, de 2 de julho de 2019, traz em sua ementa o seguinte: "Dispõe sobre os prazos e informações a serem prestadas ao Sistema Nacional de Informações de Registro Civil – SIRC pelas serventias extrajudiciais de registro de pessoas naturais" (Brasil, 2019a). Somente com esses exemplos fica claro que a terminologia adotada por órgãos oficiais é diversa, ora sendo denominada serventia extrajudicial, ora registro civil das pessoas naturais ou serviços registrais. O objetivo aqui não é definir qual o certo ou o errado, até porque não há essa padronização em âmbito nacional. O objetivo é deixar claro ao leitor que pode haver distintas formas de identificar esses estabelecimentos nas normativas que serão aqui utilizadas e que, por esse motivo, os termos são considerados sinônimos.

5.1 OS REGISTROS CIVIS: CONTEXTUALIZAÇÃO

A partir do estabelecimento de acordos comerciais, o homem sentiu necessidade de comprovar negócios, contratos e serviços desempenhados por escrito e não mais verbalmente. Esses registros eram realizados inicialmente por pessoas que dominavam a escrita, porém, com o tempo, surgiram os escribas, homens públicos responsáveis por esse feitio, que há 600 anos a.C. eram incumbidos de fazer a selagem dos documentos apresentados, declarando-os verdadeiros (Siqueira, 2010). Nesse momento foram criados os registros com fé pública:

> A fé pública é atribuída constitucionalmente ao Notário e Registrador, que atuam como representantes do Estado na sua atividade profissional. Atribuída por lei, a fé pública é uma forma de declarar que um ato ou documento está con-

forme os padrões legais, permitindo que as partes tenham segurança quanto a sua validade, até prova em contrário. (Miranda, 2010, p. 4).

Por séculos, a religião e o Estado formaram uma organização homogênea, as principais decisões tomadas na política do país eram condicionadas ao aval da igreja, como a escolha do faraó egípcio, que, antes de ser chefe de Estado, era cultuado como uma divindade (Pereira, 2008). Cook (2012a, p. 9) considera, "Não por acaso, [que] os primeiros arquivos foram aqueles ligados ao poder na antiga Mesopotâmia, Egito, China e América pré-colombiana – fossem os centros de poder da religião, templos e sacerdotes [...]".

Segundo Azevedo (2004, p. 111), "[...] a Igreja era uma instituição subordinada ao Estado e a religião oficial funcionava como instrumento de dominação social, política e cultural". Dessa forma, quando os cartórios não eram ainda institucionalizados, os únicos registros com validade e efeitos civis para os cidadãos, que serviam para comprovar fatos de sua vida, eram aqueles feitos pela igreja, como batismo, matrimônio e sepultamento em cemitério católico. "O registro paroquial, em que são assinalados, por paróquia, os nascimentos, os matrimônios e as mortes, marca a entrada na história das 'massas dormentes' e inaugura a era da documentação de massa" (Le Goff, 2003, p. 531).

Segundo Makrakis (2000, p. 15), "Em 1563, o Concílio de Trento [...] determinava o estabelecimento de arquivos paroquiais para todos os países católicos". No Concílio, a questão dos arquivos não foi especificamente abordada, foram 18 anos (1545-1563) de debates para então serem construídos os decretos e as reformas da igreja católica. Dentre elas,

> [...] estabeleceu a obrigação de todos os párocos e vigários de escrever e diligentemente manter todos os livros necessários para registrar o exercício de seu ministério, mais especificamente, da comunhão dos sacramentos do batismo e do casamento, das mortes e do cumprimento pascal.[84] (Perez, 2009, p. 3, tradução nossa).

O que se subentende é que, pelo menos desde 1563, já existiam registros paroquiais nas igrejas católicas pelo mundo em países com tradição catolicista.

---

[84] "[...] Em realidad en este Concilio no se trato específicamente el tema de los archivos, pero sí se estableció La obligatoriedad para todos los párrocos y vicarios de anotar y custodiar diligentemente todos los libros que fuesen necesarios para dejar Constancia Del ejercicio de su ministerio, más concretamente, de La impartición de los sacramentos Del bautismo y el matrimonio, de lãs defunciones y Del cumplimiento pascual." (Perez, 2009, p. 3).

A preocupação com os arquivos produzidos pela igreja católica se estende ao longo dos anos. Na Espanha, por exemplo, segundo Perez (2009, p. 1, tradução nossa), o Arquivo Municipal de Algeciras, considera que "Segundo o Instituto Nacional de Estadística (INE, 2007) na Espanha há 14.118 arquivos eclesiásticos",[85] demonstrando o montante de arquivos eclesiásticos pertencentes à igreja católica somente na Espanha.

Quanto aos arquivos eclesiásticos produzidos desde então, segundo Schmidt (2012), durante o I Congresso Internacional de Arquivistas e Bibliotecários em 1910, conhecido como Congresso de Bruxelas, foram pontuadas questões previamente consideradas fundamentais para serem colocadas em pauta e discutidas entre os participantes.

> Ao todo foram vinte e cinco questões de várias ordens, tais como regras que deveriam ser aplicadas na construção de arquivos, os melhores métodos de restauração e limpeza de arquivos, o que poderia ser eliminado dentre os documentos, o que estava sendo feito nos países para preservar os registros paroquiais (batismos, casamentos, óbitos), como deveria ser a formação dos arquivistas, seus dias e horários de trabalho e muitas outras. (Schmidt, 2012, p. 117).

Desde 1910, nesse congresso que foi um marco para a Arquivologia mundial, percebe-se a preocupação dos arquivistas em preservar os arquivos produzidos pelas igrejas. Para Tognoli e Ferreira (2017, p. 7), "Os arquivos eclesiásticos constituem um acervo valioso e imenso, registrando fatos e acontecimentos que vão além do interesse da Igreja enquanto instituição produtora de documentos, perpassando, também, os interesses da sociedade".

Os arquivos eclesiásticos não são objetos desta obra, mas, como forma de contextualizar a criação dos registros civis conhecidos atualmente, a temática se torna fundamental, já que constituíram o início do registro civil no mundo catolicista.

Segundo Solís, Navarro e Baena (2014, p. 83), "Uma das fontes contemporâneas mais confiáveis surgiu com a criação de um sistema de coleta de dados referentes ao estado civil dos cidadãos",[86] os registros civis, que nesse contexto dos autores (Espanha) se deu em 1870.

---

[85] "Según el Instituto Nacional de Estadística (INE, 2007) em Españahay 14.118 archivos eclesiásticos." (Perez, 2009, p. 1).

[86] "Una de las fuentes contemporáneas más fiables surgió con la creación de sistema para recoger los datos referentes al estado civil de los ciudadanos." (Solís; Navarro; Baena, 2014, p. 83).

No Chile, de acordo com Irarrázaval Gomién (2014, p. 339), os registros civis foram institucionalizados em 1884, também resultado da laicização do governo chileno, além de mudanças que vinham ocorrendo na sociedade daquele país: "Essas mudanças significaram um crescimento econômico, religioso, social e territorial, que tornaram necessário contar com novos instrumentos em assuntos tão importantes quanto o registro de pessoas".[87] E ele complementa:

> Assim, como noutras áreas, os governantes da segunda metade do século XIX assumiram tarefas que antes eram desempenhadas por particulares ou instituições privadas, e sem que isso expressasse uma crítica à tarefa até então desempenhada por essas pessoas e organizações. (Irarrázaval Gomién, 2014, p. 339) [88]

A seguir, será apresentada a contextualização da criação dos registros civis no Brasil, especificamente.

5.2 OS REGISTROS CIVIS NO BRASIL

No Brasil, o catolicismo se estabelece logo após o processo de conquista do território brasileiro, intensificando-se principalmente com a vinda dos jesuítas, em 1549, consequentemente promovendo mais tarde os primeiros registros eclesiásticos, conforme determinado no Concílio de Trento (1545-1563). Segundo Santos (2018, p. 15), "Refletir sobre a criação do registro civil no Brasil significa adentrar em um largo debate, não apenas historiográfico, acerca da construção do Estado". Os registros civis recontam fatos e são reflexos de relações políticas, de poder, de revoltas sociais.

Até o ano de 1861, os únicos casamentos com efeitos civis no Brasil eram aqueles celebrados pela igreja católica. Somente com a promulgação do Decreto Legislativo brasileiro n.º 1.144, de 11 de setembro de 1861, é que o registro de nascimento e o de casamento foram permitidos para acatólicos e também aceitos civilmente (Siqueira, 2010).

O casamento acatólico deveria obedecer à Lei n.º 1.144, de 11 de setembro de 1861. Segundo Bortoli (2002, p. 10),

---

[87] "Estos cambios significaron un crecimiento económico, religioso, social, territorial, que hicieron necesario contar con nuevos instrumentos en materias tan importantes como el registro de personas." (Irarrázaval Gomién, 2014, p. 339).

[88] "Así, al igual que en otras áreas, los gobernantes de la segunda mitad del siglo XIX asumieron tareas que antes llevaban particulares o instituciones privadas, y sin que ello manifestara una crítica a la tarea realizada hasta entonces por esas personas y organizaciones." (Irarrázaval Gomién, 2014, p. 339).

> Não existia registro de nascimento para pessoas católicas. Tal registro era suprido pelo assentamento de batismo, no qual se declaravam os nomes do pai e mãe legítimos. O registro de nascimento de filhos pertencentes às religiões dissidentes era disciplinado pela lei nº 1.144, de 11 de setembro de 1861 e pelo decreto nº 3.069, de 17 de abril de 1863. Da mesma forma eram registrados óbitos destas pessoas não católicas.

Até que se tornasse obrigatório o registro civil no Brasil em 1888, houve diversas tentativas anteriores, como a Lei n.º 1.829, de 9 de setembro de 1870, que trazia a seguinte ementa: "[...] menciona o Decreto da Assembléa Geral que manda proceder ao recenseamento da população do Imperio". Em seu artigo 2º, assegura:

> O Governo organizará o registro dos nascimentos, casamentos e obitos, ficando o regulamento que para esse fim expedir sujeito á approvação da Assembléa Geral na parte que se referir á penalidade e effeitos do mesmo registro, e creará na capital do Imperio uma Directoria Geral de Estatistica á qual incumbe: 1º Dirigir os trabalhos do censo de todo o Imperio e proceder ao arrolamento da Côrte, dando execução ás ordens que receber do Governo. 2º Organizar os quadros annuaes dos nascimentos, casamentos e óbitos [...]. (Brasil, 1870).

Para além disso, o Decreto n.º 5.604, de 25 de março de 1874, "Manda observar o Regulamento desta data para execução do art. 2º da Lei n.º 1.829 de 9 de setembro de 1870, na parte em que estabelece o registro civil dos nascimentos, casamentos e óbitos" (Brasil, 1874). E em 1887 o Decreto n.º 3.316, de 11 de junho, "Approva, na parte penal, o Regulamento acerca do registro dos nascimentos, casamentos e obitos, e autorisa o Governo a reformar o mesmo regulamento" (Brasil, 1987).

Apesar das diversas tentativas, somente em 1888 foi iniciado efetivamente o processo de obrigação dos registros civis públicos no Brasil, com o Decreto n.º 9.886, de 7 de março do referido ano, que traz em seu artigo 1º: "O registro civil comprehende nos seus assentos as declarações especificadas neste Regulamento, para certificar a existencia de tres factos: o nascimento, o casamento e a morte" (Brasil, 1888b). Então, todos os bebês nascidos, todos os que se casavam e todos os cidadãos que vieram a óbito, independentemente de sua religião, deveriam ser registrados. Os escreventes dos registros deixaram de ser os clérigos e passaram a ser os "funcionários do governo".

Um fato perceptível entre a leitura dos decretos de 1874 e de 1888, já que os dois regulamentam o registro civil, é de que, por exemplo, em 1874 o assento do nascimento deveria conter "[...] 5º A declaração de ser filho de mulher livre ou escrava, e sendo de escrava, o nome do senhor desta" (Brasil, 1874, art. 65); e "O assento de casamento deverá conter necessariamente: [...] 6º A condição dos conjuges: se ingenuos, libertos, ou escravos, e neste caso o nome do senhor, e a declaração do seu consentimento" (Brasil, 1874, art. 63). Esses fatos não são mais vistos no decreto de 1888, que, mesmo sendo de março e a assinatura da Lei Áurea de maio (Lei n.º 3.353, de 13 de maio de 1888), não emprega mais o termo "escravo".

Outro fato interessante é o de que o registro civil surge, a princípio, dentro de uma lei que introduzia o recenseamento da população no Brasil. Demonstra o interesse do governo com a população, a quantificação, a elaboração de censos e, sobretudo, o controle social. Para Oliveira e Simões (2005, p. 295), "[...] as estatísticas do registro civil são um importante instrumento de acompanhamento dos movimentos de dinâmica demográfica que se processam dentro do país, em seus distintos níveis de desagregação geográfica".

As informações de registro civil se tornam importantes ferramentas de quantificação para o governo brasileiro. Até hoje o envio dos dados de registro civil por parte dos oficiais para distintos órgãos do governo, como o IBGE, é obrigatório.[89]

> Art. 49. Os oficiais do registro civil remeterão à Fundação Instituto Brasileiro de Geografia e Estatística, dentro dos primeiros oito dias dos meses de janeiro, abril, julho e outubro de cada ano, um mapa dos nascimentos, casamentos e óbitos ocorridos no trimestre anterior. (Brasil, 1973).

Seguindo o histórico do desenvolvimento do registro civil no Brasil, o processo de criação independente da religião e desvinculado da igreja católica inicia-se no ano de 1888, com os registros civis públicos. Porém, foi somente após a Proclamação da República, em 15 de novembro de 1889,

---

[89] O Governo Federal criou em 2015 o Sistema Nacional de Informações de Registro Civil, uma base de dados nacional em que os cartórios inserem as informações dos registros civis efetuados na sua serventia. Os órgãos do governo que precisam dessas informações para o desenvolvimento de suas funções possuem acesso a esses dados. Esse sistema permitiu que dados como os encaminhados para o Cartório Eleitoral e o Instituto Nacional do Seguro Social ao final de cada mês sejam instantaneamente incluídos na base, contribuindo com a diminuição de fraudes eleitorais e previdenciárias, por exemplo.

que o governo provisório publicou um decreto definitivo de separação da igreja e do Estado. A partir desse momento, o Brasil assume características de um país laico.

O que foi gerado pelas instituições religiosas passa a ser de interesse público, como traz o artigo 16 da Lei n.º 8.159, de 8 de janeiro de 1991: "Os registros civis de arquivos de entidades religiosas produzidos anteriormente à vigência do Código Civil ficam identificados como de interesse público e social" (Brasil, 1991, art. 16). Nesse sentido, as igrejas ficam obrigadas a dar acesso público aos registros civis que estão sob sua guarda.

A partir da Proclamação da República, o governo cria um órgão delegado responsável pelo feitio dos registros públicos dos cidadãos no Brasil, incumbido nesse caso aos oficiais.

Desse modo, de acordo com o que foi levantado, os Ofícios de Registro Civil iniciam-se, principalmente após 1888, quando os registros se tornam obrigatórios, porém antes disso já é possível identificar a criação de alguns, a partir da citada Lei de 1874. Para exemplificação, em levantamento realizado em 2021 e que será discutido na sessão 7.7, dos 54 cartórios pesquisados, 33 já possuem mais de 100 anos; nesse sentido, impera um dos objetivos deste livro, a preservação desse patrimônio documental.

5.3 OS ARQUIVOS DE REGISTRO CIVIL

Os arquivos de registro civil têm caráter permanente, histórico e cultural desde sua criação, por seu valor testemunhal e probatório. Conforme aponta Schellenberg (2006, p. 211), "Os documentos vitais relativos a nascimentos, óbitos e casamentos deveriam ser, e de fato são, permanentemente conservados pelos respectivos estados".

Para Rieger (1979), são conserváveis os documentos de valor permanente que podem ter valor para a proteção dos direitos cívicos, jurídicos e de propriedade de certos cidadãos ou de toda a população. É um valor ligado aos direitos individuais. Quando se parte do pressuposto de que os registros civis possuem valor permanente, está-se referindo ao registro em si, e não a todos aqueles documentos criados nos cartórios de registro civil, tanto que há uma tabela de temporalidade e destinação de documentos para registro civil que será discutida na seção 7.4.

Além do caráter probatório radicado nos documentos de arquivo, Araújo (2014) considera que existe um papel dos arquivos no fomento e na difusão dos valores assumidos pela sociedade como fundamentais, são eles:

1. a noção de patrimônio cultural de valor histórico, que consiste em um valor essencial e básico dos arquivos sobre o qual se apoiam os outros valores;
2. a função dos arquivos como elementos que garantiriam a possibilidade de promover e recuperar a memória coletiva, a partir da ideia de que é preciso construir o futuro sobre as sólidas bases de um conhecimento amplo e crítico do passado; e
3. os arquivos são importantes protagonistas para os processos de recuperação e fortalecimento das identidades (locais e nacionais), relacionando-se com a necessidade dos indivíduos de conhecerem suas origens pessoais ou da sociedade a que pertencem. Por fim, os arquivos são também conhecimento, na medida em que guardam um imenso capital informativo cujo acesso pode favorecer uma série de serviços (Araújo, 2014).

A partir do que é posto pelo autor, é possível identificar três frentes básicas referentes aos arquivos: o arquivo e sua correlação com o patrimônio cultural; o arquivo enquanto forma de memória coletiva; e o arquivo como fator primordial para o conhecimento do eu como indivíduo (Lehmkuhl, 2017). As frentes presentes nos arquivos de registro civil serão agora exemplificadas.

O arquivo de registro civil como constituinte do patrimônio cultural de valor histórico para os indivíduos e a sociedade é fator determinante para o reconhecimento de direitos básicos da vida cotidiana (Lehmkuhl, 2017). Costa (2011, p. 4) entende cultura como

> [...] a empresa do ser humano relacionada à tríade arte-memória coletiva-repasse de saberes/fazeres/viveres, protegida pelo direito, tendo em vista o princípio constitucional da dignidade, tanto do universo humano, quanto da dos indivíduos de *per si*, ligada à uma ideia axiológica emancipatória de desenvolvimento [...].

Quando se pensa nessa tríade, pode-se entender o registro civil como parte componente da memória coletiva da sociedade, sem dispensar, é claro, a própria memória individual, sua identidade; os direitos individuais, em grande parte, são adquiridos a partir do registro de nascimento. Para Pollak (1992, p. 204),

> Podemos portanto dizer que a memória é um elemento constituinte do sentimento de identidade, tanto individual como coletiva, na medida em que ela é também um fator

extremamente importante do sentimento de continuidade e de coerência de uma pessoa ou de um grupo em sua reconstrução de si.

No mesmo sentido de Pollak (1992), Delmas (2010, p. 40) trata da identidade, da origem, da necessidade do homem de saber de onde veio: "O conhecimento de suas origens é essencial para o homem". E ainda complementa essa concepção trazendo outra reflexão:

> De onde vem? O que significa? Poderíamos pensar que um sobrenome é apenas uma convenção, sem significado em si, como um número de matrícula que permite apenas se reconhecer entre outros. Porém, além dessa função, ele permite a uma pessoa justamente identificar-se, ligar-se a uma mesma origem, e assim ganha para cada um de nós uma importância primordial. Ao mesmo tempo, o sobrenome não diz respeito apenas a um indivíduo sozinho, mas aos indivíduos em família. (Delmas, 2010, p. 43).

Uma das formas de conhecer essa origem está nos arquivos de registro civil por meio dos estudos genealógicos. Além deles, os arquivos eclesiásticos e os arquivos de imigração são também fontes que podem ser utilizadas pelos cidadãos na busca de sua ancestralidade. Segundo Pérez Ortiz, González Lozano e Vivas (2017, p. 41, tradução nossa), "Os estudos genealógicos ajudam a interpretar a origem, o desenvolvimento e a evolução dos habitantes de um território, constituindo uma ferramenta indispensável para a historiografia e as ciências sociais".[90]

Seguindo a tríade, o patrimônio cultural brasileiro é constituído por bens de natureza material e imaterial, tomados individualmente ou em conjunto, portadores de referência à identidade, à ação e à memória dos diferentes grupos formadores da sociedade brasileira nos quais se incluem:

> I – as formas de expressão; II – os modos de criar, fazer e viver; III – as criações científicas, artísticas e tecnológicas; IV – as obras, objetos, documentos, edificações e demais espaços destinados às manifestações artístico-culturais; V – os conjuntos urbanos e sítios de valor histórico, paisagístico, artístico, arqueológico, paleontológico, ecológico e científico. (Brasil, 1988, art. 216).

---

[90] "Los estudios genealógicos coadyuvan a interpretar el origen, desarrollo y evolución de los pobladores de un territorio, constituyendo una herramienta indispensable para la historiografía y las ciencias sociales." (Pérez Ortiz; González Lozano; Vivas, 2017, p. 41).

O patrimônio formado por documentos contidos nos arquivos é material nutriente informativo para a funcionalidade de uma sociedade. Ao dar relevância a essa funcionalidade, é quase determinado um novo tratamento administrativo do documento. Essa função informativa e os múltiplos usos derivados dela exigem uma especial proteção/preservação do patrimônio documental (Belsuence, 1986 *apud* Silva, 1998). A preservação desse patrimônio documental se faz fundamental, pois visa proteger os documentos de possíveis degradações que o acervo possa vir a sofrer. Para que a preservação seja possível, faz-se necessária a observação da atuação dos vários agentes de degradação, que podem ser internos ou externos ao suporte em que se encontra a informação. Diante do exposto, é notável a necessidade de políticas de preservação do patrimônio cultural/documental, nesse caso, o registro civil, indiciador de histórias e memórias do povo brasileiro.

Os arquivos detentores dos documentos de registro civil se tornam guardiões e indiciários da história da sociedade e, para tanto, se transformam em lugares de memória/patrimônios documentais possuidores de documentos físicos envolvidos em narrativas pessoais ou coletivas entre familiares e na própria sociedade (Lehmkuhl, 2017).

Nora (1976) afirma que a memória-patrimônio não se contenta em entender o alargamento brutal da noção e sua expansão recente e problemática a todos os objetos testemunhos do passado nacional, mas, muito mais profundamente, a transformação em bem comum e em herança coletiva das implicações da memória. Em virtude disso, considera-se aqui que esses documentos estão acondicionados em lugares de memória, constituindo-se memória-patrimônio da Nação. Para Smith (2004, p. 75 *apud* Sobral, 2006, p. 8), "[...] sem memória não há identidade; sem identidade, não há nação".

A partir dos registros civis, é possível comprovar fatos e realizar pesquisas diversas, conforme são apresentadas algumas delas no Quadro 9 a seguir.

Quadro 9 – Possíveis usos dos registros civis

Cidadão e seus direitos	Governo	Pesquisadores
Direito ao registro de nascimento e, consequentemente, a todos os documentos oficiais gerados a partir desse registro, como Carteira de Identidade, Cadastro de Pessoa Física (CPF), Carteira de Trabalho, dentre outros.	Uso do registro de óbito para cessar o título de eleitor no Cartório Eleitoral competente ou o benefício do aposentado no INSS, assim que o óbito for comunicado pelo cartório.	Pesquisas ligadas à *causa mortis* constante nos registros de óbito.
Construção de árvores genealógicas, pesquisas familiares, a partir de registros passados.	Estatísticas da população brasileira a partir dos registros de nascimento, casamento e óbito.	Estudos morfológicos e semânticos relacionados às diversas alterações da língua portuguesa e à construção textual ao longo da história do Brasil.
Possibilidade de requisição de dupla cidadania, considerando o contexto de imigração em território brasileiro.	Aprimoramento ou criação de políticas públicas específicas a determinada região/estado/município brasileira.	As diversas profissões comuns a cada época, profissões que não existem mais ou que foram substituídas por outras.
Aquisição de direitos sucessórios a partir da comprovação de fatos anteriores ao ato.	Revisitação da história de municípios, estados e país, podendo servir ao turismo, por exemplo.	A preservação do patrimônio documental de registro civil no Brasil.

Fonte: elaborado pelas autoras (2020)

Esse quadro demonstra algumas das possibilidades de uso por três agentes distintos, o cidadão, o governo e o pesquisador (profissional **e, ou acadêmico**), que podem ser ainda alargadas com distintas pesquisas e que remetem à necessidade de preservação desse acervo.

Bruno Delmas, arquivista e historiador francês, em seu livro intitulado *Arquivos para quê?* de 2010, traz diversos fatos relacionados aos arquivos de registro civil, inclusive cita um exemplo brasileiro quando trata da possibilidade de dupla cidadania a partir dos registros que estão no Museu da Imigração do Estado de São Paulo. "Eles permitem, hoje, que cidadãos brasileiros comprovem a origem italiana de suas famílias e, com isso, adquiram a nacionalidade italiana graças a uma legislação recente desse país" (Delmas, 2010, p. 24-25).

Considerando o arquivo de registro civil como constituinte do patrimônio cultural brasileiro, é válido ressaltar que, segundo o artigo 62 da Lei n.º 9.605, de 12 de fevereiro de 1998, é crime "Destruir, inutilizar ou deteriorar: [...] II – arquivo, registro, museu, biblioteca, pinacoteca, instalação científica ou similar protegido por lei, ato administrativo ou decisão judicial", tipificado como crime contra o ordenamento urbano e o patrimônio cultural, sendo a pena de "reclusão, de um a três anos, e multa"; se o crime for culposo, a pena é de "seis meses a um ano de detenção, sem prejuízo da multa" (Brasil, 1998, art. 62).

Delmas (2010, p. 25), em sua explanação a respeito da importância dos arquivos por meio de fatos que ilustram o porquê de sua conservação, apresenta exemplos de destruição de acervos de registro civil:

> A destruição dos arquivos é o último ato, após a morte das pessoas e das instituições, para extinguir irremediavelmente seus direitos. Assim, em 1975, no início da Guerra do Líbano, quando esse país foi invadido pelos refugiados palestinos foragidos da Jordânia e da Síria, os cartórios foram incendiados em inúmeros lugares, apagando assim as provas de nacionalidade e de propriedade dos habitantes. No início dos anos 1990, na Croácia, registros de estado civil foram conscientemente destruídos para privar os habitantes de sua identidade e, assim, dos seus direitos civis.

Fica evidente o valor que os arquivos de registro civil possuem em uma sociedade. Além de sua identidade, memória individual e coletiva, os arquivos representam direitos, podendo sua destruição trazer consequências inimagináveis para os cidadãos e o país hoje e no futuro.

Com esse levantamento histórico, normativo e de contextualização dos arquivos de registro civil, pretende-se destacar a relevância do atual sistema de registro civil na vida dos brasileiros e do país, caracterizando-se um dos principais vínculos do exercício pleno de cidadania, memória e patrimônio da sociedade brasileira. A seguir será apresentada a relação entre os arquivos de registro civil e a Coordenadoria de Gestão de Serviços Notariais e de Registro, instituída pela Portaria n.º 53/2020 da Corregedoria Nacional de Justiça.

5.3.1 Os arquivos de registro civil e a Coordenadoria de Gestão de Serviços Notariais e de Registro (CONR)

A Portaria n.º 53, de 15 de outubro de 2020, da Corregedoria Nacional de Justiça, "Disciplina o funcionamento da Coordenadoria de Gestão de Serviços Notariais e de Registro, no âmbito da Corregedoria Nacional de Justiça, e dá outras providências". Essa coordenadoria ou CONR, como foi denominada, está dividida em quatro eixos de atuação, são eles: 1) processual; 2) agente regulador; 3) fiscalização e regulação; e 4) institucional. O eixo que tem relação com esta pesquisa, quando do tratamento documental, é o eixo 4, institucional. Dentro do eixo 4, o item III apresenta os "Programas Especiais", que são:

> a) Gestão Documental (e-Folium); b) Comissão Especial para Gestão Documental do Foro Extrajudicial (e-Folivm); c) Fórum de Assuntos Fundiários; d) Proteção de Dados Pessoais nos serviços extrajudiciais; e) Renda Mínima (equilíbrio econômico-financeiro das pequenas serventias); f) Justiça Aberta 2.0; g) Desjudicialização por meio dos serviços de notas e registro; h) Combate ao subregistro civil (Pai Presente e outros projetos a serem desenvolvidos); e i) Regularização Fundiária (qualificação dos profissionais das unidades do serviço extrajudicial). (Brasil, 2020e).

Anexo à Portaria está o plano de trabalho de execução das atividades da CONR para o biênio 2020/2022, que será agora explicitado no que diz respeito aos programas "a" e "b" diretamente relacionados a esta pesquisa.

Sobre o programa "a", e-Folium, de acordo com o plano de trabalho, se origina com a instituição do grupo de trabalho para planejamento e execução das ações necessárias à modernização dos registros de imóveis do estado do Pará, após diagnóstico situacional dos documentos dos registros de imóveis do Pará, que demonstrou alto grau de degradação dos acervos. Esse grupo então foi formado por distintos órgãos "[...] para adoção de ações conjuntas relacionadas ao processo de regularização fundiária e modernização dos cartórios no Estado do Pará" (Brasil, 2020e, p. 28).

Quanto ao programa "b", e-Folivm, a Portaria inicia sua descrição apontando os convênios que foram celebrados entre a Comissão Especial para Gestão Documental do Foro Extrajudicial, a Fundação Biblioteca Nacional (FBN) e o Conarq. O foco desse convênio era criar medidas de modernização, organização, conservação, restauração, digitalização e gestão documental nos cartórios de registro de imóveis do estado do Pará e nos cartórios de registro de imóveis da Amazônia Legal.[91]

Segundo o plano de trabalho (Brasil, 2020e, p. 29),

> A Comissão Especial para Gestão Documental do Foro Extrajudicial foi aprovada na 60ª reunião plenária ordinária do Conselho Nacional de Arquivos – CONARQ e, por meio da Portaria 94, de 21/12/2010 a dita comissão foi efetivamente criada e os seus membros indicados (DOU 22/12/2010, I, p. 3).

A Portaria n.º 94, de 21 de janeiro de 2010, em seu artigo 1º, resolve

> Criar, conforme aprovação do Plenário do Conselho Nacional de Arquivos – CONARQ, em sua 60ª reunião ordinária, realizada no dia 8 de dezembro de 2010, a Comissão Especial para Gestão Documental do Foro Extrajudicial, com o objetivo de propor ações e procedimentos para a modernização, organização e gestão documental dos acervos dos **Cartórios de Registro de Imóveis da Amazônia Legal**, de conformidade com os dispositivos previstos na Resolução n.º 110, de 6 de abril de 2010, do Conselho Nacional de Justiça. (Brasil, 2010c, grifo nosso).

Conforme já explicitado, o foco inicial eram os registros de imóveis da Amazônia Legal. O artigo 7º da Portaria diz que "A Comissão Especial terá o prazo de 120 (cento e vinte) dias para concluir seus trabalhos, a partir de sua instalação, podendo este prazo ser prorrogado pelo Presidente do CONARQ, por solicitação do Presidente da Comissão" (Brasil, 2010c).

Em 18 de julho de 2011, por meio da Portaria n.º 96, foi prorrogado

> [...] por 120 (cento e vinte) dias, o prazo estabelecido no art. 7º da Portaria n.º 94, de 21 de dezembro de 2010, publicada no DOU de 22 de dezembro de 2010, Seção 1, para conclusão dos trabalhos da Comissão Especial para Gestão Documental do Foro Extrajudicial. (Brasil, 2011b).

Isso significa que essa comissão perdurou até novembro de 2011. Após a finalização dos prazos, a comissão apresentou seus resultados, que foram então encaminhados ao Proname para avaliação e possível aprimoramento (Brasil, 2020e).

---

[91] Segundo o IBGE (Brasil, 2020d), a Amazônia Legal abrange nove estados brasileiros e parte de seus municípios. Dentre os estados, estão Rondônia, Acre, Amazonas, Roraima, Pará, Amapá, Tocantins, Mato Grosso e Maranhão, o que em sua totalidade chega a corresponder a 58,9% do território brasileiro.

Segundo o plano de trabalho, "No transcurso dos trabalhos, debates e discussões foram encaminhados ao CNJ vários estudos visando dar cumprimento à missão posta à Comissão" (Brasil, 2020e). Dentre os atos normativos baixados, estão:

a) Provimento CNJ 23/2012, de 24/10/2012, Min. Francisco Falcão. **Dispõe sobre abertura de matrícula, expedição de certidões, restauração de matrículas ou registros danificados e gestão documental. Procedimentos administrativos para a restauração de livros e de assentos deteriorados ou perdidos.**

b) Recomendação CNJ 9/2013, de 7/3/2013, Min. Francisco Falcão. Dispõe sobre a formação e manutenção de arquivo de segurança pelos responsáveis pelas serventias do serviço extrajudicial de notas e de registro, alterada pela Recomendação 11/2013, de 16/4/2013. min. Francisco Falcão.

c) Recomendação CNJ 14/2014, de 2/7/2014. Modelo para criação e implantação, nos cartórios, do **Sistema de Registro Eletrônico Imobiliário** (SREI).

d) Provimento CNJ 47/2015, de 19/6/2015, Min. Nancy Andrighi. Estabelece diretrizes gerais para o **sistema de registro eletrônico de imóveis**.

e) Provimento CNJ 50/2015, de 28/9/2015, Min. Nancy Andrighi. Dispõe sobre a conservação de documentos nos cartórios extrajudiciais.

f) Provimento CNJ 74/2018, de 31/7/2018, Min. João Otávio de Noronha. Dispõe sobre padrões mínimos de tecnologia da informação para a segurança, integridade e disponibilidade de dados para a continuidade da atividade pelos serviços notariais e de registro do Brasil e dá outras providências.

g) Provimento 89/2019, de 18/12/2019, Min. Humberto Martins. Regulamenta o Código Nacional de Matrículas – **CNM**, o Sistema de Registro Eletrônico de Imóveis – **SREI**, o Serviço de Atendimento Eletrônico Compartilhado – **SAEC**, o acesso da Administração Pública Federal às informações do SREI e estabelece diretrizes para o estatuto do Operador Nacional do Sistema de Registro Eletrônico – **ONR**. (Brasil, 2020e, grifo nosso).

É possível inferir que dos sete atos normativos citados, quatro são direcionados aos registros de imóveis especificamente, que eram alvo da CONR. Os outros três atos serão objeto de análise quando da aplicação das funções arquivísticas nos registros civis. Frisa-se que o Provimento CNJ 23/2012, de 24 de outubro de 2012, possui uma ementa no plano de trabalho, conforme apresentada acima e outra no site do CNJ[92]: "Dispõe sobre o extravio, ou danificação que impeça a leitura e o uso, no todo ou em parte, de qualquer livro do serviço extrajudicial de notas e de registro e dá outras providências" (Brasil, 2012a), fato que em alguns casos pode prejudicar a recuperação de dados.

Seguindo a análise do plano de trabalho, volta-se neste momento aos documentos digitais, sua produção e preservação, já que se trata de documentos que conferem segurança jurídica às relações sociais. Citam-se as Recomendações 9 e 11 de 2013, que tratam da formação de acervo de segurança. Contudo, admite-se que foi "[...] apenas uma 'solução emergencial', como grafado pelo Juiz-Auxiliar" (Brasil, 2020e). Depois é apresentado o objetivo do e-Folivm no biênio 2020/2022:

> Instituir uma política uniforme e harmônica, em todo o território nacional, de preservação documental e gestão de repositórios confiáveis de títulos, documentos, papéis, livros e dados, a cargo dos serventuários do Serviço Extrajudicial (art. 22 a 27 da Lei 6.015/1973 c.c. art. 46 da Lei 8.935/1994). (Brasil, 2020e).

Neste momento demonstra preocupação de se criar uma política de preservação documental e gestão de repositórios confiáveis para serviços extrajudiciais no Brasil. Após a apresentação dos objetivos, o plano segue apontando trechos da Lei n.º 8.159/1991 e suas relações com os arquivos extrajudiciais. "Os repositórios notariais e registrais são reputados **arquivos públicos**" (Brasil, 2020e, grifo nosso) e trazem a definição de arquivos públicos da Lei n.º 8.159/1991. Seguindo,

> O acervo de documentos públicos apresentados, arquivados e conservados nos serviços extrajudiciais representa uma categoria de documentos reputados pela lei como de preservação permanente (§ 3º do art. 8º da Lei 8.159/1991) e que esses documentos de valor permanente "são inalienáveis e imprescritíveis". (Brasil, 2020e).

Depois é apresentado o Conarq enquanto órgão que possui a finalidade de "[...] definir a política nacional de arquivos públicos e privados" (artigo 1º do Decreto Federal n.º 4.073/2002) e "[...] estabelecer diretrizes para o funcionamento do Sistema Nacional de Arquivos – SINAR, visando à gestão, à preservação e ao acesso aos documentos de arquivos" (inciso I

---

[92] Disponível em: https://atos.cnj.jus.br/atos/detalhar/3596.

do artigo 2º) (Brasil, 2020e). Já o Sinar "[...] tem por finalidade 'implementar a política nacional de arquivos públicos e privados, visando à gestão, à preservação e ao acesso aos documentos de arquivo' (artigo 10º), do qual fazem parte e o integram os arquivos do Poder Judiciário Federal e Estadual" (Brasil, 2020e).

Fica evidente que o próprio CNJ considera que os arquivos extrajudiciais são públicos, que possuem caráter permanente e que estão vinculados ao Sinar enquanto órgão delegado que compõe o Poder Judiciário. "Por fim, os 'órgãos prestadores de serviços notariais e de registro que atuem por delegação do poder público' integram o Poder Judiciário (inc. III, § 4º do art. 103-B da EC 45/2004) [...]" (Brasil, 2020e).

Destarte, o plano segue com a apresentação do Programa Nacional de Gestão Documental e Memória (Proname) do Poder Judiciário, que foi lançado em 2008 por meio de acordo de cooperação entre o Conarq e o Poder Judiciário. Além do Proname, outros atos normativos baixados pelo CNJ foram a Recomendação n.º 37/2011, a Recomendação n.º 46/2013, a Resolução n.º 296/2019 e a Resolução n.º 324/2020, todas voltadas ao Poder Judiciário, e não especificamente aos registros civis/extrajudiciais.

A partir do exposto, o plano de trabalho propõe

> a) Retomada do Projeto e-Folivm e a reconstituição da Comissão Especial para Gestão Documental do Foro Extrajudicial com o fim de dar seguimento aos estudos de regulamentação uniforme da preservação e gestão documental do foro extrajudicial; b) Reatar contatos com o CONARQ para obtenção de orientação técnica acerca das melhores práticas para a gestão documental do foro extrajudicial e para estudos sobre repositórios eletrônicos confiáveis; c) Buscar interlocução com o PRONAME com o fim de articular a regulamentação uniforme do órgão extrajudicial do Poder Judiciário; e d) Criação de representação do foro extrajudicial no SINAR por indicação da Corregedoria Nacional de Justiça. (Brasil, 2020e).

Para a execução desses quatro itens, o plano apresenta

> A recriação da Comissão Especial para Gestão Documental do Foro Extrajudicial e a retomada do Projeto com a denominação de e-Folivm que deverá ser objeto de regulamentação própria no âmbito da Corregedoria Nacional de Justiça, cumprindo seja editado ato normativo para

disciplinar o funcionamento da dita Comissão, convidando especialistas para compô-la e diligenciando a celebração e formalização de convênios e acordos com órgãos como o Conarq, Proname, ONR etc. (Brasil, 2020e).

Até janeiro de 2021, não foi detectado o ato normativo que disciplina a comissão e quem fará parte. No cronograma (Brasil, 2020e, p. 49), o objetivo do e-Folivm está marcado para o quarto trimestre de 2021 e o e-Folim para o primeiro trimestre de 2022.

A partir da rápida descrição da CONR e sua criação por meio da Portaria n.º 53/2020, é possível destacar alguns pontos principais: a CONR provém de uma necessidade percebida em um primeiro momento na Amazônia Legal e relacionada aos registros imobiliários quando da regularização fundiária da região; vigorou por 240 dias; fizeram parte da comissão o Conarq e a FBN; distintas normativas foram publicadas posteriormente, fruto do trabalho da comissão; levando em conta o contexto de criação da CONR e os membros nomeados que representavam os cartórios e que fizeram parte da comissão,[93] há uma aparente tendência de análise e criação de normativas para registros de imóveis; o CNJ considera que os arquivos de registro extrajudiciais são públicos e as serventias extrajudiciais compõem o Poder Judiciário brasileiro; consequentemente os registros extrajudiciais fazem parte do Sinar; e há visível preocupação do programa com documentos digitais e a gestão de repositórios digitais para arquivos extrajudiciais. Por fim, acredita-se que a continuação da comissão seja de suma importância para a criação da uma política concisa de proteção desse patrimônio social que é o registro civil.

Após este levantamento histórico, normativo e de contextualização dos arquivos de registro civil como um dos principais vínculos do exercício pleno de cidadania, memória e patrimônio da sociedade brasileira e a descrição da comissão criada para a elaboração de uma política de salvaguarda dos registros extrajudiciais, a seguir apresenta-se a aplicação das funções arquivísticas frente aos registros civis.

---

[93] Portaria n.º 96/2011.

6

REGISTROS CIVIS FRENTE ÀS FUNÇÕES ARQUIVÍSTICAS

Neste capítulo apresenta-se a análise dos registros civis com base nas oito funções descritas em seções anteriores. Para cada função será apresentada a possibilidade de aplicação nos registros civis das pessoas naturais.

6.1 DIAGNÓSTICO ARQUIVÍSTICO

O diagnóstico arquivístico enquanto função busca identificar as necessidades da instituição perante o arquivo e precisa ser realizado pelo arquivista como primeira etapa do planejamento de tratamento do acervo arquivístico. Para a definição das propostas é essencial conhecer o órgão gerador/produtor dos documentos (história, características, estrutura) e a forma como são produzidos e armazenados.

O diagnóstico abrange informações de todas as funções arquivísticas: como e por quem os documentos são criados; como são o organograma e o fluxograma da instituição; se há adoção do plano de classificação e da TTDD; como são criados os instrumentos de pesquisa; como funciona o sistema informatizado do cartório; que infraestrutura o cartório possui para acondicionamento dos documentos; que medidas de preservação são adotadas; como é o acesso aos documentos etc. Além do levantamento desses dados, precisa realizar entrevistas com gestores e funcionários, além da leitura dos documentos que tratam da constituição da instituição, dentre outros questionamentos possíveis.

A seguir apresenta-se um modelo de questionário para orientar o arquivista em um possível diagnóstico aplicado a arquivos de registro civil. É válido ressaltar que o questionário é somente uma das bases para o diagnóstico, outros fatores como os apresentados anteriormente necessitam ser considerados para a elaboração do diagnóstico arquivístico e consequentemente as propostas para melhorias a partir do que foi diagnosticado.

Modelo de Questionário para Diagnóstico em Arquivos de Registro Civil das Pessoas Naturais

Nome do Ofício/Cartório/Serventia
_____

E-mail para contato com o Cartório
_____

Cidade
_____

Telefone para contato
_____

Data de início dos Registros Civis no Cartório
_____

Quantidade de funcionários do Cartório
_____

1. **O Ofício faz uso da Tabela de Temporalidade de Documentos aprovada pelo CNJ em 2015? (Provimento n.º 50, de 28 de setembro de 2015).**

    O Sim

    O Não

2. **Caso faça uso da Tabela, os documentos foram eliminados de que forma? (podem ser assinaladas mais de uma opção).**

    O Incinerados (queimados)

    O Picotados

    O Jogados no lixo

    O Doados para reciclagem

    O Doados para alguma instituição cultural (arquivo, museu, centro de documentação, memorial)

    O Outro: _____

3. **Há arquivista(s) trabalhando no arquivo do Cartório?**

    O Sim
    O Não
    O Outros profissionais

4. **Se há outros profissionais, qual a formação?**
    _____

5. **O arquivo encontra-se digitalizado?**

    O Sim
    O Não
    O Em partes

6. **Se está digitalizado, a digitalização foi feita por:**

    O Empresa terceirizada;
    O Pelo próprio cartório;
    O Outros _____

7. **Se está digitalizado, onde está sendo inserida a digitalização?**

    O No próprio sistema do Cartório;
    O Em sistema específico para isso;
    O Salvo como imagem na área de trabalho;
    O Em Repositório Digital Arquivístico Confiável;
    O Outros _____

8. **Como é a recuperação dos registros no sistema? (podem ser assinaladas mais de uma opção).**

    O Nome do Registrado
    O Nome dos Pais
    O Nome dos Noivos
    O Livro
    O Folhas
    O Número do Registro
    O Data do Registro
    O Outra: _____

9. **Como é realizada a busca dos Registros Civis? (podem ser assinaladas mais de uma opção).**

    O Índices físicos

    O Índices digitais

    O Direto no sistema informatizado

    O Outra: _____

10. **No caso de índices físicos são guardados onde?**

    O Acoplados no livro (comum em livros antigos)

    O Fora do livro

    O No livro, mas em folhas soltas

    O Outra: _____

11. **O backup do sistema é feito em:**

    O Pen drive

    O HD externo

    O No próprio computador

    O Nuvem

    O CD/DVD

    O Não é feito

    O Outra: _____

12. **O arquivo de registro civil está microfilmado?**

    O Sim

    O Não

    O Em partes

13. **Os arquivos em suporte papel são armazenados em:**

    O Um único ambiente

    O Em diversas salas próximas ao cartório/serventia/ofício

    O Fora do Cartório

    O Local terceirizado

    O Outra: _____

14. **Há controle de temperatura, umidade e luminosidade no arquivo?**

    O Sim

    O Não

    O Em partes

15. **Os livros estão armazenados em estantes na vertical ou na horizontal?**

    O Vertical

    O Horizontal

    O As duas respostas acima

16. **Há livros restaurados no arquivo do Cartório?**

    O Sim

    O Não

17. **Quantos livros de registro civil há no arquivo aproximadamente? (nascimentos, casamentos, óbitos, natimorto).**

    _____

18. **Quantos registros civis são feitos mensalmente no cartório?**

    _____

19. **O mobiliário onde está acondicionado o arquivo é confeccionado em: (podem ser assinaladas mais de uma opção).**

    O Madeira

    O Aço

    O Plástico

    O Alumínio

    O Ferro

    O Outra: _____

20. **As caixas utilizadas para guardar os arquivos de registro civil são de:**

    O Poliondas

    O Papelão

    O Poliondas e Papelão

    O Outra: _____

21. **Acondiciona algum acervo de cartório extinto?**

   O Não

   O Sim

22. **Os registros são criados atualmente em: (podem ser assinaladas mais de uma opção).**

   O Livros

   O Folhas soltas

   O Folhas soltas, depois encadernadas (espiral)

   O Folhas soltas, depois colocas em pastas (divisórias de plástico)

   O Folhas soltas, depois encadernadas (como livro)

   O Outra: _____

23. **Há estrutura física para receber pessoas com deficiência física no Ofício? (rampa, corrimão, elevador).**

   O Sim

   O Não

   O Em partes

   O Outra: _____

24. **Há estrutura digital para receber pessoas com deficiência física no Ofício? (tradutor disponível, softwares para acessibilidade).**

   O Sim

   O Não

   O Em partes

   O Outra: _____

Fonte: elaborado pelas autoras (2020) e (2024)

6.2 CRIAÇÃO

O processo de criação dos registros civis segue principalmente a Lei dos Registros Públicos n.º 6.015, de 31 de dezembro de 1973. Segundo o artigo 29,

> Serão registrados no registro civil de pessoas naturais: I – os nascimentos; II – os casamentos; III – os óbitos; IV – as emancipações; V – as interdições; VI – as sentenças declaratórias de ausência; VII – as opções de nacionalidade; VIII – as sentenças que deferirem a legitimação adotiva. (Brasil, 1973).

Alguns desses registros darão origem aos livros de registro civil, dentre os quais a Lei n.º 6.015/73 destaca:

> Art. 33. Haverá, em cada cartório, os seguintes livros, todos com 300 (trezentas) folhas cada um: I – "A" – de registro de nascimento; II – "B" – de registro de casamento; III – "B Auxiliar" – de registro de casamento Religioso para Efeitos Civis; IV – "C" – de registro de óbitos; V – "C Auxiliar" – de registro de natimortos; VI – "D" – de registro de proclama. (Brasil, 1973).

Nesse sentido, segundo a Lei de 1973, são seis livros (formato) criados especificamente pelo registrador civil das pessoas naturais, tendo 300 folhas cada. Quanto ao número de ordem dos registros, "[...] não serão interrompidos no fim de cada livro, mas continuarão, indefinidamente, nos seguintes da mesma espécie" (Brasil, 1973), será um número corrente, seguindo de livro para livro infinitamente segundo sua especificidade. Dessa forma, a identificação do registro constituída por número de ordem, folhas, número do livro e tipo de registro é determinada pelas letras A, B, B-Auxiliar, C, C-Auxiliar e D.

Dentro de cada tipo de registro, a Lei determina quais dados devem compô-lo. Por exemplo, para o registro de nascimento, o assento deve conter

> Art. 54 [...]. 1º) o dia, mês, ano e lugar do nascimento e à hora certa, sendo possível determiná-la, ou aproximada; 2º) o sexo do registrando; 3º) o fato de ser gêmeo, quando assim tiver acontecido; 4º) o nome e o prenome, que forem postos à criança; 5º) a declaração de que nasceu morta, ou morreu no ato ou logo depois do parto; 6º) a ordem de filiação de outros irmãos do mesmo prenome que existirem ou tiverem existido; 7º Os nomes e prenomes, a naturalidade, a profissão dos pais, o lugar e cartório onde se casaram, a idade da genitora, do registrando em anos completos, na ocasião do parto, e o domicílio ou a residência do casal; 8º) os nomes e prenomes dos avós paternos e maternos; 9º) os nomes e prenomes, a profissão e a residência das duas testemunhas do assento, quando se tratar de parto

ocorrido sem assistência médica em residência ou fora de unidade hospitalar ou casa de saúde; 10) o número de identificação da Declaração de Nascido Vivo, com controle do dígito verificador, exceto na hipótese de registro tardio previsto no art. 46 desta Lei; e 11) a naturalidade do registrando. (Brasil, 1973).

E assim são apresentados também os dados exigidos para registros de casamento, óbito, casamento religioso para efeitos civis, emancipação, ausência e interdição, dentre outros. Esse exemplo foi levantado aqui para demonstrar que todo processo de criação dos documentos de registro civil, aqui representado pelo registro de nascimento, é normatizado de acordo com a Lei n.º 6.015/1973, em todo o território brasileiro, o que faz com que a identificação arquivística, ou seja, a análise diplomática e tipológica, torne-se, de certa forma, facilitada para o arquivista que atue nesse acervo.

Em livros criados antes da exigência da adoção de sistemas informatizados para cartórios (Lei n.º 11.977/2009),[94] havia campos preestabelecidos (impressos) para preenchimento das informações do registro. Em livros mais antigos, principalmente aqueles que datam do início do registro civil no Brasil (1888), não havia campos para preenchimento, existiam folhas com linhas corridas em que o registrador escrevia todo o teor do registro. Esse fato gerou registros com informações e ordens de acontecimentos distintos. A padronização em âmbito nacional faz com que não sejam criados registros com essas formas diferentes, facilitando o processo de tratamento arquivístico, que deve acontecer desde a criação do documento.

Com a adoção dos sistemas informatizados em 2009, são prefixados os dados necessários para o registro diretamente no sistema; o cartorário os digita nos campos, o sistema elabora o registro, que é impresso para assinatura das partes.

A criação de documentos de arquivo é orgânica e deve levar em consideração todas as demais funções arquivísticas, as quais serão trabalhadas a seguir: a classificação do documento; sua temporalidade; as projeções relacionadas à quantidade de registros produzidos; a descrição para recuperação posterior; sua forma de preservação; e o acesso a esse documento para que, desde seu primeiro momento, o documento nasça integrado a uma política arquivística. Por esses motivos, a criação dos

---

[94] É válido ressaltar que o sistema informatizado exigido pela Lei n.º 11.977/2009 não é um sistema informatizado de gestão arquivística de documentos.

documentos deve ser consciente e padronizada, garantindo que todo o processo de tratamento arquivístico seja eficiente nas devidas fases de vida documental, corrente, intermediária e permanente.

Aguardar o acúmulo da massa documental para posterior tratamento pode acarretar desperdício de: tempo, pois a necessidade imposta de rápida recuperação pode ficar comprometida se o acervo não estiver organizado e com um sistema de busca eficiente, tornando a prestação do trabalho moroso; e de dinheiro, pois, caso o registrador não encontre a informação que o cidadão requer, ele pode responder civil e criminalmente por isso na justiça, acarretando gastos judiciais. Em vista disso, o documento já precisa estar inserido em uma política de tratamento arquivístico desde sua concepção.

6.3 CLASSIFICAÇÃO

Com relação à classificação nos Ofícios de Registro Civil, não foi localizado o Plano de Classificação dos Registros Civis. Dessa forma, foi solicitado ao Tribunal de Justiça do Estado do Rio de Janeiro (TJRJ), por meio da Lei de Acesso à Informação, o Plano de Classificação de Documentos que foi base para a construção da Tabela de Temporalidade de Documentos, adotada mais tarde pela Corregedoria Nacional de Justiça em âmbito nacional. Quando solicitado o plano (julho de 2018), não se encontrava disponível no site do TJRJ, hoje está à disposição.[95]

O Plano de Classificação de Documentos do TJRJ foi desenvolvido pelo Departamento de Gestão de Acervos Arquivísticos (Degea), sendo dividido da seguinte forma: Administração (Classe 0); Foro Jud – Processos (Classe 1); Foro Jud – Outros docs. (Classe 2); Serv. Notariais (Classe 3); Formação (Classe 4); e Outros Assuntos (Classe 5). A classe analisada aqui é a de número 3, conforme apresenta o Plano a seguir.

Quadro 10 – Transcrição do Plano de Classificação de Documentos – Serviços Notariais e de Registro – Processos de Documentos do Tribunal de Justiça do Estado do Rio de Janeiro

	Classe 3 – Serviços Notariais e de Registro – Processos e Documentos
3-0	SERVIÇOS NOTARIAIS E DE REGISTRO – PROCESSOS E DOCUMENTOS
3-1	REGISTRO CIVIL DAS PESSOAS NATURAIS

---

[95] Disponível em: http://www.tjrj.jus.br/documents/10136/1299728/classe-3-serv-notariais.pdf (2020).

	Classe 3 – Serviços Notariais e de Registro – Processos e Documentos
3-1-1	LIVROS
3-1-1-1	Livro tombo
3-1-1-2	Livro de editais e proclamas
3-1-1-3	Livro de registro de nascimento – assento
3-1-1-4	Livro de registro de óbito – assento
3-1-1-5	Livro de registro de casamento – assento
3-1-1-6	Livro E – registro de qualquer espécie (sentenças, transcrições, opções de nacionalidade etc.)
3-1-2	REGISTRO DE NASCIMENTO – ASSENTO (INATIVO)
3-1-3	DECLARAÇÃO DE NASCIDO VIVO – DNV
3-1-4	REGISTRO DE ÓBITO – ASSENTO (INATIVO)
3-1-5	DECLARAÇÃO DE ÓBITO – DO (GUIA)
3-1-6	RETIFICAÇÕES DE QUALQUER ESPÉCIE, REGISTRO DE NASCIMENTO TARDIO E OUTROS PROCESSOS COM TRÂMITE NA PRÓPRIA SERVENTIA
3-1-7	AVERBAÇÕES (MANDADO, CARTA DE SENTENÇA, RECONHECIMENTO VOLUNTÁRIO DE PATERNIDADE, ADOÇÃO, LEGITIMAÇÕES ETC.)
3-1-8	CASAMENTO
3-1-8-1	Registro de casamento – assento (INATIVO)
3-1-8-2	Habilitação para casamento
3-1-8-2-1	Casamentos celebrados
3-1-8-2-2	Casamentos incorridos
3-1-8-2-3	Edital de proclamas
3-1-9	SUPRIMENTO (DE IDADE OU CONSENTIMENTO) (INATIVO)
3-1-10	COMUNICAÇÕES
3-1-11	DECLARAÇÃO DE HIPOSSUFICIÊNCIA
3-1-12	REGISTRO DE QUALQUER ESPÉCIE (SENTENÇAS, TRANSCRIÇÕES, OPÇÕES DE NACIONALIDADE) (INATIVO)

Classe 3 – Serviços Notariais e de Registro – Processos e Documentos	
3-1-13	DOCUMENTOS QUE INSTRUÍRAM O REGISTRO (FEITOS REFERENTES A BRASILEIROS NO EXTERIOR, APÓS REGISTRO NO RTD; OPÇÃO DE NACIONALIDADE ETC.)

Fonte: Rio de Janeiro (2018a)

O Plano de Classificação de Documentos do TJRJ é do tipo funcional, estrutural e tipológico já que parte dos serviços notariais e de registro – processos e documentos (estrutura) – para registro das pessoas naturais (função) e subdivide ainda por livros (tipologia).

Considerando que o Plano de Classificação de Documentos adotado para a construção da TTDD do CNJ foi do TJRJ, será feita uma análise dos códigos utilizados e sua terminologia. Salienta-se que, durante os trabalhos da Comissão Especial para Gestão Documental do Foro Extrajudicial, de acordo com a Memória de Reunião de 25 e 26 de agosto de 2011, realizada no Arquivo Nacional, "Dr. Jacomino, apresenta, igualmente, modelo de tabela de temporalidade para o extrajudicial, baseada na que existe no Estado do Rio de Janeiro [...]" (Brasil, 2011c). Dr. Jacomino fazia parte da Folivm e é registrador de imóveis no Rio de Janeiro.

Quanto à codificação, a TTDD para registros extrajudiciais utiliza os mesmos códigos apresentados no quadro anterior, por exemplo:

Quadro 11 – Recorte do Plano de Classificação de Documentos – Serviços Notariais e de Registro – Processos de Documentos do Tribunal de Justiça do Estado do Rio de Janeiro, com destaque aos códigos 3-1-1- e 3-1-2

3-0	SERVIÇOS NOTARIAIS E DE REGISTRO – PROCESSOS E DOCUMENTOS
3-1	REGISTRO CIVIL DAS PESSOAS NATURAIS
3-1-1	LIVROS
3-1-1-1	Livro tombo
3-1-1-2	Livro de editais e proclamas
3-1-1-3	Livro de registro de nascimento – assento
3-1-1-4	Livro de registro de óbito – assento
3-1-1-5	Livro de registro de casamento – assento

3-1-1-6	Livro E – registro de qualquer espécie (sentenças, transcrições, opções de nacionalidade etc.)
3-1-2	REGISTRO DE NASCIMENTO – ASSENTO (INATIVO)

Fonte: Recorte de: Rio de Janeiro (2018b, grifo nosso)

O questionamento feito aqui é se, por exemplo, esses dois códigos 3-1-1-3 e 3-1-2 representam a mesma coisa? O que é um registro de nascimento inativo? Eles são permanentes e estão em constante uso sempre que requisitados. O livro é o suporte em que são feitos os registros, então classificar por tipo de livro e depois por tipo de ato do RCPN pode não fazer sentido.

Como mencionado, o Plano de Classificação de Documentos serve de base para a construção da Tabela de Temporalidade de Documentos. Todavia, não é apresentado um plano de classificação de documentos pelo CNJ que embase a codificação das classes e das subclasses e que demonstre em que parte da estrutura produtiva de documentos da instituição estão inseridos os documentos de serviço extrajudicial, considerando que o próprio CNJ concorda que os serviços notariais e de registro fazem parte do Poder Judiciário. Essa discussão será apresentada novamente na função de avaliação a seguir, quando da análise específica da TTDD do CNJ.

6.4 AVALIAÇÃO

No dia 28 de setembro de 2015, foi publicado pela Corregedoria Nacional de Justiça o Provimento n.º 50, que dispõe sobre a conservação de documentos nos Cartórios Extrajudiciais. Esse provimento autoriza Cartórios de Notas, Protestos de Letras e Títulos, Registros de Imóveis, Registros Civis de Pessoas Naturais, Registros Civis de Pessoas Jurídicas e Registros de Títulos e Documentos a adotarem a Tabela de Temporalidade de Documentos, que está anexa ao Provimento e que é a seguir apresentada de duas formas, no Quadro 12 sua transcrição e na Figura 9 um *print screen* da Tabela em seu formato original, para que o leitor consiga visualizar sua estrutura genuína.

Quadro 12 – Transcrição da Tabela de Temporalidade e Destinação de Documentos – Corregedoria Nacional de Justiça

SIGA-DOC (adm.) ou CNJ (Jud.)	Código (método duplex)	Assunto	Documento	Prazo de guarda (Unidade Competente – fins probatórios)		Destinação final				Observação
				Fase corrente	Fase intermediária	Eliminação	Guarda permanente	Microfilmagem	Digitalização	
N/A	3-0	SERVIÇOS NOTARIAIS E DE REGISTRO – PROCESSOS E DOCUMENTOS								
N/A	3-1	REGISTRO CIVIL DAS PESSOAS NATURAIS								
N/A	3-1-1	LIVROS								
N/A	3-1-1-1	Livro tombo		Permanente	-----		X			=> BASE LEGAL: - Lei nº 6015/73.

SIGA-DOC (adm.) ou CNJ (Jud.)	Código (método duplex)	Assunto	Docu-mento	Prazo de guarda (Unidade Competente – fins probatórios)			Destinação final				Observação
				Fase corrente	Fase intermediária	Eliminação	Guarda permanente	Microfilmagem	Digitalização	
N/A	3-1-1-2	Livro de editais e proclamas		Permanente	----		X			=> BASE LEGAL: - Lei nº 6015/73.
N/A	3-1-1-3	Livro de registro de nascimento – assento		Permanente	----		X			=> BASE LEGAL: - Lei nº 6015/73.
N/A	3-1-1-4	Livro de registro de óbito – assento		Permanente	----		X			=> BASE LEGAL: - Lei nº 6015/73.
N/A	3-1-1-5	Livro de registro de casamento – assento		Permanente	----		X			=> BASE LEGAL: - Lei nº 6015/73.

SIGA-DOC (adm.) ou CNJ (Jud.)	Código (método duplex)	Assunto	Documento	Prazo de guarda (Unidade Competente – fins probatórios)			Destinação final				Observação
				Fase corrente	Fase intermediária		Eliminação	Guarda permanente	Microfilmagem	Digitalização	
N/A	3-1-6	Livro E – registro de qualquer espécie (sentenças, transcrições, opções de nacionalidade etc.)		Permanente	----			X			=> BASE LEGAL: - Lei nº 6015/73.
N/A	3-1-2	REGISTRO DE NASCIMENTO – ASSENTO (INATIVO)		Permanente	----			X	X	X	=> BASE LEGAL: - Lei nº 6015/73.
N/A	3-1-3	DECLARAÇÃO DE NASCIDO VIVO – DNV		1 ano	----		X				=> Documento controlado pelo Ministério da Saúde

SIGA-DOC (adm.) ou CNJ (Jud.)	Código (método duplex)	Assunto	Docu-mento	Prazo de guarda (Unidade Com-petente – fins probatórios)			Destinação final				Observação
				Fase corrente	Fase inter-me-diária		Elimi-nação	Guarda perma-nente	Micro-filma-gem	Digita-lização	
N/A	3-1-4	REGISTRO DE ÓBITO – ASSENTO (INATIVO)		Perma-nente				X	X	X	=> BASE LEGAL: - Lei nº 6015/73.
N/A	3-1-5	DECLARAÇÃO DE ÓBITO – DO (GUIA)		1 ano	----		X				=> Documento controlado pelo Ministério da Saúde

SIGA-DOC (adm.) ou CNJ (jud.)	Código (método duplex)	Assunto	Docu-mento	Prazo de guarda (Unidade Com-petente – fins probatórios)		Destinação final				Observação
				Fase corrente	Fase inter-mediária	Elimi-nação	Guarda perma-nente	Micro-filma-gem	Digita-lização	
N/A	3-1-6	RETIFICA-ÇÕES DE QUALQUER ESPÉCIE, REGISTRO DE NASCIMENTO TARDIO E OUTROS PRO-CESSOS COM TRÂMITE NA PRÓPRIA SERVENTIA		5 anos	-----	X				=> BASE LEGAL: - Lei nº 6015/73.

SIGA-DOC (adm.) ou CNJ (Jud.)	Código (método duplex)	Assunto	Docu-mento	Prazo de guarda (Unidade Competente – fins probatórios)			Destinação final				Observação
				Fase corrente	Fase intermediária	Eliminação	Guarda permanente	Microfilmagem	Digitalização	
N/A	3-1-7	AVERBAÇÕES (MANDADO, CARTA DE SENTENÇA, RECONHECIMENTO VOLUNTÁRIO DE PATERNIDADE, ADOÇÃO, LEGITIMAÇÕES ETC.)		5 anos após a averbação propriamente dita	-----	X				=> BASE LEGAL: - Lei nº 6015/73.
N/A	3-1-8	CASAMENTO								
N/A	3-1-8-1	Registro de casamento – assento (INATIVO)		Permanente	-----		X	X	X	=> BASE LEGAL: - Lei nº 6015/73.

SIGA-DOC (adm.) ou CNJ (Jud.)	Código (método duplex)	Assunto	Docu-mento	Prazo de guarda (Unidade Competente – fins probatórios)			Destinação final				Observação
				Fase corrente	Fase intermediária	Eliminação	Guarda permanente	Microfilmagem	Digitalização	
N/A	3-1-8-2	Habilitação para casamento								
N/A	3-1-8-2-1	Casamentos celebrados		5 anos após o trânsito em julgado da sentença homologatória	----	X		X	X	

SIGA-DOC (adm.) ou CNJ (Jud.)	Código (método duplex)	Assunto	Documento	Prazo de guarda (Unidade Competente – fins probatórios)			Destinação final				Observação
				Fase corrente	Fase intermediária		Eliminação	Guarda permanente	Microfilmagem	Digitalização	
N/A	3-1-8-2-2	Casamentos incorridos		6 meses após a anulação	-----		X				=> O casamento não realizado no prazo de 90 (noventa) dias após a efetiva habilitação sofre os efeitos da decadência (Código Civil).
N/A	3-1-8-2-3	Edital de proclamas		6 meses após a fixação no serviço e publicação	-----		X		X	X	

ARQUIVOLOGIA E REGISTROS CIVIS: INFORMAÇÕES E DIÁLOGOS NECESSÁRIOS

SIGA-DOC (adm.) ou CNJ (jud.)	Código (método duplex)	Assunto	Docu-mento	Prazo de guarda (Unidade Competente – fins probatórios)			Destinação final				Observação
				Fase corrente	Fase intermediária		Eliminação	Guarda permanente	Microfilmagem	Digitalização	
N/A	3-1-9	SUPRIMENTO (DE IDADE OU CONSENTIMENTO) (INATIVO)		2 anos após o trânsito em julgado da sentença	-----		X				=> PRAZO DE GUARDA: - A eliminação só é permitida caso a documentação seja microfilmada ou digitalizada; - Microfilmar ou digitalizar: sentença de suprimento (Lei nº 6015/73).

SIGA-DOC (adm.) ou CNJ (Jud.)	Código (método duplex)	Assunto	Documento	Prazo de guarda (Unidade Competente – fins probatórios)			Destinação final				Observação
				Fase corrente	Fase intermediária	Eliminação	Guarda permanente	Microfilmagem	Digitalização	
N/A	3-1-10	COMUNICAÇÕES		2 anos após a efetiva anotação	----	X				
N/A	3-1-11	DECLARAÇÃO DE HIPOSSUFICIÊNCIA		1 ano	----	X				
N/A	3-1-12	REGISTRO DE QUALQUER ESPÉCIE (SENTENÇAS, TRANSCRIÇÕES, OPÇÕES DE NACIONALIDADE) (INATIVO)		Permanente	----		X	X	X	=> BASE LEGAL: - Lei nº 6015/73.

SIGA-DOC (adm.) ou CNJ (Jud.)	Código (método duplex)	Assunto	Docu-mento	Prazo de guarda (Unidade Competente – fins probatórios)			Destinação final				Observação
				Fase corrente	Fase intermediária		Eliminação	Guarda permanente	Microfilmagem	Digitalização	
N/A	3-1-13	DOCUMENTOS QUE INTRUÍRAM O REGISTRO (FEITOS REFERENTES A BRASILEIROS NO EXTERIOR, APÓS REGISTRO NO RTD; OPÇÃO DE NACIONALIDADE ETC.)		5 anos após efetivo registro no Livro E	-----		X				=> BASE LEGAL: - Lei nº 6015/73.

Fonte: Disponível em: http://www.cnj.jus.br/files/conteudo/arquivo/2015/09/99fb5c7af5872378d0f9e8f818b53350.pdf.

Figura 9 - *Print Screen* da Tabela de Temporalidade e Destinação de Documentos – Corregedoria Nacional de Justiça

SIGA-DOC (Adm.) ou CNJ (Jud.)	Código (método duplex)	Assunto	Documento	Prazo de guarda (Unidade Competente - fins probatórios) Fase Corrente	Fase Intermediária	Destinação final Eliminação	Guarda Permanente	Microfilmagem	Digitalização	Observação
N/A	3-0	SERVIÇOS NOTARIAIS E DE REGISTRO – PROCESSOS E DOCUMENTOS								
N/A	3-1	REGISTRO CIVIL DAS PESSOAS NATURAIS								
N/A	3-1-1	LIVROS								
N/A	3-1-1-1	Livro tombo		Permanente	---		X			=> BASE LEGAL: - Lei nº 6015/73.
N/A	3-1-1-2	Livro de editais e proclamas		Permanente	---		X			=> BASE LEGAL: - Lei nº 6015/73.
N/A	3-1-1-3	Livro de registro de nascimento - assento		Permanente	---		X			=> BASE LEGAL: - Lei nº 6015/73.
N/A	3-1-1-4	Livro de registro de óbito - assento		Permanente	---		X			=> BASE LEGAL: - Lei nº 6015/73.
N/A	3-1-1-5	Livro de registro de casamento - assento		Permanente	---		X			=>BASE LEGAL: - Lei nº 6015/73.
N/A	3-1-1-6	Livro E – registro de qualquer espécie (sentenças, transcrições, opções de nacionalidade, etc.)		Permanente	---		X			=> BASE LEGAL: - Lei nº 6015/73.
N/A	3-1-2	REGISTRO DE NASCIMENTO – ASSENTO (INATIVO)		Permanente	---		X	X	X	=> BASE LEGAL: - Lei nº 6015/73.
N/A	3-1-3	DECLARAÇÃO DE NASCIDO VIVO - DNV		1 ano	---	X				=> Documento controlado pelo Ministério da Saúde.
N/A	3-1-4	REGISTRO DE ÓBITO – ASSENTO (INATIVO)		Permanente	---		X	X	X	=> BASE LEGAL: - Lei nº 6015/73.
N/A	3-1-5	DECLARAÇÃO DE ÓBITO – DO (GUIA)		1 ano	---	X				=> Documento controlado pelo Ministério da Saúde.

SIGA-DOC (Adm.) ou CNJ (Jud.)	Código (método duplex)	Assunto	Documento	Prazo de guarda (Unidade Competente - fins probatórios) Fase Corrente	Prazo de guarda Fase Intermediária	Destinação final Eliminação	Destinação final Guarda Permanente	Destinação final Microfilmagem	Destinação final Digitalização	Observação
N/A	3-1-6	RETIFICAÇÕES DE QUALQUER ESPÉCIE, REGISTRO DE NASCIMENTO TARDIO E OUTROS PROCESSOS COM TRÂMITE NA PRÓPRIA SERVENTIA		5 anos	---	X				=> BASE LEGAL: - Lei n° 6015/73.
N/A	3-1-7	AVERBAÇÕES (MANDADO, CARTA DE SENTENÇA, RECONHECIMENTO VOLUNTÁRIO DE PATERNIDADE, ADOÇÃO, LEGITIMAÇÕES ETC.)		5 anos após a averbação propriamente dita	---	X				=> BASE LEGAL: - Lei n° 6015/73.
N/A	3-1-8	CASAMENTO								
N/A	3-1-8-1	Registro de casamento – assento		Permanente	---		X	X	X	=> BASE LEGAL: - Lei n° 6015/73.
N/A	3-1-8-2	Habilitação para casamento								
N/A	3-1-8-2-1	Casamentos celebrados		5 anos após o trânsito em julgado da sentença homologatória	---				X	=> PRAZO DE GUARDA: - A eliminação só é permitida caso a documentação seja microfilmada ou digitalizada. - Microfilmar ou digitalizar: memorial, certidão de nascimento dos noivos, termo de opção, certidão de habilitação de casamento ou a certificação de sua entrega aos nubentes, sentença de suprimento de idade núbil e sentença homologatória (Lei n° 6015/73). =>QUANTO AO CONTEÚDO, ENGLOBA: - Sentença de suprimento de idade núbil/Suprimento de idade ou consentimento (código 3-1-9)
N/A	3-1-8-2-2	Casamentos inocorridos		6 meses após a autuação	---	X				=> O casamento não realizado no prazo de 90 (noventa) dias após a efetiva habilitação sofre os efeitos da decadência (Código Civil).

151

SIGA-DOC (Adm.) ou CNJ (Jud.)	Código (método duplex)	Assunto	Documento	Prazo de guarda (Unidade Competente - fins probatórios) Fase Corrente	Prazo de guarda Fase Intermediária	Destinação final Eliminação	Destinação final Guarda Permanente	Destinação final Microfilmagem	Destinação final Digitalização	Observação
N/A	3-1-8-3	Edital de proclamas		6 meses após a sua fixação no serviço e publicação	---	X				
N/A	3-1-9	SUPRIMENTO (DE IDADE OU CONSENTIMENTO) (INATIVO)		2 anos após o trânsito em julgado da sentença	---	X		X	X	=> PRAZO DE GUARDA: - A eliminação só é permitida caso a documentação seja microfilmada ou digitalizada; - Microfilmar ou digitalizar: sentença de suprimento (Lei nº 6015/73).
N/A	3-1-10	COMUNICAÇÕES		2 anos após a efetiva anotação	---	X				=> BASE LEGAL: - Art. 106 da Lei nº 6015/73.
N/A	3-1-11	DECLARAÇÃO DE HIPOSSUFICIÊNCIA		1 ano	---	X				
N/A	3-1-12	REGISTRO DE QUALQUER ESPÉCIE (SENTENÇAS, TRANSCRIÇÕES, OPÇÕES DE NACIONALIDADE) (INATIVO)		Permanente	---		X	X	X	=> BASE LEGAL: - Lei nº 6015/73
N/A	3-1-13	DOCUMENTOS QUE INSTRUÍRAM O REGISTRO (FEITOS REFERENTES A BRASILEIROS NO EXTERIOR, APÓS REGISTRO NO RTD; OPÇÕES DE NACIONALIDADE ETC.)		5 anos após o efetivo registro no Livro E	---	X				=> BASE LEGAL: - Lei nº 6015/73.
N/A	3-2	REGISTRO GERAL DE IMÓVEIS								
N/A	3-2-1	Livros								
N/A	3-2-1-1	Protocolo		Permanente	---		X			
N/A	3-2-1-2	Registro geral		Permanente	---		X			

Fonte: Disponível em: http://www.cnj.jus.br/files/conteudo/arquivo/2015/09/99fb5c7af5872378d0f9e8f818b53350.pdf

De antemão, o que chama atenção é a ementa do Provimento, que dispõe sobre a "conservação de documentos nos cartórios extrajudiciais", mas que não trata de conservação especificamente, somente apresenta bases legislativas e procedimentos bastante iniciais para a eliminação de documentos e a TTDD respectiva para tal. Sabe-se que a TTDD pode ser um instrumento contributivo para a preservação, mas, sozinha, não a garante efetivamente. Nesse sentido, na próxima seção será feita a análise específica do conteúdo do Provimento n.º 50/2015, desde a ordem legislativa à matéria legislada e seu anexo.

6.4.1 Análise do Provimento n.º 50, de 28 de setembro de 2015

Quanto à estrutura, o Provimento n.º 50, de 28 de setembro de 2015, é dividido da seguinte forma: cinco tópicos apresentados no preâmbulo que servem como base para a criação do Provimento (considerando); quatro artigos; e um anexo que é a Tabela de Temporalidade de Documentos. Será analisado especificamente o código de número 3-1, que apresenta a temporalidade dos documentos da atividade-fim do registro civil das pessoas naturais, objeto central desta obra.

O Provimento n.º 50 de 2015 inicia com a apresentação da ordem legislativa, composta de cinco tópicos que serviram de fundamento para a sua constituição. O primeiro tópico traz o seguinte:

> CONSIDERANDO o disposto no art. 236 da Constituição Federal de 1988, no inciso XIV do art. 30 da Lei 8.935, de 18 de novembro de 1994, no inciso X do art. 8º do Regimento Interno do Conselho Nacional de Justiça, e inciso XI do art. 3º do Regulamento Geral da Corregedoria Nacional de Justiça. (Brasil, 2015a).

Serão neste momento apresentadas as quatro referências legislativas mencionadas neste primeiro tópico. Segundo o artigo n.º 236 da Constituição Federal de 1988,

> Os serviços notariais e de registro são exercidos em caráter privado, por delegação do poder público. § 1º Lei regulará as atividades, disciplinará a responsabilidade civil e criminal dos notários, dos oficiais de registro e de seus prepostos, e definirá a fiscalização de seus atos pelo Poder Judiciário. § 2º Lei federal estabelecerá normas gerais para fixação de emolumentos relativos aos atos praticados pelos serviços

> notariais e de registro. § 3º O ingresso na atividade notarial e de registro depende de concurso público de provas e títulos, não se permitindo que qualquer serventia fique vaga, sem abertura de concurso de provimento ou de remoção, por mais de seis meses. (Brasil, 1988).

Os serviços de registro constituem atividade exercida por pessoa física, mediante aprovação em concurso público; após aprovação, o Estado concede o direito a esse cidadão qualificado de dirigir o respectivo cartório, que fica condicionado à fiscalização das ações perpetradas no decorrer de sua gestão.

Quanto ao inciso XIV do artigo 30 da Lei n.º 8.935, de 18 de novembro de 1994, "São deveres dos notários e dos oficiais de registro: [...] XIV – observar as normas técnicas estabelecidas pelo juízo competente" (Brasil, 1994). Dentre os deveres dos oficiais, um deles é atender às normas impetradas pelos juízos, ou seja, seguir o que lhes diz respeito relacionado às normas técnicas publicadas.

No inciso X do artigo 8º do Regimento Interno do Conselho Nacional de Justiça,

> Art. 8º. Compete ao Corregedor Nacional de Justiça, além de outras atribuições que lhe forem conferidas pelo Estatuto da Magistratura: [...] X – expedir Recomendações, Provimentos, Instruções, Orientações e outros atos normativos destinados ao aperfeiçoamento das atividades dos órgãos do Poder Judiciário e de seus serviços auxiliares e dos serviços notariais e de registro, bem como dos demais órgãos correicionais, sobre matéria relacionada com a competência da Corregedoria Nacional de Justiça. (Brasil, 2009c).

Já o inciso XI do artigo 3º do Regulamento Geral da Corregedoria Nacional de Justiça afirma que

> Art. 3º. Compete ao Corregedor, no âmbito de sua competência constitucional, além de outras atribuições que lhe forem conferidas pelo Estatuto da Magistratura: [...] XI – editar recomendações, atos regulamentares, provimentos, instruções, orientações e outros atos normativos destinados ao aperfeiçoamento das atividades dos órgãos do Poder Judiciário e de seus serviços auxiliares, bem como dos demais órgãos correicionais. (Brasil, 2009c).

Essas duas normas dizem respeito à atribuição do corregedor nacional de Justiça na expedição e na edição de normativas que estejam relacionadas aos fazeres da Corregedoria Nacional de Justiça. Quando traz a Lei n.º 8.935/1994, apresenta o dever dos oficiais de seguirem normas técnicas, neste momento apresentando um dos responsáveis pela criação e pela edição dessas normas em âmbito nacional, o corregedor nacional de Justiça.

O Regimento Interno da Corregedoria apresenta especificamente que compete ao corregedor expedir normativas para os serviços notariais e de registro, já o Regulamento Geral da Corregedoria não menciona especificamente serviços notariais e de registro, mas traz o Poder Judiciário e seus serviços auxiliares, dentro dos quais estão os serviços notariais e de registro.

Nesse sentido, apresentar-se-á a composição do Poder Judiciário brasileiro a fim de identificar onde está inserido o CNJ. O Poder Judiciário, segundo sua Cartilha (2018), possui a seguinte estrutura:

Figura 10 – Organograma do Poder Judiciário brasileiro

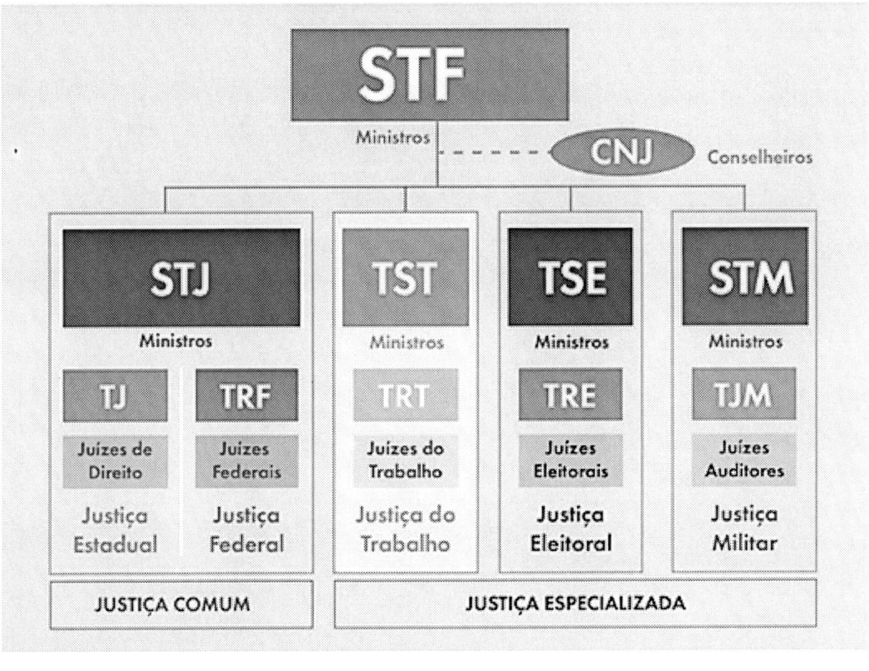

Fonte: Brasil (2018d)

Neste primeiro momento observa-se o CNJ enquanto órgão de vínculo direto com o Supremo Tribunal Federal (STF). O Conselho Nacional de Justiça faz parte do Poder Judiciário brasileiro e é responsável pelo controle da atuação administrativa e financeira dos tribunais (Brasil, 2015e). Já a Corregedoria Nacional de Justiça faz parte do CNJ e atua na orientação, na coordenação e na execução de políticas públicas voltadas à atividade correcional e ao bom desempenho da atividade judiciária dos tribunais e dos juízos do país (Brasil, 2020b). Dentre as atividades desenvolvidas pela Corregedoria, como visto, está a expedição de normativas para Ofícios Extrajudiciais.

Os Ofícios Extrajudiciais estão identificados na esfera federal na qual está inserido o órgão regulador do registro civil (Corregedoria Nacional de Justiça). Na esfera estadual, como forma de exemplo, será apresentada uma parte do organograma do Tribunal de Justiça de Santa Catarina (TJSC), levando em conta sua extensão total. Está destacado na imagem a seguir o momento em que a Corregedoria dos Serviços Extrajudiciais aparece na estrutura do TJSC.

Figura 11 – Organograma setorizado: Corregedoria-Geral da Justiça e Corregedoria-Geral do Foro Extrajudicial do Tribunal de Justiça de Santa Catarina

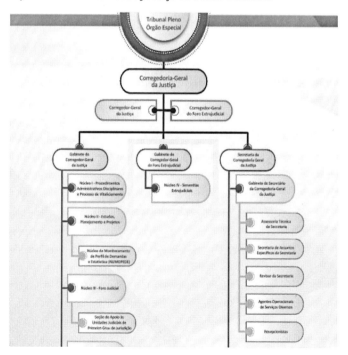

Fonte: Santa Catarina (2018)

É possível identificar em Santa Catarina que as serventias extrajudiciais estão inseridas no gabinete do corregedor-geral do Foro Extrajudicial, ou seja, com o objetivo de fiscalização das serventias. Dentre as atribuições do juiz corregedor do TJSC (Santa Catarina, 2020), estão

> Exercer, por determinação do Corregedor-Geral ou do Corregedor-Geral do Foro Extrajudicial, inspeção permanente em autos, livros e papéis judiciais e extrajudiciais, apontando erros, falhas e omissões, a fim de que sejam sanados; Minutar, para aprovação do Corregedor-Geral e do Corregedor-Geral do Foro Extrajudicial, provimentos, circulares, ofícios-circulares ou portarias que decorram de seus pronunciamentos em processos que lhe forem distribuídos; Coordenar a revisão, atualização e divulgação do Código de Normas da Corregedoria-Geral da Justiça.

Além da inspeção realizada permanentemente, cabe também ao juiz corregedor a criação de minuta de normativas e a coordenação de revisão do Código de Normas do estado.

Destarte, considerando o que foi apresentado até aqui, é possível verificar que os cartórios no Brasil possuem especificidades latentes que destoam do que comumente se entende quando um cidadão presta um concurso público, aqui ele não será funcionário do governo, e sim um prestador de serviços. Por exemplo: Cartórios Extrajudiciais são delegações do Poder Público; são geridos por pessoas físicas, mas que precisam passar em um concurso público que é aplicado pelo Poder Judiciário Estadual, juntamente com o Ministério Público (MP), a Ordem dos Advogados do Brasil (OAB), um registrador e um notário; os Tribunais de Justiça dos estados criam seus "códigos de normas", detalhando os processos que devem ser adotados pelos Cartórios Extrajudiciais; já o juízo competente (estadual) é quem faz auditorias constantes nos cartórios para identificar se o que é estabelecido está sendo cumprido pelo registrador; por outro lado, as normativas em âmbito nacional são criadas pela Corregedoria Nacional de Justiça, que é parte integrante do Conselho Nacional de Justiça.

Os fatos apresentados tornam os serviços extrajudiciais interdependentes do Judiciário brasileiro no que trata das normativas e das correições estabelecidas. Por outro lado, são entidades autônomas, pois são gerenciadas por uma pessoa física (CPF).

Seguindo a análise, o segundo tópico elencado no preâmbulo do Provimento diz o seguinte:

> CONSIDERANDO serem responsabilidade dos tabeliães e registradores públicos a guarda, ordem e conservação de livros, fichas, documentos, papéis, microfilmes e sistemas de computação relacionados à prestação dos serviços extrajudiciais correspondentes (arts. 30, inc. I, e 46, *caput*, da Lei 8.935/94). (Brasil, 2015a).

Quanto ao artigo n.º 30 da Lei n.º 8.935/94, "São deveres dos notários e dos oficiais de registro: I – manter em ordem os livros, papéis e documentos de sua serventia, guardando-os em locais seguros [...]". Já o artigo n.º 46 da referida Lei afirma que "Os livros, fichas, documentos, papéis, microfilmes e sistemas de computação deverão permanecer sempre sob a guarda e responsabilidade do titular de serviço notarial ou de registro, que zelará por sua ordem, segurança e conservação". Esses artigos demonstram a responsabilidade do oficial quanto à preservação, à ordem e à segurança do acervo que está custodiado em sua serventia. A menção "permanecer sempre sob a guarda" demonstra que o Estado repassa ao registrados a responsabilidade pela guarda do acervo dos Cartórios Extrajudiciais, sendo exclusiva do registrador (Brasil, 1994).

O terceiro tópico do Provimento traz o seguinte: "CONSIDERANDO as normas dos arts. 7º, § 2º, 8º, 9º e 10 da Lei 8.159, de 8 de janeiro de 1991, especialmente a classificação dos documentos em correntes, intermediários e permanentes, e os critérios para sua guarda permanente ou eliminação" (Brasil, 2015a).

Seguem abaixo os referidos artigos e parágrafos mencionados a respeito da Lei n.º 8.159, de 8 de janeiro de 1991 (Lei dos Arquivos).

> DOS ARQUIVOS PÚBLICOS. Art. 7º. Os arquivos públicos são os conjuntos de documentos produzidos e recebidos, no exercício de suas atividades, por órgãos públicos de âmbito federal, estadual, do Distrito Federal e municipal em decorrência de suas funções administrativas, legislativas e judiciárias. [...] § 2º A cessação de atividades de instituições públicas e de caráter público implica o recolhimento de sua documentação à instituição arquivística pública ou a sua transferência à instituição sucessora. (Brasil, 1991).

O artigo 8º da Lei n.º 8.159 de 1991 assegura:

> Os documentos públicos são identificados como correntes, intermediários e permanentes. § 1º Consideram-se documentos correntes aqueles em curso ou que, mesmo sem movimentação, constituam objeto de consultas freqüentes.

§ 2º Consideram-se documentos intermediários aqueles que, não sendo de uso corrente nos órgãos produtores, por razões de interesse administrativo, aguardam a sua eliminação ou recolhimento para guarda permanente. § 3º Consideram-se permanentes os conjuntos de documentos de valor histórico, probatório e informativo que devem ser definitivamente preservados. (Brasil, 1991).

Já o artigo 9º da Lei n.º 8.159 de 1991 expõe que "A eliminação de documentos produzidos por instituições públicas e de caráter público será realizada mediante autorização da instituição arquivística pública, na sua específica esfera de competência" (Brasil, 1991). E o artigo 10º da referida Lei afirma que "Os documentos de valor permanente são inalienáveis e imprescritíveis" (Brasil, 1991).

Toda a sustentação dada pela Lei n.º 8.159 de 1991 é apresentada em específico a partir de documentos públicos, ou seja, como mencionado no plano de trabalho da CONR (2020), a Corregedoria Nacional de Justiça considera que os documentos produzidos pelos cartórios são documentos públicos; a própria Lei n.º 6.015, de 31 de dezembro de 1973, que rege os Ofícios de Registro e Notas no Brasil, dispõe sobre os registros públicos e dá outras providências. Os artigos ainda apresentam como são classificados e eliminados aqueles documentos que já perderam seu valor administrativo, probatório e informativo.

Ficam ainda duas reflexões a respeito das menções feitas da Lei dos Arquivos e da Lei dos Cartórios: a cessação dos trabalhos de algum cartório incide na transferência do acervo à instituição arquivística ou a um cartório sucessor, conforme apresenta o artigo 7º da Lei n.º 8.159/1991, fato que é mencionado no artigo 44 da Lei n.º 8.935/1994 (Lei dos Cartórios), quando da absoluta impossibilidade de se prover o cargo de registrador na localidade e necessidade de anexação de suas atribuições ao serviço mais próximo. Reflexão que será abordada especificamente na função de aquisição/entrada de documentos (em próxima seção). Outro ponto é a autorização da instituição arquivística pública na sua esfera de competência para a eliminação de documentos públicos, apresentada no artigo 9º da Lei de Arquivos anteriormente citada, que será analisado em conjunto com o artigo 3º desta Resolução.

O quarto tópico do preâmbulo do Provimento n.º 50/2015 assegura: "CONSIDERANDO as necessidades impostas pela economia de tempo, esforços e custos" (Brasil, 2015a). Nesse sentido, o tópico vagamente apresenta a questão econômica por trás do Provimento n.º 50/2015. Considera que a eliminação de documentos gerará economicidade de tempo, esforços e custos para o oficial e sua serventia.

E o quinto tópico trata da adoção da TTDD: "CONSIDERANDO a experiência que se noticia frutuosa de adoção de Tabela de Temporalidade de Documentos pelo Tribunal de Justiça do Rio de Janeiro" (Brasil, 2015a). A Tabela de Temporalidade de e Destinação de Documentos do Tribunal de Justiça do Estado do Rio de Janeiro foi aprovada por meio do Ato Normativo n.º 11, publicado no Diário Oficial em 18 de junho de 1991, com diversas atualizações ao longo desses 30 anos de existência. A Lei n.º 8.159 é de 8 de janeiro do mesmo ano e foi também mencionada como base para o Ato Normativo. Em 1991, já havia na Tabela a classe 2, denominada "Processos e Documentos do foro extrajudicial", e o código 2.1, que correspondia a "Registro Civil das Pessoas Naturais" (Rio de Janeiro, 1991). Dessa forma, entende-se que a TTDD do TJRJ não é uma construção recente, vem sendo moldada e atualizada no decorrer dos seus 30 anos. A questão central imposta nesse caso é sobre a adoção de uma TTDD estadual por um ente federal, sem mencionar a instituição arquivística competente pela aprovação de tal tabela. Se o Tribunal de Justiça do Estado do Rio de Janeiro introduz o serviço registral como parte de sua estrutura, os outros estados poderiam fazer o mesmo?

Outro fato levantado concerne à TTDD e ao Plano de Classificação da área-fim do próprio CNJ, instituídos pela Portaria n.º 76, de 12 de setembro de 2018, em que não constam a classe 3. O Plano de Classificação do CNJ é dividido em três macrofunções: 000 – macrofunção da atividade-meio (atuação administrativa); 100 macrofunção da atividade-fim (governança judiciária); e 200 macrofunção da atividade-fim (atuação correicional fiscalizatória). De 300 até 900 são consideradas macrofunções da atividade-fim e estão vagas (Brasil, 2018a), ou seja, não existe ainda a classe 3 definida.

Em outro caso hipotético, considerando que os serviços extrajudiciais estão mais próximos do Poder Judiciário Estadual, o Plano de Classificação e a TTDD das atividades administrativas do Tribunal de Justiça de São Paulo (TJSP), por exemplo, possuem somente a classe 0 – administração geral (São Paulo, 2019). Já a TTDD e o plano da atividade-fim utilizam os códigos da Tabela Processual Unificada do Poder Judiciário, que foi instituída pela Resolução n.º 46, de 18 de dezembro de 2007, e elaborada pela Comissão de Padronização e Uniformização Taxonômica e Terminológica do CNJ.

Comparando o TJSP com o TJRJ, observa-se que o TJRJ possui um Código de Classificação de Documentos único, como já mencionado na função de classificação, abrangendo atividades-meio, como a "classe 0 – Administração", mas também atividades-fim, como a classe 1, que é denominada "Foro Judicial – Processos" e que segue a Tabela Unificada no CNJ no quesito temporalidade e tipo documental, mas não segue os códigos de classificação determinados pelo CNJ, conforme faz o TJSP.

Diante dos exemplos apresentados, observa-se que não há padronização entre os Tribunais de Justiça Estaduais quanto à adoção da classe 3, de serviços notariais e de registro, e que a TTDD e o Plano de Classificação do CNJ também não utilizam a classe 3. De maneira geral, fica evidente que a codificação da TTDD foi extraída do TJRJ sem ser incluída na Tabela do CNJ ou dos Tribunais de Justiça Estaduais do Brasil, resultando em uma classificação aleatória, ou seja, fora de contexto, o que vai contra os princípios arquivísticos de proveniência e respeito aos fundos, já que a constituição de um arquivo é orgânica e relacional, estando nesse caso fora de contexto. Segundo Lopes (1994, p. 361),

> Por depender dos levantamentos efetuados para classificar e ordenar fisicamente, não há sentido positivo em avaliar, ou criar qualquer instrumento, tal como uma tabela de temporalidade ou uma simples lista de prazos de guarda, desvinculados do programa de tratamento global do acervo. Qualquer procedimento diverso tenderá a ser parcial e bastante arriscado para a preservação das informações existentes em um acervo.

Além dessa questão, de não estar a TTDD vinculada a um programa global de tratamento do acervo, outro fato percebido diz respeito à Comissão Permanente de Avaliação, não ficando claro quem foi, se ela ainda existe ou se o CNJ criou uma para revisão constante e necessária da TTDD. Conforme apresenta a Resolução n.º 40 do Conarq, focada em órgãos do Sinar, "Parágrafo único. Os órgãos e entidades só poderão eliminar documentos caso possuam Comissões Permanentes de Avaliação de Documentos constituídas e com autorização da instituição arquivística pública, na sua específica esfera de competência" (Brasil, 2014c). Entende-se que a eliminação possa ser um processo complexo; contudo, torna-se necessário que estejam claras as prerrogativas para a eliminação de documentos. A criação de um manual específico para os cartórios embasado, por exemplo, na Resolução n.º 40/2014 do Conarq sobre como eliminar os documentos de forma correta dentro de um programa de tratamento global do acervo poderia auxiliar os cartórios brasileiros.

Ainda no que tange à TTDD e em diálogo com a documentação produzida pelos registros civis, em 5 de novembro de 2011 foi formulado por dois membros da Comissão Especial para Gestão Documental do Foro Extrajudicial um documento contendo perguntas relacionadas aos arquivos de cartório, endereçadas ao presidente do e-Folivm. Elas foram divididas em quatro eixos temáticos, sendo aqui analisado o de número 3: "Tabela de temporalidade dos livros, documentos e papéis do Registro de Imóveis" (Brasil, 2011d). A pergunta diretamente relacionada a esta seção é a "a": "A tabela de temporalidade deve ser definida pelo Poder Judiciário ou por órgão arquivístico do Estado?". A resposta dada a essa pergunta por outros três membros da comissão foi a seguinte:

> Tabelas de temporalidade no âmbito do Judiciário e do Extrajudicial vêm sendo definidas pelo Poder Judiciário na esfera estadual e federal já há algum tempo. O Poder Judiciário tem assento no Conselho Nacional de Arquivos e integra o Sistema Nacional de Arquivos. (Brasil, 2011d).

Não fica claro de quem é a responsabilidade para a definição da TTDD, ao que convém, as duas esferas podem ser responsáveis. Fica a dúvida: considerando que o TJRJ possui sua própria TTDD para arquivos extrajudiciais, os cartórios no Rio de Janeiro seguem o CNJ ou o TJRJ? Nesse caso específico seriam a mesma, contudo em outros Tribunais, como proceder?

Propõe-se uma padronização em âmbito nacional no uso da classificação dos registros extrajudiciais. Considerando que são entidades interdependentes, mas que possuem autonomia, o CNJ poderia criar um plano de classificação nacional que se adequaria à serventia de acordo com sua atribuição, assim como fez com a Tabela de Temporalidade de Documentos, mas imbuída de contexto, ou ainda, os serviços extrajudiciais poderiam ser inseridos dentro da estrutura dos poderes judiciários estaduais, como fez o TJRJ, não sendo observado o mesmo no TJSC e no TJSP.

Foram apresentadas até aqui as bases constantes no preâmbulo do Provimento n.º 50/2015. A análise seguirá agora para a matéria legislada, assim o primeiro artigo que irá corresponder ao âmbito de aplicação da Norma traz o seguinte:

> Art. 1º. Ficam autorizados os Cartórios de Notas, Protestos de Letras e Títulos, Registros de Imóveis, Registros Civis de Pessoas Naturais, Registros Civis de Pessoas Jurídicas e Registros de Títulos e Documentos a adotar a anexa Tabela de Temporalidade de Documentos. (Brasil, 2015a).

O primeiro artigo autoriza então que todos os cartórios mencionados façam uso da Tabela de Temporalidade de Documentos, que é baseada na TTDD do TJRJ.

Já o artigo 2º assegura: "Os documentos que venham a ser descartados devem ser previamente desfigurados de modo que as informações não possam ser recuperadas, especialmente as indicações de identidade pessoal e assinaturas" (Brasil, 2015a). Nesse sentido, como há notícias de que acervos cartoriais eram doados a arquivos públicos, conforme apresentado no levantamento de dados (seção 6.1), com essa determinação, não é mais possível, pois são documentos que tratam de dados pessoais e a legislação tem protegido dados pessoais de forma impetuosa, configurando-se inclusive crime, fato que será mais bem analisado na função de difusão/acesso/acessibilidade.

O artigo 3º determina: "Toda eliminação de documentos pelos cartórios extrajudiciais, observados os termos da Lei 8.159 de 1991 e a Tabela de Temporalidade de Documentos anexa, deverá ser comunicada, semestralmente, ao juízo competente" (Brasil, 2015a). O artigo não cita quais seriam os termos da Lei n.º 8.159, de 8 de janeiro de 1991, especificamente. Se considerar os artigos citados no embasamento do Provimento com relação à eliminação, levanta-se a questão da autorização da instituição arquivística da esfera de competência. Esse artigo já seria uma "autorização"? Mas que instituição arquivística está autorizando essa eliminação? A Lei de Arquivos fala de autorização e o Provimento do CNJ de comunicação, duas palavras que trazem distintas interpretações na prática.

Nesse sentido, o Provimento n.º 50/2015 diz que é preciso respeitar os termos da Lei n.º 8.159/1991, por outro lado, não deixa claro quais termos seriam esses. Caso sejam os citados no preâmbulo do Provimento, são para documentos públicos e, dessa forma, a eliminação enseja diversas etapas a serem cumpridas até a eliminação na prática, como, por exemplo, listagem de documentos a serem eliminados, edital de ciência e termo de eliminação, como exemplo, o que traz a Resolução n.º 40, de 9 de dezembro de 2014, do Conarq para órgãos integrantes do Sinar. A rigor, a aplicação da eliminação, conforme determina o Provimento, parece simples de ser feita, desfigurando os documentos e avisando ao juízo competente após a eliminação a cada seis meses. Caso algum documento fosse eliminado por desentendimento do oficial, não haveria mais como recuperá-lo. Ainda quanto à comunicação ao juízo competente, ele conhece a fundo a massa documental do cartório? Ele tem conhecimento técnico em Arquivologia para saber, por exemplo, da necessidade de comissão interdisciplinar para o processo de avaliação, e o que foi de fato eliminado?

O último artigo do Provimento é o de número 4º, que determina: "Este Provimento entra em vigor na data de sua publicação" (Brasil, 2015a), ou seja, a data em que foi publicado no Diário da Justiça Eletrônico (DJe), em 29 de setembro de 2015.

Quanto ao anexo do Provimento, a TTDD, que é a última parte da análise, serão realizadas algumas observações a seguir.

Inicia-se pelo assunto principiado na função de classificação. Como visto, pode haver repetição de tipos documentais utilizados, como no caso dos nascimentos, em que ora é classificado como livro de registro de nascimento (assento), ora como registro de nascimento – assento (inativo). Essa repetição poderia não causar tantos efeitos indesejáveis se os dois tivessem o mesmo tratamento. Porém, no caso dos livros, a TTDD somente menciona que eles são de guarda permanente, já, quando trata do registro, a TTDD diz que ele é permanente e deve ser digitalizado e microfilmado. A TTDD não especifica tal distinção, se é alguma especificidade do Estado do Rio de Janeiro, por exemplo, na leitura realizada, também não foi possível identificar seu motivo.

Outro ponto que aqui se levanta diz respeito aos processos de habilitação para casamento, que podem ser eliminados após cinco anos do casamento celebrado desde que a documentação seja microfilmada ou digitalizada. Esse processo de habilitação contempla toda documentação que os noivos levam e assinam no cartório para dar entrada no casamento (certidão de nascimento para solteiros ou casamento com averbação de divórcio para quem já foi casado, cópia de documentos pessoais, certidão de habilitação, certidão de edital de proclamas, dentre outras). São documentos probatórios e que, muitas vezes, servem como vestígios para pesquisas genealógicas, construção da árvore genealógica ou retificações de nomes, por exemplo, em que são necessários registros retroativos, sendo nesse caso contemplados no processo de habilitação do casamento. Ainda que estejam esses documentos digitalizados, o Provimento não determina os parâmetros sob os quais essas digitalizações devem ser feitas para que se garanta a preservação permanente, como a lei determina, ou como se dará a descrição dessas imagens para posterior recuperação. Esses assuntos serão novamente levantados nas funções de descrição/indexação e preservação/conservação.

No campo "observações" da TTDD, a base legal utilizada refere-se em grande parte à Lei n.º 6.015, de 31 de dezembro de 1973, mas, por exemplo, sobre as comunicações que em dois anos, após a efetiva anotação, podem ser eliminadas, na observação consta: "Base legal: – Art. 106 da Lei n.º 6.015/73" (Brasil, 2015a). O artigo 106 da referida lei diz o seguinte:

> **Das Anotações.** Art. 106. Sempre que o oficial fizer algum registro ou averbação, deverá, no prazo de cinco dias, anotá-lo nos atos anteriores, com remissões recíprocas, se lançados em seu cartório, ou fará comunicação, com resumo do assento, ao oficial em cujo cartório estiverem os registros primitivos, obedecendo-se sempre à forma prescrita no artigo 98. Parágrafo único. As comunicações serão feitas mediante cartas relacionadas em protocolo, anotando-se à margem ou sob o ato comunicado, o número de protocolo e ficarão arquivadas no cartório que as receber. (Brasil, 1973).

O artigo 98 traz que "A averbação será feita à margem do assento e, quando não houver espaço, no livro corrente, com as notas e remissões recíprocas, que facilitem a busca", ou seja, não há menção do tempo em que poderá ser eliminado, pelo contrário, diz que "ficarão arquivadas no cartório que as receber" (Brasil, 1973), caso que pode transparecer segurança a quem estiver aplicando a TTDD; contudo, não há base legal concreta no artigo mencionado.

Por fim, essa explanação buscou demonstrar minuciosamente possíveis interpretações, bases e fragilidades da Tabela de Temporalidade e Destinação de Documentos adotada pelo CNJ em âmbito federal para os Cartórios Extrajudiciais.

Alguns aspectos são preocupantes, por esse motivo reitera-se que esse Provimento seja revisto, inserindo-o em um contexto de produção, seja dentro dos Tribunais de Justiça Estaduais, ou então, o CNJ pode propor um plano de classificação nacional padronizado, com bases legais sólidas e investido por justificativas concretas, a fim de evitar que documentos públicos sejam (ou continuem a ser) eliminados, digitalizados ou microfilmados sem parâmetros arquivísticos mínimos, correndo riscos de perdermos uma parcela do patrimônio documental arquivístico brasileiro.

6.5 DESCRIÇÃO/INDEXAÇÃO

Como produto do processo de descrição/indexação, têm-se os instrumentos de pesquisa, como abordado em seções anteriores. Segundo o artigo 42 da Lei n.º 8.935/1994 (Lei dos Cartórios): "Os papéis referentes aos serviços dos notários e dos oficiais de registro serão arquivados mediante utilização de processos que facilitem as buscas" (Brasil, 1994). A recuperação eficiente da informação é uma das premissas do serviço registral que somente se torna possível mediante um elaborado processo de descrição arquivística/indexação.

Esta seção será dividida em três subseções em virtude das distintas aplicações. A primeira tratará da descrição/indexação aplicada a registros civis e instrumentos de pesquisa; a segunda da descrição/indexação no processo de digitalização de registros civis; e a terceira da descrição/indexação aplicada à microfilmagem de registros civis.

6.5.1 A descrição/indexação de registros civis: instrumentos de pesquisa

No caso dos registros civis em papel, a Lei n.º 6.015/1973 exige que os livros tenham índices alfabéticos para a recuperação da informação. "Art. 34: O oficial juntará, a cada um dos livros, índice alfabético dos assentos lavrados pelos nomes das pessoas a quem se referirem" (Brasil, 1973). A mesma lei ainda traz em seu parágrafo único: "O índice alfabético poderá, a critério do oficial, ser organizado pelo sistema de fichas, desde que preencham estas os requisitos de segurança, comodidade e pronta busca" (Brasil, 1973).

O sistema de fichas, similar ao que era utilizado em bibliotecas, pode conter os dados do registro e do registrado em ordem alfabética que, em conjunto, formarão o índice do livro, sistema que atualmente é pouco utilizado; contudo, índices produzidos há anos podem estar nesse formato de fichas ainda. Também é comum encontrar livros com índices internos, acoplados ao próprio livro, em um formato de agenda telefônica por letras. Quanto ao índice alfabético, seja interno ou externo ao livro, de acordo com a lei mencionada, poderia ser dessa forma:

Quadro 13 – Modelo de índice de livro de registro civil

Índice do Livro 11-A (nascimento) Corresponde aos anos de registro de 1900 a 1920		
Nome do registrado	Número da folha	Número do termo
José Souza	90	180

Fonte: elaborado pelas autoras (2020)

Com essas informações, o registrador poderá recuperar, a partir do nome do registrado, o nascimento solicitado, identificando o livro, a folha e o número do termo. O termo é indispensável, pois em livros antigos (formato A2) eram feitos quatro registros por folha (frente e verso).

Algumas falhas podem ser identificadas, quando a lei exige um índice alfabético, no caso dos nascimentos e dos óbitos que serão de uma única pessoa, o índice funciona. No entanto, quando se trata de registro de casamento, ou seja, que envolva duas pessoas, terá que ser feita uma escolha de qual dos nubentes será representado no índice alfabético físico. Uma opção é a duplicação de todas as informações do índice para buscar pelo primeiro e pelo segundo nubente, o que gerará extenso índice. Observa-se que, em grande parte, é o nome do homem que é selecionado para ditar a ordem alfabética do índice de casamentos, o que faz com que o cidadão precise saber o nome do nubente sempre que for solicitar uma certidão de casamento.

Ainda quando se exige que o livro tenha seu próprio índice, não será gerado um índice único, e sim fragmentado por livros e anos. Cada livro corresponderá a um período cronológico. Nesse sentido, quando o cidadão solicita um registro, precisa ter conhecimento do ano a que se refere o registro, correndo ainda o risco de o registro ter sido feito "fora de época", o que poderá acarretar a não recuperação da informação por meio do índice alfabético, dividido por livros e anos.

Por outro lado, se todos os índices estiverem em um sistema informatizado, pode ser gerado um índice único que facilita a recuperação dos registros. Ter um índice único digital pode auxiliar o cidadão quando precisar fazer estudos genealógicos, por exemplo. A busca por sobrenomes pode recuperar registros de gerações de uma família inteira que esteja naquele cartório, ou ainda, permitir a busca por qualquer um dos nubentes no registro de casamento, evitando o que é observado no índice por ordem alfabética em suporte papel.

Além do índice, há outros instrumentos de pesquisa que podem ser utilizados por cartórios, um deles é o guia.

> No guia deverão constar todos os dados básicos necessários para orientar os consulentes, desde as informações práticas – tais como o endereço da instituição, os telefones, o horário de atendimento etc. – até as informações específicas sobre o acervo, como, por exemplo, os fundos e as coleções que ele possui, seu nível de organização, as condições físicas e jurídicas do acesso, as possibilidades de reprodução de documentos etc. (Lopez, 2002, p. 23).

O CNJ disponibiliza em seu site o "cadastro de informações de serviços extrajudiciais",[96] que apresenta o mapa do Brasil, em que o usuário seleciona o estado em que deseja fazer a busca e depois a cidade. Serão apresentados nos resultados todos os cartórios daquele município, podendo o usuário filtrar o resultado pelo tipo de atribuição. Nessa busca são levantadas informações sobre o número do Cadastro Nacional de Serventia (CNS), sua data de criação, denominação, atribuição, responsável, endereço e contato, dentre outras. Essas informações podem ser uma forma de guia dentro da Arquivologia, mesmo que não seja assim denominado pelo CNJ. Com o acesso a essas informações, o pesquisador pode conhecer melhor sua fonte de pesquisa, desde quando há registros naquele cartório e quais suas atribuições, que podem ser diversas.

6.5.2 A descrição/indexação no processo de digitalização de registros civis

Conforme apontado na função de avaliação, a TTDD estabelecida pelo Provimento n.º 50/2015 necessita de revisão, o que não é o objetivo desta obra. Mas, para dar seguimento à análise, será considerado o que ela determina, ou seja, os registros de guarda permanente devem ser digitalizados e/ou microfilmados e parte daqueles que serão eliminados também.

Entende-se que a obrigação de exigir a microfilmagem ou a digitalização dos documentos não cabe à TTDD, e sim a uma política abrangente de tratamento arquivístico. Contudo, apesar de tais exigências, o Provimento não apresenta orientações para o processo de digitalização ou microfilmagem de documentos até o momento em que foi feita a presente coleta de dados (2020), o que pode representar riscos de perda desses arquivos

---

[96] Disponível em: https://www.cnj.jus.br/corregedoria/justica_aberta/?#.

em longo prazo. Uma política/programa de microfilmagem ou digitalização deve determinar padrões técnicos mínimos, estipular metadados, formatos etc. Essa função de descrição/indexação está intrinsicamente relacionada à determinação de metadados nos processos de digitalização e microfilmagem de registros civis.

Com relação à digitalização, o Conarq publicou em 28 de abril de 2010 a Resolução n.º 31, que dispõe sobre a adoção das Recomendações para Digitalização de Documentos Arquivísticos Permanentes para órgãos integrantes do Sistema Nacional de Arquivos (Sinar). No documento elaborado por dois membros do e-Folivm, já citado anteriormente, a pergunta "b", por exemplo, traz a seguinte questão: "Os cartórios de Registros Públicos, por seus órgãos de representação, deverão ou poderão integrar o Sinar? (art. 10 do Decreto 4.073, de 2002)" (Brasil, 2011d). A resposta dada foi: "Cabe o encaminhamento de uma consulta/solicitação oficial ao Conselho Nacional de Arquivos" (Brasil, 2011d).

De acordo com consulta feita ao Conarq (2020),[97] os serviços extrajudiciais não fazem parte do Sinar. A justificativa considera que eles não fazem parte da estrutura do Poder Judiciário, que apenas o fiscalizam. Os serviços extrajudiciais estão inseridos como serviços auxiliares do Poder Judiciário, como traz a Lei n.º 11.697, de 13 de junho de 2008, artigo 64: "Os serviços auxiliares da Justiça serão executados: [...] II – pelos servidores dos Serviços Notariais e de Registro" (Brasil, 2008). E, como já apresentado no plano de trabalho estabelecido pela Portaria n.º 53, de 2 de setembro de 2020, o próprio CNJ considera que são parte integrante dele. Além disso, os registros civis são documentos públicos e, portanto, deveriam seguir normas estabelecidas para documentos dessa natureza.

A Resolução n.º 31 de 2010 estipula diversos parâmetros para segurança, armazenamento e preservação dos representantes digitais, usando como justificativa o não contato com o documento original, além da possiblidade de acessos remotos ao documento, já que se trata de documentos permanentes. Em 2015 já havia essa Resolução publicada, o que poderia ter servido de base naquele momento para o Provimento n.º 50/2015, quando este exige a digitalização de registros permanentes.

---

[97] Consulta feita por e-mail ao Conarq (conarq@an.gov.br) em 6 de setembro de 2020 e respondida em 8 de setembro de 2020. Resposta: "Prezada Sra. Camila, Os cartórios extrajudiciais são regidos por delegação do poder público, eles não fazem parte da estrutura do Poder Judiciário, que apenas os fiscaliza. Dessa forma, eles não integram o Sistema Nacional de Arquivos (Sinar). Estamos à disposição".

Em 18 de março de 2020 foi publicado o Decreto n.º 10.278, que regulamenta o disposto no inciso X do caput do artigo 3º da Lei n.º 13.874, de 20 de setembro de 2019, e no artigo 2º-A da Lei n.º 12.682, de 9 de julho de 2012, para estabelecer a técnica e os requisitos para a digitalização de documentos públicos ou privados a fim de que os documentos digitalizados produzam os mesmos efeitos legais dos documentos originais (Brasil, 2020f). Trazendo a possibilidade de eliminação de documentos físicos daqueles sem valor histórico (permanente). O Decreto n.º 10.278/2020 se aplica aos documentos físicos digitalizados que sejam produzidos:

> I – por pessoas jurídicas de direito público interno, ainda que envolva relações com particulares; e II – por pessoas jurídicas de direito privado ou por pessoas naturais para comprovação perante: a) pessoas jurídicas de direito público interno; ou b) outras pessoas jurídicas de direito privado ou outras pessoas naturais. (Brasil, 2020f).

Nesse sentido, considera-se que o Decreto n.º 10.278/2020 não explicita especificamente os cartórios, mas pode ser utilizado por tais, levando em conta que os ofícios de registros extrajudiciais são geridos por pessoas naturais que possuem a delegação do Poder Público e que lidam com pessoas jurídicas de direito público interno e outras pessoas naturais, gerando registros públicos.

Com relação ao objeto principal da lei que é o de eliminação de originais após a digitalização, considera-se que não seja proeminente nos casos de registro civil, já que a maior temporalidade de documentos não permanentes estipulada pela TTDD é de cinco anos de guarda, o que pode não compensar financeiramente o processo de digitalização, inserção de metadados e preservação digital do representante, de toda forma, será analisada a possibilidade.

O decreto deixa claro que, "Art. 9º. Após o processo de digitalização realizado conforme este decreto, o documento físico poderá ser descartado, ressalvado aquele que apresente conteúdo de valor histórico" (Brasil, 2020f), ou seja, documentos que são considerados de valor permanente na TTDD não poderão ser eliminados, mesmo que digitalizados de acordo com as tratativas do Decreto n.º 10.278/2020.

Considera-se aqui que o Decreto n.º 10.278/2020 poderá ser utilizado pelas serventias extrajudiciais em dois momentos: para documentos que não são permanentes e que, antes do prazo final de guarda, caso seja vontade do oficial, sejam eliminados, desde que digitalizados de acordo com o estipulado no decreto; ou nos casos em que é obrigatória a digitalização de documentos de valor permanente, segundo a TTDD, já que o decreto se baseia em procedimentos visando à integridade, à confiabilidade, à rastreabilidade e à auditabilidade (Brasil, 2020f), mesmo que necessitando da adoção de outras metodologias arquivísticas, faz com que a digitalização, de acordo com o decreto, tenha maiores chances de possuir valor jurídico do que uma digitalização sem parâmetros estabelecidos, em um caso de catástrofe, por exemplo.

Na TTDD específica de registro civil das pessoas naturais – atividade fim, são 11 tipos documentais que podem ser eliminados, os outros dez são documentos de guarda permanente, sem considerar a ambiguidade já relatada. Considerando que seja adotado pelo Cartório o Decreto nº 10.278/2020, de acordo seu artigo 5º:

> O documento digitalizado destinado a se equiparar a documento físico para todos os efeitos legais e para a comprovação de qualquer ato perante pessoa jurídica de direito público interno deverá: I – ser assinado digitalmente com certificação digital no padrão da Infraestrutura de Chaves Públicas Brasileira – ICP-Brasil, de modo a garantir a autoria da digitalização e a integridade do documento e de seus metadados; II – seguir os padrões técnicos mínimos previstos no Anexo I; e III – conter, no mínimo, os metadados especificados no Anexo II. (Brasil, 2020f).

O que se vincula à função arquivística de descrição/indexação já que diz respeito aos metadados mínimos adotados para a digitalização. Sobre os procedimentos e os padrões técnicos mínimos de digitalização para longevidade dos representantes digitais, serão analisados na função de preservação/conservação, especificamente.

Segundo Dempsey e Heery (1997, p. 5), metadados são "[...] dados associados com objetos que desoneram os usuários potenciais de ter conhecimento completo antecipado da existência e características desses objetos, ou seja, eles descrevem o objeto digital com o intuito de uma recuperação eficiente, mas também permitindo, por exemplo, a garantia de integridade do objeto, o que torna a adoção de metadados indispensável para a digitalização, visando à recuperação da informação digitalizada nos acervos extrajudiciais".

O Anexo II do decreto, metadados mínimos exigidos, estipula duas categorias, são elas: a) para todos os documentos; e b) para documentos digitalizados por pessoas jurídicas de direito público interno. A seguir é apresentado o quadro da categoria A.

Quadro 14 – Metadados mínimos exigidos para todos os documentos

Metadados	Definição
Assunto	Palavras-chave que representam o conteúdo do documento. Pode ser de preenchimento livre ou com o uso de vocabulário controlado ou tesauro.
Autor (nome)	Pessoa natural ou jurídica que emitiu o documento.
Data e local da digitalização	Registro cronológico (data e hora) e tópico (local) da digitalização do documento.
Identificador do documento digital	Identificador único atribuído ao documento no ato de sua captura para o sistema informatizado (sistema de negócios).
Responsável pela digitalização	Pessoa jurídica ou física responsável pela digitalização.
Título	Elemento de descrição que nomeia o documento. Pode ser formal ou atribuído: formal: designação registrada no documento; atribuído: designação providenciada para identificação de um documento formalmente desprovido de título.
Tipo documental	Indica o tipo de documento, ou seja, a configuração da espécie documental de acordo com a atividade que a gerou.
Hash (checksum) da imagem	Algoritmo que mapeia uma sequência de bits (de um arquivo em formato digital), com a finalidade de realizar a sua verificação de integridade.

Fonte: Brasil (2020f)

Com relação à segunda categoria, metadados mínimos exigidos para documentos digitalizados por pessoas jurídicas de direito público interno, como visto, pode não se aplicar a cartórios, mas é altamente desejável que atendam, considerando que possuem uma TTDD e que esses metadados trarão informações sobre proveniência e caráter orgânico dos registros civis.

Quadro 15 – Metadados mínimos exigidos para documentos digitalizados por pessoas jurídicas de direito público interno

Metadados	Definição
Classe	Identificação da classe, subclasse, grupo ou subgrupo do documento com base em um plano de classificação de documentos.
Data de produção (do documento original)	Registro cronológico (data e hora) e tópico (local) da produção do documento.
Destinação prevista (eliminação ou guarda permanente)	Indicação da próxima ação de destinação (transferência, eliminação ou recolhimento) prevista para o documento, em cumprimento à tabela de temporalidade e destinação de documentos das atividades-meio e das atividades-fim.
Gênero	Indica o gênero documental, ou seja, a configuração da informação no documento de acordo com o sistema de signos utilizado na comunicação do documento.
Prazo de guarda	Indicação do prazo estabelecido em tabela de temporalidade para o cumprimento da destinação.

Fonte: Brasil (2020f)

Após explanação, identificam-se algumas especificidades com relação ao decreto que devem ser levadas em conta na digitalização de registros civis para eliminação ou para guarda permanente. Registros civis são identificados de diferentes formas, como já apresentado no início da abordagem dessa função, por esse motivo, considera-se que os metadados sejam adaptados a essa realidade.

No caso da categoria B, traz aspectos relevantes e que aqui se considera que devam também ser adotados. A determinação da classe do documento é importante ser mencionada; contudo, demonstra o problema da adoção de uma classificação aleatória, única e exclusiva do TJRJ e que refletirá em todo o processamento da documentação arquivística.

A data de criação, a destinação prevista e o prazo de guarda devem ser adotados por registros civis, pois a gestão e eliminação da digitalização dependerá desses fatores. O gênero, mesmo considerando que os documentos produzidos em maioria sejam textuais, é também necessário constar.

Ainda com relação às fragilidades desse decreto, segundo seu artigo 10:

> O armazenamento de documentos digitalizados assegurará: I – a proteção do documento digitalizado contra alteração, destruição e, quando cabível, contra o acesso e a reprodução não autorizados; e II – a indexação de metadados que possibilitem: a) a localização e o gerenciamento do documento digitalizado; e b) a conferência do processo de digitalização adotado. (Brasil, 2020f).

Para a proteção do documento digitalizado contra alterações e destruições é necessário que haja controles de acesso aos documentos digitalizados, controles que serão garantidos por meio da adoção de requisitos como os constantes no e-Arq Brasil para um Sigad ou no Moreq-Jus para um GestãoDoc, principalmente no ponto de número 6 ("segurança") de ambos, e na Resolução n.º 43, de 4 de setembro de 2015, para acondicionamento do representante digital em repositório digital arquivístico confiável.

O ponto "II", a garantia da indexação de metadados para conferência do processo de digitalização, conforme apresenta o decreto, pode ser incipiente, necessitando de adaptações. Destarte, deveriam ser adotadas normas de descrição arquivística como a Nobrade e a Isaar/CPF. Quanto aos metadados, além da ISO 23081-1:2017 – Informação e documentação – Processos de gestão de documentos de arquivo – Metadados para documentos de arquivo, também levar em conta as indicações da Resolução n.º 31, de 30 de março de 2010, do Conarq.

Entende-se aqui que o Decreto n.º 10.278, de 18 de março de 2020, deveria fazer menção a todo o conjunto de conceitos arquivísticos relacionados ao tratamento, à gestão e à preservação dos representantes digitais. Há a menção no decreto de algumas definições, mas que não dão conta de todo o conteúdo do texto. Princípios somente são garantidos com a adoção de métodos e normativas arquivísticas; contudo, é necessário, muitas vezes, conhecimento técnico de um arquivista para identificá-los. Caso um arquivista não faça parte do processo de digitalização, pode-se colocar em risco o processo, já que o original foi eliminado. Esses princípios serão mais bem analisados na função de preservação/conservação.

Apresentaram-se as formas de representação dos documentos de registro civil digitalizados de acordo com resoluções, leis e decretos específicos. Esta obra não tem como objetivo a análise específica do Decreto n.º 10.278/2020 e suas reflexões, sendo apresentadas somente como forma de exemplo.

Então, reitera-se que um processo íntegro, confiável e seguro somente será possível com a adoção de diretrizes arquivísticas que ficam por vezes intrínsecas ao conteúdo do decreto.

6.5.3 A descrição/indexação no processo de microfilmagem de registros civis

Com relação à microfilmagem, a TTDD determina que documentos de guarda permanente e parte daqueles que serão eliminados também devam ser microfilmados. Assim como na digitalização, não há diretrizes específicas para a microfilmagem de registros civis. Contudo, no Brasil há uma lei específica sobre a microfilmagem, a Lei n.º 5.433, de 8 de maio de 1968, regulamentada a princípio pelo Decreto n.º 64.398, de 24 de abril de 1969, revogado pelo Decreto n.º 1.799, de 30 de janeiro de 1996, que será utilizado como base para análise.

Segundo o artigo 1º do Decreto n.º 1.799/1996:

> Art. 1º. A microfilmagem, em todo território nacional, autorizada pela Lei n.º 5.433, de 8 de maio de 1968, abrange os documentos oficiais ou públicos, de qualquer espécie e em qualquer suporte, produzidos e recebidos pelos órgãos dos Poderes Executivo, Judiciário e Legislativo, inclusive da Administração indireta da União, dos Estados, do Distrito Federal e dos Municípios, e os documentos particulares ou privados, de pessoas físicas ou jurídicas. (Brasil, 1996).

Nesse caso, a microfilmagem aplica-se a documentos de registro civil quando trata de documentos públicos produzidos e recebidos por pessoas físicas, que é o caso dos serventuários. Assim como no Decreto n.º 10.278/2020, é possível a eliminação dos documentos (não permanentes) após a microfilmagem, artigo 12: "A eliminação de documentos, após a microfilmagem, dar-se-á por meios que garantam sua inutilização, sendo a mesma precedida de lavratura de termo próprio e após a revisão e a extração de filme cópia" (Brasil, 1996). Contudo, da mesma forma, reitera que "Art. 13. Os documentos oficiais ou públicos, com valor de guarda permanente, não poderão ser eliminados após a microfilmagem, devendo ser recolhidos ao arquivo público de sua esfera de atuação ou preservados pelo próprio órgão detentor" (Brasil, 1996). Dessa forma, documentos que possuem a temporalidade permanente não poderão ser eliminados.

Com relação à descrição/indexação dos microfilmes, o decreto traz diversas exigências quanto à imagem de abertura e de encerramento no rolo de microfilme, além de observações caso haja alguma irregularidade constatada na microfilmagem. Na imagem de abertura devem constar os seguintes descritores:

> I – identificação do detentor dos documentos, a serem microfilmados; II – número do microfilme, se for o caso; III – local e data da microfilmagem; IV – registro no Ministério da Justiça; V – ordenação, identificação e resumo da série de documentos a serem microfilmados; VI – menção, quando for o caso, de que a série de documentos a serem microfilmados é continuação da série contida em microfilme anterior; VII – identificação do equipamento utilizado, da unidade filmadora e do grau de redução; VIII – nome por extenso, qualificação funcional, se for o caso, e assinatura do detentor dos documentos a serem microfilmados; IX – nome por extenso, qualificação funcional e assinatura do responsável pela unidade, cartório ou empresa executora da microfilmagem. (Brasil, 1996).

Já no final do rolo de microfilme devem conter os seguintes descritores:

> Art. 8º. No final da microfilmagem de cada série, será reproduzida a imagem de encerramento, imediatamente após o último documento, com os seguintes elementos: I – identificação do detentor dos documentos microfilmados; II – informações complementares relativas ao inciso V do artigo anterior; III – termo de encerramento atestando a fiel observância às disposições deste Decreto; IV – menção, quando for o caso, de que a série de documentos microfilmados continua em microfilme posterior; V – nome por extenso, qualificação funcional e assinatura do responsável pela unidade, cartório ou empresa executora da microfilmagem. (Brasil, 1996).

O decreto determina que "É obrigatório fazer indexação remissiva para recuperar as informações e assegurar a localização dos documentos" (Brasil, 1996), ou seja, é obrigatória a criação de instrumentos de pesquisa para a recuperação dos registros. Um exemplo possível é a criação de um índice remissivo simples, conforme a Lei n.º 6.015, de 31 de dezembro de 1973 exige, podendo ser tanto digital quanto físico. No exemplo do índice simples constariam o número do microfilme, do registro, da folha, do livro e dos dados do(s) registrando(s) (casamento, nascimento ou óbito).

Quadro 16 – Modelo de índice remissivo de livro de registro civil (simples)

	Índice Remissivo Rolo de Microfilme n.º 1 Livro 11-A
Número da página (microfilme)	Nome do registrado	Número da folha	Número do termo
2	José Souza	90	180
3	João Silva	90 Verso	181

Fonte: elaborado pelas autoras (2020)

Percebe-se que o índice simples pode não ser suficiente para a recuperação eficiente dos registros, então sugere-se um índice mais completo, com mais campos de descrição que facilitem a recuperação posterior, conforme o modelo a seguir.

Quadro 17 – Modelo de índice remissivo de livro de registro civil (completo)

Índice Remissivo
Rolo de Microfilme n.º 1
Livro 11-A (Registros de 01/01/1900 a 31/12/1910)

Número da página (microfilme)	Nome do registrado	Número da folha	Número do termo	Nome do Pai	Nome da Mãe	Data de Nascimento	Data do Registro	Local do Nascimento
2	José Souza	90	180	João Souza	Maria Souza	03/02/1900	20/04/1905	
3	João Silva	90 Verso	181	José Silva	Marta Silva	20/03/1901	05/05/1905	

Fonte: elaborado pelas autoras (2020)

Esse é somente um exemplo do que pode ser aplicado em registros civis. Cabem ainda mais descritores, como avós, endereços, nome da maternidade etc.

Da mesma forma que o Decreto n.º 10.278/2020 (digitalização) falha ao não fazer menção a conceitos arquivísticos centrais para sua execução, o Decreto n.º 1.799/1996 (microfilme) também. Então, considera-se que a descrição, segundo a Nobrade, mencionada na seção anterior e já descrita na função de descrição, poderá servir também aqui na microfilmagem, sendo desejável sua aplicação, principalmente para documentos permanentes.

De maneira geral, esta seção de descrição/indexação buscou demonstrar as possibilidades de aplicação prática dessa função em arquivos de registro civil, a iniciar pelos livros físicos e pelo que aponta a legislação vigente; passando pela retomada do Provimento n.º 50/2015, já trabalhado na função de avaliação, que exige a digitalização e a microfilmagem de documentos de registro civil, mas não apresenta parâmetros predefinidos para tal; pelos Decretos n.º 10.278/2020 e n.º 1.799/1996, que trazem a possibilidade de aplicação a arquivos de registro civil no tocante à eliminação de documentos que não possuem valor permanente; e a possibilidade de agregar valor jurídico investido aos registros permanentes digitalizados. Em contrapartida, em ambos os casos, é necessário que haja atendimento a normas arquivísticas não mencionadas especificamente nos decretos, bem como a inserção de metadados na digitalização que precisam ser moldados no âmbito dos registros civis para melhor recuperação.

6.6 AQUISIÇÃO/ENTRADA DE DOCUMENTOS

Esta função, como abordado, está relacionada às formas de aquisição ou entrada de documentos de arquivo no acervo, seu crescimento. Nos registros civis ela se dará principalmente com a criação (protocolo), transferência, recolhimento e aquisição.

A produção de documentos extrajudiciais criados diariamente em um cartório é alta, cada serviço prestado enquanto atividade-fim gera uma quantidade de documentos que estão relacionados também à atividade-meio do cartório, como recibos, declarações, entre outros. O cartório precisa inserir em sua política de tratamento documental um planejamento para que tenha espaço físico e digital para acondicionar toda a documentação que ora for produzida/recebida.

Segundo a Lei n.º 6.015, de 31 de dezembro de 1973, "Art. 22. Os livros de registro, bem como as fichas que os substituam, somente sairão do respectivo cartório mediante autorização judicial" (Brasil, 1973). Dessa forma, somente é possível que haja um depósito localizado em local distante do cartório para guarda da massa documental ou a contratação de guarda terceirizada, se for aprovada por meio de autorização judicial.

Com a permanência dos documentos na sede do cartório, sejam eles correntes, intermediários ou permanentes, é preciso que o espaço seja organizado e que medidas de organização e tratamento da massa documental sejam adotadas. Essas medidas dizem respeito ao espaço físico, mas também ao mobiliário, às caixas de arquivo, aos materiais de expediente, além de medidas de preservação, que devem ser adotadas para armazenamento do conjunto documental.

Em questão elaborada por dois membros do e-Folivm para a própria comissão, questiona-se: "d) Os livros em desuso ou findos podem ser recolhidos aos arquivos públicos do Estado?" (Brasil, 2011d). A resposta foi a seguinte: "Podem, desde que haja uma consulta a eles e cientificação à Corregedoria de Justiça estadual. Em alguns estados, estão sendo recolhidos preferencialmente aos arquivos do Judiciário estadual" (Brasil, 2011d).

São desconhecidos aqui arquivos judiciários que possuam essa massa documental. Em arquivos estaduais, como o Apesc, constam, como já mencionado, alguns canhotos de certidões de registro civil. A ideia de utilizar esses arquivos, seja para uso estadual ou do Judiciário para custódia dos registros, não deve ser descartada, desde que estejam de acordo com as normas de proteção de dados pessoais, e que os custos para esse armazenamento sejam previamente definidos.

Acredita-se que possa haver uma política de recolha dos documentos de registro civil para arquivos públicos. Todavia, há necessidade de um processo fundamentado e coerente que passará por diversas indagações, como: Os arquivos públicos estaduais ou judiciários possuem estrutura e condições financeiras para salvaguardar essa documentação? Destarte, não pode haver indefinição de quem será responsável pela recolha desses documentos, fazendo com que parte do arquivo esteja em uma instituição e outra parte em outra. Não pode haver a possibilidade de ferir a integridade física, intelectual e contextual desses conjuntos documentais, desmantelando-os.

Além dessa questão, vem outra: O que seriam livros em desuso ou findos no registro civil das pessoas naturais? Eles estão em constante mudança, são pesquisados cotidianamente, tê-los longe pode prejudicar a anotação de atos posteriores ao registro ou a transcrição dos registros. Nesse caso, a política de recolha precisa ser uma parceria conjunta entre o CNJ, os TJs, os arquivos estaduais/judiciários e os Ofícios Extrajudiciais. Por exemplo, documentos com mais de 100 anos iriam para o arquivo; quando necessária uma pesquisa, poderia ser feita diretamente do arquivo e, caso fossem necessárias algumas retificações ou averbações posteriores, pessoas qualificadas e com fé pública (funcionários públicos) nos arquivos poderiam fazer esse registro a partir de solicitação do cidadão e dos respectivos documentos probatórios, ou ainda, os cartorários poderiam expedir um comunicado de averbação/anotação para que o funcionário do arquivo pudesse transcrever a averbação/anotação para o registro custodiado. Mas, daí viriam outros questionamentos: O poder público estaria preparado para isso? Os arquivos teriam pessoal qualificado para tal? É sabido que muitos arquivos têm falta de pessoal, como dar conta de mais esse montante? Uma saída poderia ser a criação de um fundo que tivesse a contribuição dos cartorários de acordo com a renda recebida pelos mesmos, para que fosse possível equipar esses arquivos com infraestrutura, pessoal, hardwares, softwares, etc. Por fim são diversas reflexões que precisariam ser feitas para que esse movimento fosse possível.

Em Portugal, por exemplo, acontece essa transição de custódia. Após alguns anos na conservatória, que são repartições públicas, os livros de registro civil são recolhidos aos arquivos distritais. De acordo com o Decreto n.º 324, de 28 de setembro de 2007, artigo 15: "Os livros cujos registos tenham sido objecto de informatização são transferidos para a entidade responsável pelos arquivos nacionais" (Portugal, 2007, art. 15), respeitando a seguinte temporalidade: "Mais de 30 anos, quanto aos livros de assentos de óbito; b) Mais de 50 anos, quanto aos livros de assentos de casamento; c) Mais de 100 anos, quanto aos restantes livros de assentos" (Portugal, 2007).

Na França, Bruno Delmas (2010, p. 81) faz um interessante relato a respeito da estreita relação entre cartórios, a profissão de arquivista e a custódia dos registros cartorários:

> A segunda "profissão de arquivistas espontâneos" decorre, ela também, da necessidade de estabelecer e conservar os documentos jurídicos. E a dos titulares de cartórios, que não

> apenas estabelecem os originais dos atos públicos (testamentos, inventários, legados, contratos, atos de vendas etc.) e expedem cópias autenticadas, mas ainda têm a obrigação de conservá-los indefinidamente, pois são "documentos de fé". Graças à vontade e à pressão dos arquivistas, uma primeira lei, em 1928, autorizou os cartórios a entregar os documentos de mais de 125 anos aos Arquivos Públicos, mantendo porém a sua propriedade, apesar de decisões judiciárias que, desde o século XIX, haviam definido o seu caráter público. Foi necessário esperar a lei de 1979 para que os cartórios fossem obrigados a depositar nos arquivos públicos seus livros de atos originais de mais de cem anos.

Essa Lei de 1979,[98] além de cartórios notariais citados por Delmas (2010), abrangeu também os registros civis. Considerando o patrimônio documental que esses registros representam para o país e a fonte de informação que constituem, é salutar que se pense na preservação desse patrimônio como bem público, seja por meio de parcerias firmadas entre arquivos e cartórios, seja com normativas e apoios do CNJ que contemplem mais a questão dos arquivos de registro civil.

Seguindo a análise, com relação à redução da massa documental, a TTDD se faz um instrumento de gestão essencial, podendo auxiliar o arquivista no planejamento relacionado ao crescimento e à eliminação de documentos de registro civil das pessoas naturais. Entretanto, como já demonstrado na função de avaliação, a TTDD para registros civis possui inúmeras questões que podem ser revistas.

A aquisição em cartórios de registro civil pode acontecer quando o cartório recebe acervos de cartórios que foram extintos. Segundo o artigo 44 da Lei n.º 8.935, de 18 de novembro de 1994,

> Verificada a absoluta impossibilidade de se prover, através de concurso público, a titularidade de serviço notarial ou de registro, por desinteresse ou inexistência de candidatos, o juízo competente proporá à autoridade competente a extinção do serviço e a anexação de suas atribuições ao serviço da mesma natureza mais próximo ou àquele localizado na sede do respectivo Município ou de Município contíguo. (Brasil, 1994).

Na pesquisa de Lehmkuhl e Silva (2013) as autoras constataram que em um dos cartórios havia documentos salvos de um incêndio ocorrido em 1965 em um cartório vizinho.

---

[98] Disponível em: https://www.legifrance.gouv.fr/loda/id/JORFTEXT000000322519/1994-02-28/.

> O cartório foi extinto logo após o incêndio, todavia os registros que haviam sido feitos no período de existência do referido cartório são refeitos agora pelo cartório que recebeu parte do acervo arquivístico da unidade incendiada, mediante autorização judicial dada ao tabelião para execução dos serviços cartoriais. (Lehmkuhl; Silva, 2013, p. 12).

Nesse sentido, a aquisição pode ser isolada, acontecer em casos específicos; contudo, o aumento da massa documental deve ser levado em consideração, pois demandará custos futuros à serventia, que, na maioria dos casos, está instaurada nos centros das cidades onde consequentemente os valores de compra/aluguel de espaços são consideráveis.

Assim como se aborda o crescimento dos papéis em cartórios, é também preciso considerar o crescimento da massa documental eletrônica e digital nesses espaços, visto que também pode ter alto custo. A digitalização é obrigatória e exige espaços de armazenamento e processamento que irão desde HDs, hardwares, softwares, memórias RAM até backups na nuvem, conforme exige o Provimento n.º 74, de 31 de julho de 2018, do CNJ, que dispõe sobre padrões mínimos de tecnologia da informação para a segurança, a integridade e a disponibilidade de dados e que será analisado especificamente na função de preservação/conservação.

Todos esses aspectos devem ser considerados pelo arquivista e demais integrantes de uma equipe quando elabora a política de gestão/preservação do acervo, seja em suporte papel, seja em suporte eletrônico ou digital.

6.7 PRESERVAÇÃO/CONSERVAÇÃO

A conservação dos arquivos de registro civil, de acordo com a Lei n.º 6.015, de 31 de dezembro de 1973, é de responsabilidade dos oficiais: "Art. 24. Os oficiais devem manter em segurança, permanentemente, os livros e documentos e respondem pela sua ordem e conservação" (Brasil, 1973). Há normativas e iniciativas para a conservação de documentos de registro civil em papel e sua digitalização e microfilmagem que serão abordadas nesta seção. Como é um assunto amplo, esta seção será dividida em três subseções: preservação/conservação dos registros civis em suporte papel, em suporte eletrônico e em microfilme.

6.7.1 Preservação/Conservação dos registros civis em suporte papel

Em 2011 foi publicado pelo CNJ, em parceria com o Arquivo Nacional e a Biblioteca Nacional, o Manual Técnico de Preservação e Conservação de Documentos Extrajudiciais, de autoria de Jayme Spinelli, Emiliana Brandão e Camila França. Esse documento foi fruto das atividades desenvolvidas pela Comissão Especial de Gestão Documental do Foro Extrajudicial (e-Folivm) do Conselho Nacional de Arquivos, já descrita na seção 6.3.1. Na introdução do manual é apresentado o seguinte objetivo: "Este trabalho apresenta-se como um guia introdutório à preservação e à conservação de documentos, neste caso os extrajudiciais, pertencentes a todos os cartórios existentes na região da Amazônia Legal Brasileira, sob a jurisdição do CNJ" (Spinelli; Brandão; França, 2011).

O manual se restringe a cartórios da região da Amazônia Legal, como mencionado na seção 6.3.1, o que chega a corresponder a 58,9% do território brasileiro. Mesmo que seja direcionado aos Cartórios Extrajudiciais da Amazônia Legal por uma necessidade que fora apresentada aqui, da regularização fundiária dessa região, esse manual traz aspectos gerais da preservação e da conservação que devem ser utilizados por todas as serventias brasileiras.

O manual possui 45 páginas em formato de livro, escrito de forma simples e didática. Em seu conteúdo traz a história do papel; as características do papel; os tipos de deterioração; a preparação para microfilmagem e digitalização; a higienização; as formas de guarda; um exemplo de etiqueta para caixas-arquivo; a limpeza; o transporte do acervo; um roteiro para mensurar documentos textuais; e as referências.

É um manual voltado para documentos em formato papel. Mesmo quando apresenta a preparação para microfilmagem e digitalização, diz respeito somente à limpeza que deve ser feita nos documentos antes de digitalizar/microfilmar, como a retirada de grampos, de poeira etc. Todavia, não aborda uma questão essencial, a temperatura e a umidade relativa do ar aconselhável.

A temperatura e a umidade relativa do ar para a conservação de documentos em suporte papel, principalmente na Amazônia, onde há propensão de alta umidade, são fatores salutares. O manual também poderia abranger procedimentos para digitalização e microfilmagem, formatos, tipos de scanner, dentre outros. Assim, abrangeria tanto o documento em suporte papel quanto o eletrônico. Houve discussões no âmbito da Comissão Especial de Gestão Documental do Foro Extrajudicial do Conselho Nacional de Arquivos sobre os processos de microfilmagem e digitalização para os registros de imóveis da Amazônia Legal; contudo, não foram publicizadas enquanto atos normativos pelo CNJ.[99]

Ainda quanto aos livros, a Lei n.º 13.874, de 20 de setembro de 2019, em seu artigo 12, traz o seguinte:

> O art. 1º da Lei n.º 6.015, de 31 de dezembro de 1973, passa a vigorar acrescido do seguinte § 3º: Art. 1º [...] § 3º Os registros poderão ser escriturados, publicitados e conservados em meio eletrônico, obedecidos os padrões tecnológicos estabelecidos em regulamento. (Brasil, 2019b).

Chama atenção o fato de que a lei permite que os registros de pessoas naturais, jurídicas, títulos e documentos sejam escriturados, publicitados e conservados em meio eletrônico, ou seja, poderão ser criados em meio eletrônico, ser conservados em meio eletrônico e ainda poderá ser dado acesso por meio eletrônico. O que seria um documento/registro eletrônico? Segundo o Dibrate, documento/arquivo eletrônico é "Gênero documental integrado por documentos em meio eletrônico ou somente acessíveis por equipamentos eletrônicos, como cartões perfurados, disquetes e documentos digitais" (Brasil, 2005, p. 75).

Para que fosse possível a escrituração de um registro civil eletrônico, conforme propõe a lei, seria necessário que a certificação ou a assinatura do cidadão solicitante também fosse eletrônica, o que é uma realidade que se vê ocorrendo gradativamente.

Quanto à publicização do registro em meio eletrônico, é possível considerar que o cartorário possui assinatura e certificado digital e expede a certidão com fé pública, fazendo seu uso. Já sobre a conservação, não fica claro se poderia ser um método único e exclusivo de conservar registros civis ou se poderia ser uma forma adicional de conservação dos registros a partir da digitalização, por exemplo. São questões que ficam no ar, pois não foi encontrado o referido regulamento.

6.7.2 Preservação/Conservação dos registros civis em suporte digital

Inicia-se esta seção com a formação do arquivo de segurança. Em 7 de março de 2013, foi publicada a Recomendação n.º 9. Um parágrafo (1º) e um artigo (6º) foram alterados e um parágrafo único incluído em 16 de

---

[99] Ressalta-se que não se obteve acesso à completude de documentos produzidos no âmbito do e-Folivm por não estarem disponíveis ao público em geral.

abril de 2013 pela Recomendação n.º 11 da Corregedoria Nacional de Justiça. A Resolução n.º 9 dispõe sobre a formação e a manutenção de arquivo de segurança pelos responsáveis pelas serventias do serviço extrajudicial de notas e de registro. Far-se-á uma análise desta recomendação, que é composta de três justificativas no preâmbulo e sete artigos, dos quais o primeiro com quatro parágrafos. Dentre as justificativas, há as seguintes:

> **Considerando** as notícias de destruição de acervos em decorrência de acidentes naturais, acarretando a necessidade de restauração de livros; **Considerando** a necessidade de manutenção de arquivo de segurança, para melhor preservação dos livros e documentos que compõem o acervo da serventia; **Considerando** a existência de sistemas de informatização que possibilitam a formação e manutenção de arquivo de segurança em formato eletrônico ou em mídia digital, com custos inferiores ao tradicional sistema de microfilmagem. (Brasil, 2013a, grifo nosso).

Quanto às observações levantadas, a primeira justificativa que chama atenção são as notícias de destruição de acervos, pois elas existem e o CNJ possui ciência disso, conforme foi identificado ao longo dos trabalhos do e-Folivm. Quanto à segunda, quanto menor o contato com o registro original, menor será seu desgaste, ter a cópia de segurança permite que esse acesso seja feito por meio digital, mas também levanta questões relacionadas à atualização desses registros, já que nos registros civis frequentemente são feitas averbações e/ou anotações e a digitalização precisa manter essa atualização.

A terceira justificativa que chama atenção está relacionada aos custos, pois a microfilmagem é comumente relacionada a um processo caro e ultrapassado. No entanto, dever-se-ia levar em consideração nesse caso a durabilidade da mídia em microfilme, que pode ser de até 500 anos, desde que possua fabricação de qualidade e esteja bem acondicionada (Fox, 2001).

Segundo o artigo 1º da Recomendação n.º 11/2013, busca-se

> Recomendar aos titulares e aos responsáveis pelas delegações do serviço extrajudicial de notas e de registro que mantenham cópias de segurança em microfilme, ou arquivo em mídia digital formado por imagens extraídas por meio de "scanner", ou fotografia, ou arquivo de dados assinado eletronicamente com certificado digital emitido em consonância com as normas do ICP-Brasil, ou qualquer outro

método hábil, que, em sua fase inicial, deverá abranger os livros obrigatórios previstos em lei para as suas respectivas especialidades. (Brasil, 2013b).

No primeiro artigo da recomendação, percebe-se a possibilidade de adoção do microfilme, que destoa da justificativa dada no início dela, pois apresenta o scanner, a fotografia e arquivos de dados assinados eletronicamente, ou ainda, qualquer outro método hábil como possibilidade das denominadas cópias de segurança do acervo. Qualquer outro método hábil deixa brecha para que cartórios adotem metodologias não eficazes para a certificação e a confiabilidade dos registros. Quanto aos citados livros obrigatórios previstos em lei, no caso dos registros civis, acredita-se que são os citados pela Lei n.º 6.015, de 31 de dezembro de 1973, que traz o seguinte:

> Art. 33. Haverá, em cada cartório, os seguintes livros, todos com 300 (trezentas) folhas cada um: I – "A" – de registro de nascimento; II – "B" – de registro de casamento; III – "B Auxiliar" – de registro de casamento Religioso para Efeitos Civis; IV – "C" – de registro de óbitos; V – "C Auxiliar" – de registro de natimortos; VI – "D" – de registro de proclama.

O parágrafo 1º do artigo 1º foi um dos trechos alterados; aborda livros de notas e protestos que não são objetos de estudo da pesquisa em tela.

O parágrafo 2º cita livros de protocolo que poderão ser formados por meio informatizado, dispensando a assinatura digital e a reprodução de imagem, ou seja, será um livro totalmente digital.

O parágrafo 3º traz o registro civil de pessoas jurídicas, títulos e documentos e registros de imóveis, os quais não são também objetos de estudo desta pesquisa.

O parágrafo 4º diz respeito a registros civis: "Poderá ser dispensada, a critério do Oficial de Registro, a formação de arquivo de segurança do Livro 'D – de registro de proclama' do Registro Civil das Pessoas Naturais" (Brasil, 2013b). O livro D faz parte do processo de casamento, é um edital fixado no mural do cartório informando o desejo dos noivos de se casarem. E, caso haja impedimento, deve ser manifestado no período de fixação.

O artigo 2º da Recomendação n.º 11/2013 assegura:

> Recomendar que o arquivo de segurança seja atualizado com periodicidade não superior a um mês e que ao menos uma de suas vias seja arquivada em local distinto da ser-

ventia, facultado o uso de servidores externos ou qualquer espécie de sistema de mídia eletrônica ou digital. (Brasil, 2013b).

Mediante o que foi levantado na explanação das justificativas e da constante atualização dos registros civis, como mencionada, sempre que o estado civil do cidadão muda ou ocorre qualquer alteração/retificação de nomes e prenomes (dados do registro), faz-se consequentemente necessária a atualização do arquivo de segurança. Quanto ao local distinto e de preferência o mais longe possível, é fator importante para a salvaguarda do arquivo de segurança, pois, no caso de um sinistro vir a ocorrer no local, ao menos a cópia estará salvaguardada.

Trazendo um caso hipotético para reflexão, caso ocorra um incêndio nesse cartório e tudo seja perdido, há somente o arquivo de segurança como backup de todos os registros da serventia. Como a recomendação não exige o atendimento a padrões arquivísticos mínimos em caso de uso de scanner ou fotografia, teria esse arquivo garantias de recuperação e preservação?

O artigo 3º da Recomendação n.º 9/2013 traz: "Alertar que deverá ser formado e mantido arquivo de segurança dos documentos eletrônicos que integrarem o acervo da delegação do serviço extrajudicial, mediante 'backup' em mídia eletrônica, digital ou outro método hábil à sua preservação" (Brasil, 2013a). Aqui se observa a exigência de que haja backups do arquivo de segurança. Inclusive este artigo deveria ser o 2º, pois considera uma lógica de processamento desse material de segurança: primeiro o backup e depois o local em que deve ser conservado.

O artigo 4º indica que o arquivo de segurança faz parte do acervo da serventia e que, por esse motivo, na transferência de titularidade, deve ser repassado para o registrador que tomar posse naquela serventia.

O artigo 5º da mesma Recomendação n.º 9/2013 esclarece que serão prevalentes as normas e as determinações das corregedorias componentes, caso existam.

E o artigo 6º recomenda que em 90 dias seja promovido pelas Corregedorias de Justiça o levantamento das unidades que não possuem ou não providenciaram o arquivo de segurança para que obtenham informações sobre as providências a serem adotadas pelas serventias. Esse artigo sofreu alterações com a Recomendação n.º 11, passando o prazo para 120 dias, juntamente com o parágrafo único, que foi incluído e que aborda que as informações constantes na recomendação devam ser encaminhadas à Corregedoria Nacional de Justiça diretamente pelos oficiais e pelos tabeliães.

Com relação a essa recomendação, o CNJ possui um portal em que disponibiliza dados sobre as serventias em âmbito nacional, conforme apresentado na função de descrição/indexação, sendo um dos pontos expostos o de atendimento à Recomendação n.º 11/2013 pela serventia.

No Brasil, segundo o CNJ (Brasil, 2021), são 7.395 cartórios com atribuições de Registro Civil das Pessoas Naturais (RCPN).[100] Foi feito um recorte nacional com 54 cartórios de RCPN, dois por estado brasileiro, sendo possível identificar que, dos 54 cartórios, 11 não possuem cópias de segurança do acervo, de acordo com os dados do site do CNJ.

A seleção desses 54 cartórios foi feita da seguinte forma: um deles seria o 1º Ofício de RCPN da capital e o 2º seria selecionado a partir da cidade mais populosa do estado, sendo seu número de habitantes dividido ao meio e selecionado o município correspondente em número de habitantes e seu cartório de RCPN. O único caso em que não foi possível encontrar a segunda cidade foi o Distrito Federal, pois o IBGE não considera as regiões administrativas do DF como municípios, os dados habitacionais disponíveis são somente de Brasília. Dessa forma, foram selecionados dois cartórios de Brasília, o primeiro e o segundo Ofícios de RCPN.

O Gráfico 1 demonstra em porcentagem os cartórios que atendem ou não à Recomendação n.º 11/2013 do CNJ.

Gráfico 1 – Atendimento dos cartórios quanto à Recomendação n.º 11/2013 do CNJ

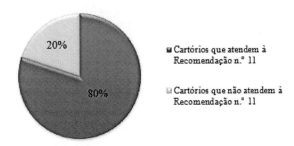

Fonte: dados da pesquisa (2020), baseados em: Brasil (2021)

Foi possível identificar que 20% das serventias analisadas não atendem à Recomendação n.º 11/2013. É um número considerável de serventias que não possuem acervo de segurança, podendo ser maior se

---

[100] Disponível em: https://www.cnj.jus.br/corregedoria/justica_aberta/?.

a análise for específica aos cartórios de pequenos municípios brasileiros, os quais podem não possuir condições financeiras e humanas de aplicar tal recomendação.

Outro fato levantado foi o de que, em geral, a recomendação deixa brechas quando permite outros métodos hábeis à preservação ou à captação das imagens da cópia de segurança do acervo, não explicitando que tipo de outros métodos, poderiam ser utilizados especificamente. Por último, quanto ao formato desses arquivos, a recomendação não traz aspectos mínimos de preservação/conservação desse material digitalizado e/ou microfilmado. Então, sobre esses cartórios que possuem esse acervo de segurança, de que forma o fizeram? Aos que fizeram, qual a garantia de durabilidade desse acervo digitalizado? Isso não fica claro nas informações disponíveis.

Complementando o assunto tratado na Recomendação n.º 09/2011 e as alterações trazidas pela Recomendação n.º 11/2013, o governo instituiu em 26 de junho de 2014 o Decreto n.º 8.720, revogado pelo Decreto n.º 9.929, de 22 de julho de 2019, que dispõe sobre o Sistema Nacional de Informações de Registro Civil. Conforme salienta o próprio site do Sirc:

> Com a gestão integrada e com segurança da base formada pelas informações enviadas por cartórios, será possível qualificar outras bases de dados governamentais, subsidiar políticas públicas e ajudar a coibir fraudes na concessão de benefícios e crimes como falsificação e tráfico de pessoas. (Brasil, 2020g).

Dessa forma, os dados de registro civil passam a ser enviados pelos cartórios ao Governo Federal por meio do Sirc. No dia 27 de julho de 2014, um mês após a publicação do Decreto do Sirc, o Conselho Nacional de Justiça publica o Provimento n.º 38, revogado em 2015 pelo Provimento n.º 46, de 16 de junho, que resolve: "Art. 1º. Instituir a Central de Informações de Registro Civil das Pessoas Naturais – CRC que será operada por meio de sistema interligado, disponibilizado na rede mundial de computadores [...]" (Brasil, 2015d). Os objetivos da Central de Informações do Registro Civil (CRC) são

> I. interligar os Oficiais de Registro Civil das Pessoas Naturais, permitindo o intercâmbio de documentos eletrônicos e o tráfego de informações e dados; II. aprimorar tecnologias para viabilizar os serviços de registro civil das pessoas naturais em meio eletrônico; III. implantar, em âmbito

nacional, sistema de localização de registros e solicitação de certidões; IV. possibilitar o acesso direto de órgãos do Poder Público, mediante ofício ou requisição eletrônica direcionada ao Oficial competente, às informações do registro civil das pessoas naturais; V. possibilitar a interligação com o Ministério das Relações Exteriores, mediante prévia autorização deste, a fim de obter os dados e documentos referentes a atos da vida civil de brasileiros ocorridos no exterior, bem como possibilitar às repartições consulares do Brasil a participação no sistema de localização de registros e solicitação de certidões do registro civil das pessoas naturais. (Brasil, 2015d).

O Sirc, por sua vez, visando facilitar o processo de envio de registros civis, "[...] recepciona informações encaminhadas pelas serventias às centrais de informações de registro civil das pessoas naturais – CER" (Brasil, 2018c), ou seja, as informações podem ser enviadas ao Sirc por meio da CRC.

A CRC foi criada como forma de possibilitar a troca e a consulta de informações entre serventias de registro civil, além de oferecer maior acesso ao Poder Público e ao Ministério das Relações Exteriores. Segundo o artigo 7º,

> Em relação aos assentos lavrados anteriormente à vigência deste Provimento, serão comunicados à Central de Informações de Registro Civil das Pessoas Naturais – CRC os elementos necessários à identificação do registro, observadas as definições feitas pela Arpen Brasil, considerando-se a necessidade de afastar, o mais possível, o risco relativo à existência de homônimos. 1º. As informações serão prestadas progressivamente, começando pelos registros mais recentes. 2º. O prazo para o fornecimento das informações previstas neste artigo será de seis meses para cada 5 (cinco) anos de registros lavrados, iniciando-se a contagem desse prazo a partir de um ano da vigência deste Provimento. 3º. O prazo do parágrafo anterior poderá ser reduzido ou prorrogado uma vez, mediante ato da competente Corregedoria Geral da Justiça, fundamentado nas peculiares condições das serventias locais, comunicando-se à Corregedoria Nacional de Justiça e à Arpen-Brasil. (Brasil, 2015d).

De acordo com esse Provimento, os registros devem ser digitados e comunicados à CRC, já que o Sirc não aceita digitalizações, são dados que o abastecem.

Considerando que a cada seis meses é preciso inserir cinco anos de dados dos registros e que os registros civis datam oficialmente de 1888, são 127 anos de registros. Se levar em conta a data de publicação do Provimento (2015), é possível que demore mais de 10 anos para que todos os registros estejam na base da CRC e consequentemente do Sirc.

Em contraponto, em 7 de julho de 2009, foi publicada a Lei n.º 11.977, que, dentre os distintos assuntos apresentados em seu Capítulo II, traz "Do Registro Eletrônico e das Custas e Emolumentos". Nesse capítulo, que vai do artigo 37º ao 45º, o primeiro artigo determina que "Os serviços de registros públicos de que trata a Lei n.º 6.015 de 31 de dezembro de 1973, observados os prazos e condições previstas em regulamento, instituirão sistema de registro eletrônico" (Brasil, 2009a).

Já no artigo 39, "Os atos registrais praticados a partir da vigência da Lei n.º 6.015, de 31 de dezembro de 1973, serão inseridos no sistema de registro eletrônico, no prazo de até 5 (cinco) anos a contar da publicação desta Lei" (Brasil, 2009a), ou seja, em 2014 os registros civis datados de 1973 em diante deverão ser inseridos nos sistemas informatizados dos cartórios de registro civil. Com relação aos registros anteriores a essa data, "Parágrafo único. Os atos praticados e os documentos arquivados anteriormente à vigência da Lei n.º 6.015, de 31 de dezembro de 1973, deverão ser inseridos no sistema eletrônico". Contudo, não são estipulados prazos para a inserção desses registros no sistema, diferentemente do que o Provimento da CRC exige.

A Lei n.º 11.977/2009 exige a inserção dos registros no sistema informatizado da serventia; e o Provimento n.º 46, de 16 de junho de 2015, determina que sejam inseridos os registros na CRC. É valido destacar que os dois tratam de inserções de dados dos registros, e não de sua digitalização e inserção nos sistemas, pois, para o governo, são importantes os dados essenciais para a criação de políticas públicas e a economicidade da máquina pública e, para o CNJ, enquanto órgão regulador, são essenciais a eficiência de acesso aos dados dos registros e a troca de informações entre serventias e com o judiciário.

Com relação às questões tecnológicas atribuídas aos cartórios, mas que trazem intrinsicamente questões arquivísticas, em 31 de julho de 2018, foi publicado o Provimento n.º 74/2018,[101] que dispõe sobre padrões

---

[101] Este provimento não consta na relação de normativas recuperadas pelo CNJ, pois não possui assuntos indexados na base de atos do Conselho. Somente se recupera uma normativa pelo número do ato e por palavras-chave que estejam no título. O acesso se deu por conhecimento da autora sobre o tema.

mínimos de tecnologia da informação para a segurança, a integridade e a disponibilidade de dados para a continuidade da atividade pelos serviços notariais e de registro do Brasil e dá outras providências. Esse provimento estipula requisitos mínimos a serem adotados pelos cartórios brasileiros com relação à segurança dos documentos digitais, tendo em vista a vulnerabilidade e as situações de risco das bases de dados identificadas por inspeções da Corregedoria Nacional de Justiça em serviços de registro no Brasil (Brasil, 2018b).

De acordo com o artigo 2º, "Os serviços notariais e de registro deverão adotar políticas de segurança de informação com relação a confidencialidade, disponibilidade, autenticidade e integridade e a mecanismos preventivos de controle físico e lógico" (Brasil, 2018b). Aqui o provimento se refere à política de segurança da informação, que está pautada em características que são também base da Arquivística, como autenticidade, integridade, confidencialidade. Segundo o artigo 3º, "Todos os livros e atos eletrônicos praticados pelos serviços notariais e de registro deverão ser arquivados de forma a garantir a segurança e a integridade de seu conteúdo" (Brasil, 2018b). Novamente traz preceitos de integridade para a segurança do acervo, mas sem destacar como é garantida essa integridade.

O parágrafo 1º do artigo 3º estabelece que a cópia de segurança dos livros e dos atos eletrônicos que integram o acervo precisa ser feita em intervalos não superiores a 24 horas. No parágrafo 3º, a cópia precisa ser feita em mídia eletrônica, mas também em backup em nuvem. O parágrafo 4º exige que a mídia seja guardada em local distinto da instalação da serventia. O artigo 5º determina que deva haver trilhas de autoria no sistema que identifiquem possíveis alterações de atos (Brasil, 2018b).

Ainda no Provimento n.º 74/2018, o artigo 6º estabelece que "Os serviços notariais e de registro deverão adotar os padrões mínimos dispostos no anexo do presente provimento, de acordo com as classes nele definidas". O anexo mencionado divide as serventias extrajudiciais em três classes distintas, de acordo com o valor de arrecadação por semestre:

> Classe 1: Serventias com arrecadação de até R$ 100 mil por semestre, equivalente a 30,1% dos cartórios; Classe 2: Serventias com arrecadação entre R$ 100 mil e R$ 500 mil por semestre, equivalente a 26,5% dos cartórios; Classe 3: Serventias com arrecadação acima de R$ 500 mil por semestre, equivalente a 21,5% dos cartórios. (Brasil, 2018b).

Em cada uma das classes há exigências distintas. Sendo assim, apresentar-se-á um exemplo de pré-requisitos para serventias de classe 1:

> Energia estável, rede elétrica devidamente aterrada e link de comunicação de dados mínimo de 2 megabits; Endereço eletrônico (e-mail) da unidade para correspondência e acesso ao sistema; Malote Digital Local técnico (CPD) isolado dos demais ambientes preferencialmente por estrutura física de alvenaria ou, na sua impossibilidade, por divisórias. Em ambos os casos, com possibilidade de controle de acesso (porta com chave) restrito aos funcionários da área técnica; Local técnico com refrigeração compatível com a quantidade de equipamentos e metragem; Unidade de alimentação ininterrupta (nobreak) compatível com os servidores instalados, com autonomia de pelo menos 30 minutos; Dispositivo de armazenamento (storage), físico ou virtual; Serviço de cópias de segurança na internet (backup em nuvem); Servidor com sistema de alta disponibilidade que permita a retomada do atendimento à população em até 15 minutos após eventual pane do servidor principal; Impressoras e scanners (multifuncionais); Switch para a conexão de equipamentos internos; Roteador para controlar conexões internas e externas; Softwares licenciados para uso comercial; Software antivírus e antissequestro; Firewall; Proxy; Banco de dados; Mão de obra: pelo menos 2 funcionários do cartório treinados na operação do sistema e das cópias de segurança ou empresa contratada que preste o serviço de manutenção técnica com suporte de pelo menos 2 pessoas. (Brasil, 2018b).

Como visto, esses são requisitos relacionados à tecnologia em si e a seu ferramental. Exige-se local técnico refrigerado, enquanto para o papel não há essa determinação; outro ponto é a mão de obra com conhecimento em tecnologia. Da mesma forma, é imprescindível que esses mesmos cartórios tenham a presença do arquivista e seus conhecimentos técnicos com a preservação da massa documental, seja ela em suporte papel ou eletrônico. Em que formato digitalizar? Como fazer a preservação digital desse acervo? Que softwares utilizar para a garantia da longevidade dos documentos digitalizados? De que forma indexar esses registros? Essas são questões que deveriam ser também definidas como pré-requisitos para cartórios.

É possível inferir até este momento que as normativas relacionadas aos registros civis exigem a digitalização, ou seja, cópias de segurança do acervo e seu acondicionamento (Recomendações n.º 9/2011 e n.º 11/2013); a digitação dos registros e a inserção no sistema informatizado do cartório (Lei n.º 11.977/2009); o envio dos dados dos registros à CRC e ao Sirc (Provimento n.º 46/2015); e padrões mínimos de Tecnologia da Informação adotados para a garantia de segurança e integridade dos sistemas e seus registros. O que não se observa nessas normativas é a delimitação das técnicas a serem adotadas no processo de digitalização e preservação desse conjunto documental digital.

Com o intuito de trazer parâmetros mínimos para a digitalização da massa documental de registro civil, será feita a leitura do Decreto n.º 10.278, de 18 de março de 2020, e da Resolução n.º 31, de 28 de abril de 2010, do Conarq, buscando adequá-las aos registros civis.

Antes de analisar especificamente o Decreto n.º 10.278/2020 e suas implicações, convém reiterar o artigo 9º: "Após o processo de digitalização realizado conforme este decreto, o documento físico poderá ser descartado, ressalvado aquele que apresente conteúdo de valor histórico" (Brasil, 2020f).

Dessa forma, a eliminação dos documentos somente será possível nos casos em que a TTDD não designa como sendo documento de guarda permanente. E aqueles documentos que, de acordo com a TTDD do CNJ para registro civil, considera-se aqui que possam ser eliminados com a condição de serem antes digitalizados atendendo a, pelo menos, os requisitos mínimos, considerando que são documentos públicos.

Os registros que são de guarda permanente e dos quais o Provimento n.º 50, de 28 de setembro de 2015, exige a digitalização e a microfilmagem poderão também levar em conta, os requisitos mínimos dispostos na Resolução nº 31/2020 do Conarq e Lei dos Microfilmes.

Voltando à Lei da Digitalização, ela possui a seguinte ementa:

> Regulamenta o disposto no inciso X do caput do art. 3º da Lei n.º 13.874, de 20 de setembro de 2019, e no art. 2º-A da Lei n.º 12.682, de 9 de julho de 2012, para estabelecer a técnica e os requisitos para a digitalização de documentos públicos ou privados, a fim de que os documentos digitalizados produzam os mesmos efeitos legais dos documentos originais. (Brasil, 2020f).

O artigo 3º da Lei n.º 13.874, Lei da Declaração de Direitos de Liberdade Econômica, de 20 de setembro de 2019, traz o seguinte: "São direitos de toda pessoa, natural ou jurídica, essenciais para o desenvolvimento e o crescimento econômicos do País, observado o disposto no parágrafo único do art. 170 da Constituição Federal" (Brasil, 2019b).

O parágrafo único do artigo 170 da Constituição Federal expressa que "É assegurado a todos o livre exercício de qualquer atividade econômica, independentemente de autorização de órgãos públicos, salvo nos casos previstos em lei" (Brasil, 1988), ou seja, não há qualquer menção no referido parágrafo da Constituição a respeito de documentos de arquivo. A justificativa utilizada é de que a eliminação de documentos é essencial para o desenvolvimento e o crescimento econômicos do país. É sabido que a guarda de documentos físicos pode ser uma atividade de alto custo; contudo, a digitalização e a guarda desses representantes digitais podem também ter elevado valor.

Com relação ao referido inciso X do artigo 3º, são direitos de toda pessoa, natural ou jurídica:

> X – arquivar qualquer documento por meio de microfilme ou por meio digital, conforme técnica e requisitos estabelecidos em regulamento, hipótese em que se equiparará a documento físico para todos os efeitos legais e para a comprovação de qualquer ato de direito público. (Brasil, 2019b).

Já o artigo 2º-A da Lei n.º 12.682, de 9 de julho de 2012, assegura:

> Fica autorizado o armazenamento, em meio eletrônico, óptico ou equivalente, de documentos públicos ou privados, compostos por dados ou por imagens, observado o disposto nesta Lei, nas legislações específicas e no regulamento. § 1º Após a digitalização, constatada a integridade do documento digital nos termos estabelecidos no regulamento, o original poderá ser destruído, ressalvados os documentos de valor histórico, cuja preservação observará o disposto na legislação específica. (Incluído pela Lei n.º 13.874, de 2019). § 2º O documento digital e a sua reprodução, em qualquer meio, realizada de acordo com o disposto nesta Lei e na legislação específica, terão o mesmo valor probatório do documento original, para todos os fins de direito, inclusive para atender ao poder fiscalizatório do Estado. (Incluído pela Lei n.º 13.874, de 2019). § 3º Decorridos os respectivos prazos de decadência ou de prescrição, os documentos armazenados em meio eletrônico, óptico ou equivalente poderão ser eliminados. (Incluído pela Lei n.º 13.874, de 2019). § 4º Os documentos digitalizados conforme o disposto neste artigo terão o mesmo efeito jurídico conferido aos documentos microfilmados, nos termos da Lei n.º 5.433, de 8 de maio de 1968, e de regulamentação

> posterior. (Incluído pela Lei n.º 13.874, de 2019). § 5º Ato do Secretário de Governo Digital da Secretaria Especial de Desburocratização, Gestão e Governo Digital do Ministério da Economia estabelecerá os documentos cuja reprodução conterá código de autenticação verificável. (Incluído pela Lei n.º 13.874, de 2019). § 6º Ato do Conselho Monetário Nacional disporá sobre o cumprimento do disposto no § 1º deste artigo, relativamente aos documentos referentes a operações e transações realizadas no sistema financeiro nacional. (Incluído pela Lei n.º 13.874, de 2019). § 7º É lícita a reprodução de documento digital, em papel ou em qualquer outro meio físico, que contiver mecanismo de verificação de integridade e autenticidade, na maneira e com a técnica definidas pelo mercado, e cabe ao particular o ônus de demonstrar integralmente a presença de tais requisitos. (Incluído pela Lei n.º 13.874, de 2019). § 8º Para a garantia de preservação da integridade, da autenticidade e da confidencialidade de documentos públicos será usada certificação digital no padrão da Infraestrutura de Chaves Públicas Brasileira (ICP-Brasil). (Incluído pela Lei n.º 13.874, de 2019). (Brasil, 2012b).

Essa é uma construção que decorre desde 2012 e que foi em grande parte revogada. Em 2019 passa a ser lei e em 2020 o decreto que a regulamenta passa a vigorar. Aplicando-o aos registros civis nessa função de preservação/conservação, o decreto estipula padrões mínimos a serem adotados para que a digitalização para eliminação possua efeitos jurídicos.

Quanto aos requisitos que envolvam entidades públicas, como o caso dos cartórios, o artigo 5º, conforme já apresentado, define que, para se equiparar o documento digital ao documento físico para todos os efeitos legais e se comprovar qualquer ato perante pessoa jurídica de direito público interno, deverá

> I – ser assinado digitalmente com certificação digital no padrão da Infraestrutura de Chaves Públicas Brasileira – ICP-Brasil, de modo a garantir a autoria da digitalização e a integridade do documento e de seus metadados; II – seguir os padrões técnicos mínimos previstos no Anexo I; e III – conter, no mínimo, os metadados especificados no Anexo II. (Brasil, 2020f).

A assinatura digital com certificação no padrão ICP-Brasil é também exigida na Recomendação nº 11/2013 do CNJ citada anteriormente, e que aborda, de forma generalista sobre cópias de segurança no serviço extrajudicial.

Quanto aos metadados mínimos, já foram explicados na função de descrição/indexação. Serão agora analisados os padrões técnicos mínimos. O Anexo I traz o seguinte quadro:

Quadro 18 – Padrões técnicos mínimos para a digitalização de documentos de acordo com o Decreto n.º 10.278/2020

Documento	Resolução Mínima	Cor	Tipo Original	Formato de Arquivo*
Textos impressos, sem ilustração, em preto e branco	300 dpi	Monocromático (preto e branco)	Texto	PDF/A
Textos impressos, com ilustração, em preto e branco	300 dpi	Escala de cinza	Texto/imagem	PDF/A
Textos impressos, com ilustração e cores	300 dpi	RGB (colorido)	Texto/imagem	PDF/A
Textos manuscritos, com ou sem ilustração, em preto e branco	300 dpi	Escala de cinza	Texto/imagem	PDF/A
Textos manuscritos, com ou sem ilustração, em cores	300 dpi	RGB (colorido)	Texto/imagem	PDF/A
Fotografias e cartazes	300 dpi	RGB (colorido)	Imagem	PNG
Plantas e mapas	600 dpi	Monocromático (preto e branco)	Texto/imagem	PNG

Fonte: Brasil (2020f)

O asterisco constante na última coluna do quadro "Formato de Arquivo", segundo o decreto, significa: "*Na hipótese de o arquivo ser comprimido, deve ser realizada compressão sem perda, de forma que a informação obtida após a descompressão seja idêntica à informação antes de ser comprimida" (Brasil, 2020f).

Com o intuito de apresentar o que o Conarq, uma das maiores entidades arquivísticas do Brasil, traz a respeito da digitalização de documentos permanentes, serão apresentados os padrões mínimos estipulados na Resolução n.º 31, de 28 de abril de 2010.

Quadro 19 – Padrões técnicos mínimos para a digitalização de documentos de acordo com a Resolução n.º 31/2010 – Conarq

Tipo de documento	Tipo de Reprodução	Formato de Arquivo digital	Resolução mínima, modo de cor e observações
Textos impressos, sem ilustração, preto e branco. (*) sem manchas	Bitonal (**)	TIFF sem compressão	Resolução mínima de 300 dpi, escala 1:1, com margem preta de 0,2 cm ao redor do documento, 4 bits, modo bitonal (**)
Textos impressos, com ilustração e preto e branco. (*) com manchas	Tons de cinza (***)	TIFF sem compressão	Resolução mínima de 300 dpi, escala 1:1, com margem preta de 0,2 cm ao redor do documento, 8 bits, modo tons de cinza (***)
Textos impressos, com ilustração e cor	Cor	TIFF sem compressão	Resolução mínima de 300 dpi, escala 1:1, com margem preta de 0,2 cm ao redor do documento, 24 bits (8 bits por canal de cor), modo RGB (****)
Manuscritos sem a presença de cor	Tons de cinza	TIFF sem compressão	Resolução mínima de 300 dpi, escala 1:1, com margem preta de 0,2 cm ao redor do documento, 8 bits, modo tons de cinza (***)
Manuscritos com a presença de cor	Cor	TIFF sem compressão	Resolução mínima de 300 dpi, escala 1:1, com margem preta de 0,2 cm ao redor do documento, 24 bits (8 bits por canal de cor), modo RGB (****)
Fotografias (preto e branco e cor) (**)	Cor	TIFF sem compressão	Resolução mínima de 300 dpi, escala 1:1, com margem preta de 0,2 cm ao redor do documento, 24 bits (8 bits por canal de cor), modo RGB, com carta de cinza para ajuste de níveis (preferencialmente)

Tipo de documento	Tipo de Reprodução	Formato de Arquivo digital	Resolução mínima, modo de cor e observações
Negativos fotográficos e diapositivos (a)	Cor	TIFF sem compressão	Resolução mínima de 3000 dpi, 24 bits (8 bits por canal de cor), modo RGB (****)
Documentos cartográficos	Cor	TIFF sem compressão	Resolução mínima de 300 dpi, escala 1:1, com margem preta de 0,2 cm ao redor do documento, 24 bits (8 bits por canal de cor), modo RGB, com carta de cinza para ajuste de níveis (preferencialmente) (****)
Plantas	Preto e branco	TIFF	Resolução mínima de 600 dpi, 8 bits, com possibilidade de modo tons de cinza (****)
Microfilmes e microfichas	Tons de cinza (***)	TIFF sem compressão	Resolução mínima de 300 dpi, 8 bits, modo tons de cinza (***)
Gravuras, cartazes e desenhos (preto e branco e cor)	Cor	TIFF sem compressão	Resolução mínima de 300 dpi, escala 1:1, com margem preta de 0,2 cm ao redor do documento, 24 bits (8 bits por canal de cor), modo RGB, com carta de cinza ou cores para ajuste de níveis (preferencialmente) (****)

Fonte: adaptado de: Brasil (2010a, p. 17)

Os asteriscos dizem o seguinte:

(*) Sem manchas / com manchas. (**) Bi-tonal: Captura de imagem onde não há gradação entre o claro e o escuro. Recomenda-se o seu uso somente para textos impressos e/ou datilografados monocromáticos e muito homogêneos, sem presença de manchas ou escurecimento do suporte original. (***) Tons de Cinza / Escala de cinza: (Greyscale) – Recomenda-se o uso de escala de cinza para evitar que pequenas manchas interfiram na leitura final do representante digital. Da mesma forma para a digitalização de microformas, caso tenham as características assinaladas acima. (****) Modo de cor: RGB (Red-Green-Blue). Padrão de cores. RGB é a abreviatura do sistema de cores aditivas formado por

Vermelho (Red), Verde (Green) e Azul (Blue). Este sistema é constituído por projeções de luz como monitores de vídeo e projetores (data displays), em contraposição ao sistema substrativo, formado por impressões (CMYK). O padrão RGB é padrão para apresentação de cores na internet e seu uso é recomendado para documentos originalmente coloridos ou com informações relevantes em cor e fotografias de modo geral. (Brasil, 2010a, p. 17).

Quanto ao tipo de documento, na comparação das duas tabelas, na tabela do decreto não existem os microfilmes e as microfichas, até porque está claro que não se aplica a microfilmes; as fotografias e os cartazes, e as plantas e os mapas são unidos em um tipo documental. O decreto utiliza o RGB, que são as cores puras. A resolução mínima em geral é igual nas duas tabelas, de 300 dpi; e, para plantas e cartazes, 600 dpi. O que mais destoa entre o que está no decreto e o que o Conarq recomenda é o formato do arquivo, no decreto o formato é o PDF/A e no Conarq é o TIFF.

Segundo a recomendação do Conarq:

> O formato mais utilizado para os representantes digitais matrizes é o formato TIFF (Tagged Image File Format), que apresenta elevada definição de cores sendo amplamente conhecido e utilizado para o intercâmbio de representantes digitais entre as diversas plataformas de tecnologia da informação existentes. (Brasil, 2010a, p. 13).

Ainda na resolução considera-se que o PDF/A pode ser utilizado como um formato de acesso dentro de derivadas de acesso (DA), ou seja, após o documento ser digitalizado em TIFF, o acesso ao usuário pode ser dado por meio de um arquivo em PDF/A. O Conarq ainda especifica:

> O formato de arquivo digital Portable Document Format – PDF ou PDF/A também é recomendado, embora possua uma taxa de compressão menor. Esse formato digital permite dar acesso ao usuário final uma representação fiel do documento original, em um único arquivo digital, especialmente quando esse é formado por múltiplas páginas e contiver também imagens fixas. (Brasil, 2010a, p. 16).

O formato PDF/A é normatizado pela ISO 19005-1. Em 2016, o Conarq publicou a Orientação Técnica n.º 4, Recomendações de uso do PDF/A para documentos arquivísticos. A Recomendação n.º 4 reafirma o que foi apresentado em 2010 pela Resolução n.º 31/2010: "Utilizar o PDF/A para derivadas de acesso no caso de documentos digitalizados (obtidos de documentos não digitais) e preservar as matrizes digitais (preferencialmente produzidas em alta resolução)" (Brasil, 2016b). Como justificativa, apresenta o seguinte: "O PDF ou PDF/A (e suas versões) não são formatos de preservação de imagens. Além do mais, a guarda das matrizes em alta resolução facilita a reutilização das imagens originais" (Brasil, 2016b). Dessa forma, o Conarq defende que os documentos devam ser digitalizados em uma matriz de alta resolução e que o acesso pode ser dado por meio do PDF/A, o que destoa do Decreto n.º 10.278/2020.

O inciso III do artigo 4º do Decreto n.º 10.278/2020 deixa claro "[...] o emprego dos padrões técnicos de digitalização para garantir a qualidade da imagem, da legibilidade e do uso do documento digitalizado" (Brasil, 2020f). Considerando que o Conarq é uma das entidades arquivísticas de maior importância em território nacional, sugere-se que sejam feitas as digitalizações em registros civis, com matrizes de alta resolução – justificadas principalmente pela importância de cada detalhe dos documentos, muitas vezes manuscritos ou escritos em papel carbono – e acesso/guarda – que deve ocorrer por meio de arquivo em PDF/A, assinados digitalmente, atendendo ao decreto.

É possível inferir, como levantado na função de descrição/indexação, que o Decreto n.º 10.278/2020 obriga metadados e padrões mínimos que podem não cobrir suas próprias premissas. O artigo 4º, por exemplo, exige que

> Os procedimentos e as tecnologias utilizados na digitalização de documentos físicos devem assegurar: I – a integridade e a confiabilidade do documento digitalizado; II – a rastreabilidade e a auditabilidade dos procedimentos empregados; [...] IV – a confidencialidade, quando aplicável; e V – a interoperabilidade entre sistemas informatizados. (Brasil, 2020f).

A integridade, a confiabilidade, a rastreabilidade, a auditabilidade, a confidencialidade e a interoperabilidade são princípios relacionados ao processo de digitalização, acesso, preservação, mas o decreto não menciona como podem ser garantidas. Os metadados e os padrões mínimos obrigatórios no decreto são incipientes e podem não dar conta de todos esses princípios. Torna-se obrigatória a adoção de outras metodologias arquivísticas para que esses princípios sejam garantidos, como já mencionado na função de descrição/indexação. Quando trata do gerenciamento, da interoperabilidade e do acesso aos documentos (e-Arq Brasil ou Moreq-Jus), a adoção de um Sigad/GestãoDoc é primordial. Quando trata da segurança, da confiabilidade e da confidencialidade em longo prazo, torna-se essencial o uso de um RDC-Arq, e a garantia de sua cadeia de custódia.

Como mencionado no capítulo 6, item 6.3.1, o objetivo do e-Folivm para o biênio 2020/2022 é instituir uma política de preservação documental e gestão de repositórios confiáveis. Possivelmente essas questões apresentadas aqui serão alvo também de análise da comissão. Fala-se em gestão de repositórios digitais e preservação documental; contudo, antes de definir estratégias para essas atividades, é preciso tratar primeiro da gestão documental dessas unidades, uma vez que a gestão documental consequentemente abrangerá a preservação documental e a gestão do repositório digital, dentre várias outras linhas de atuação dentro do arquivo. Até o momento em que esse texto foi escrito, não foi identificada tal publicação.

Por fim, entende-se que guardar todos os documentos produzidos seja oneroso e desnecessário, mas a base para essa construção necessita ser sólida, fruto de um processo reflexivo que inclusive questione a confiabilidade do processo sugerido por esse decreto que é atualmente referência no Brasil e precisa ser pensado com o viés arquivístico.

6.7.3 Preservação/Conservação dos registros civis em microfilme

De acordo com o que estipula a TTDD de registro civil das pessoas naturais, a microfilmagem, assim como a digitalização, é obrigatória para registros civis permanentes e, em alguns casos, para documentos que poderão ser eliminados. Como mencionado, os microfilmes possuem lei e decreto próprios, a lei é de 1968 e o último decreto que a regulamentou é de 1993. É um processo de minimização que reduz consideravelmente o espaço físico utilizado para armazenamento, porém está sendo cada vez menos utilizado, principalmente pelo alto custo do processo e dos equipamentos que são indispensáveis para sua criação e visualização, além das medidas de preservação e conservação que devem ser adotadas para a garantia de sua longevidade.

A durabilidade do microfilme, se for de boa qualidade e bem acondicionado, pode ser de até 500 anos, como já citado. Caso haja identificação de deteriorações ao longo desses anos, pode ser duplicado, durante mais outros 500 anos (Fox, 2001). Segundo Fox (2001, p. 14), "[...] o microfilme de gelatina e prata com base de poliéster é o único para propósitos de preservação".

A microfilmagem com foco na preservação implica que sejam produzidas três gerações de filme: negativo matriz, aquele que está dentro da câmera no momento da microfilmagem e é mantido como cópia permanente; matriz de segurança ou de impressão, que é uma duplicação diretamente do negativo matriz e é utilizada para gerar cópias posteriormente; e cópia de consulta, que são aquelas positivas disponíveis para pesquisa e empréstimo (Fox, 2001). De acordo com o Decreto n.º 1.799, de 30 de janeiro de 1996, artigo 5º,

> A microfilmagem, de qualquer espécie, será feita sempre em filme original, com o mínimo de 180 linhas por milímetro de definição, garantida a segurança e a qualidade de imagem e de reprodução. § 1º Será obrigatória, para efeito de segurança, a extração de filme cópia do filme original. § 2º Fica vedada a utilização de filmes atualizáveis, de qualquer tipo, tanto para a confecção do original, como para a extração de cópias. § 3º O armazenamento do filme original deverá ser feito em local diferente do seu filme cópia. (Brasil, 1996).

O decreto exige que seja feita uma cópia do microfilme e que essa cópia seja acondicionada em local distinto do original. Contrapondo o decreto e o apontado pela autora Fox (2001) e considerando o gasto recorrente do processo de microfilmagem, é aconselhável a adoção dos dois tipos de filme. Os registros civis estão em constante mudança, podendo ocorrer novas averbações/anotações diárias, o que faz com que sejam necessárias novas rodadas de microfilmagem permanentemente. Como o usuário não terá acesso ao microfilme, a cópia de consulta se torna desnecessária.

Com relação à preservação do microfilme, demanda medidas para sua durabilidade: "O controle da temperatura e umidade relativa do ar é de importância fundamental dos acervos de bibliotecas e arquivos, pois níveis inaceitáveis destes fatores contribuem sensivelmente para a desintegração dos materiais" (Ogden, 2001, p. 7). Além desse controle, a poluição, a incidência direta de luz solar e artificial, o mobiliário e a embalagem na qual serão armazenados os microfilmes também devem ser levados em conta.

Os cartórios precisam proteger os microfilmes, assim como os registros que estão em papel, por isso é recomendado que tenham uma sala para acondicionamento, de preferência com portas corta-fogo, controle de temperatura e umidade, sem incidência de luzes, com estantes de preferência deslizantes para economia de espaço, mobiliários adequados e acesso restrito. Importante ressaltar, como já apresentado, que devem dispor de cópias tanto dos microfilmes quanto dos backups dos registros digitalizados em locais distintos.

6.8 DIFUSÃO/ACESSO/ACESSIBILIDADE

Com relação ao acesso aos registros civis, segundo a Lei n.º 8.935, de 18 de novembro de 1994, artigo 1º, os serviços notariais e de registro "[...] são os de organização técnica e administrativa destinados a garantir a publicidade, autenticidade, segurança e eficácia dos atos jurídicos" (Brasil, 1994). De acordo com o artigo 30 da mesma lei, o oficial deverá "[...] facilitar, por todos os meios, o acesso à documentação existente às pessoas legalmente habilitadas" (Brasil, 1994), pois, como aponta a lei, "[...] qualquer pessoa pode requerer certidão do registro sem informar ao oficial ou ao funcionário o motivo ou interesse do pedido" (Brasil, 1994), portanto, é um direito do cidadão ter acesso ao registro civil.

Quanto à publicidade, conforme previsto no artigo 16 da Lei n.º 6.015, de 31 de dezembro de 1973 (Lei de Registros Públicos), afirma-se: "Os oficiais e os encarregados das repartições em que se façam os registros são obrigados: 1º a lavrar certidão do que lhes for requerido; 2º a fornecer às partes as informações solicitadas". E no artigo 17: "[...] qualquer pessoa pode requerer certidão do registro sem informar ao oficial ou ao funcionário o motivo ou interesse do pedido" (Brasil, 1973). Segundo o artigo 47,

> Se o oficial do registro civil recusar fazer ou retardar qualquer registro, averbação ou anotação, bem como o fornecimento de certidão, as partes prejudicadas poderão queixar-se à autoridade judiciária, a qual, ouvindo o acusado, decidirá dentro de cinco (5) dias. (Brasil, 1973).

Com relação à difusão do acervo, não é um objetivo dos Ofícios de Registro Civil, considerando que nem tudo que é produzido pode ser exposto ao público. Por exemplo, ao ser solicitada uma certidão ao oficial, ele deve emitir, porém não poderão constar na certidão informações como troca de sexo e adoção. Se houver a difusão do registro em si, informações como essas podem ferir a vida íntima e a privacidade do cidadão.

A difusão explícita, como visitas técnicas e exposições, não é uma função observada nos cartórios. Cita-se inclusive um artigo encontrado no levantamento bibliográfico sobre o fundo cartorial do Apesc, já mencionado, que descreve o recebimento de livros de certidões de diversos cartórios do estado de Santa Catarina. Nesse caso, são certidões, e não registros propriamente ditos, então as informações consideradas "sigilosas" não devem estar apontadas. É válido frisar novamente que essas certidões eram feitas em duas vias, uma para o cidadão e outra para fins de cobrança de impostos pelo governo do estado, contudo necessitam de cuidados especiais ao serem disponibilizadas ao público em geral.

Ainda com relação ao acesso, com a chegada da Lei n.º 13.709, Lei Geral de Proteção de Dados (LGDP), de 14 de agosto de 2018, há discussões sendo feitas para sua adequação aos registros civis das pessoas naturais. Como tratado anteriormente, os registros civis são registros públicos, porém hoje trazem dados sobre a vida do cidadão, como nome dos pais, data de nascimento e número de cadastro de pessoa física (CPF), que, conforme Provimento n.º 63, de 14 de novembro de 2017, da Corregedoria-Geral da Justiça: "Art. 6º. O CPF será obrigatoriamente incluído nas certidões de nascimento, casamento e óbito" (Brasil, 2017).

De acordo com a LGPD, artigo 5º:

> Para os fins desta Lei, considera-se: I – dado pessoal: informação relacionada a pessoa natural identificada ou identificável; II – dado pessoal sensível: dado pessoal sobre origem racial ou étnica, convicção religiosa, opinião política, filiação a sindicato ou a organização de caráter religioso, filosófico ou político, dado referente à saúde ou à vida sexual, dado genético ou biométrico, quando vinculado a uma pessoa natural. (Brasil, 2018e)

Os registros civis contêm dados pessoais e dados pessoais sensíveis, já que é obrigatório constar no registro de óbito, por exemplo, a cor da pele do falecido e no registro de nascimento e óbito o sexo, de acordo com a Lei n.º 6.015/1973.

No capítulo IV da LGPD que traz, "do tratamento de dados pessoais pelo poder público", em seu artigo 23, menciona-se o seguinte:

> O tratamento de dados pessoais pelas pessoas jurídicas de direito público referidas no parágrafo único do art. 1º da Lei nº 12.527, de 18 de novembro de 2011 (Lei de Acesso à Informação), deverá ser realizado para o atendimento de sua finalidade pública, na persecução do interesse público, com o objetivo de executar as competências legais ou cumprir as atribuições legais do serviço público, desde que: [...] § 4º Os serviços notariais e de registro exercidos em caráter privado, por delegação do Poder Público, terão o mesmo tratamento

dispensado às pessoas jurídicas referidas no caput deste artigo, nos termos desta Lei. § 5º Os órgãos notariais e de registro devem fornecer acesso aos dados por meio eletrônico para a administração pública, tendo em vista as finalidades de que trata o caput deste artigo. (Brasil, 2018e).

Nesse sentido, a LGPD respalda que as informações dos cartórios sejam compartilhadas com o Estado sob a justificativa de que estes dados possuem uma finalidade pública e de interesse público. Não fica explícita na lei a questão do acesso aos registros civis por outros que não o poder público. No parágrafo 3º do artigo 7º da LGPD, "O tratamento de dados pessoais cujo acesso é público deve considerar a finalidade, a boa-fé e o interesse público que justificaram sua disponibilização" (Brasil, 2018e). Pode ser feita a leitura de que esse parágrafo se aplica aos registros civis públicos, mas a reflexão que fica é como garantir a finalidade e a boa-fé ao entregar uma certidão de registro civil?

De acordo com o artigo 7º, inciso III, da LGPD,

> O tratamento de dados pessoais somente poderá ser realizado nas seguintes hipóteses: [...] III – pela administração pública, para o tratamento e uso compartilhado de dados necessários à execução de políticas públicas previstas em leis e regulamentos ou respaldadas em contratos, convênios ou instrumentos congêneres, observadas as disposições do Capítulo IV desta Lei. (Brasil, 2018e).

Da mesma forma estabelece o artigo 11º, quando do tratamento dos dados sensíveis:

> O tratamento de dados pessoais sensíveis somente poderá ocorrer nas seguintes hipóteses: I – quando o titular ou seu responsável legal consentir, de forma específica e destacada, para finalidades específicas; II – sem fornecimento de consentimento do titular, nas hipóteses em que for indispensável para: a) cumprimento de obrigação legal ou regulatória pelo controlador; b) tratamento compartilhado de dados necessários à execução, pela administração pública, de políticas públicas previstas em leis ou regulamentos. (Brasil, 2018e).

Os cartórios se tornaram um meio de troca informacional entre os cidadãos e a Administração Pública em que esta utiliza dessas informações para a criação de políticas públicas. Essa mediação entre o cidadão e a Administração Pública diz respeito, por exemplo, aos dados pessoais encaminhados ao governo por meio do Sirc, já citado.

Quanto ao acesso a registros civis, em pesquisa até o final de 2020 não foram recuperadas normativas do CNJ de adequação da LGPD ao cenário dos Cartórios Extrajudiciais ainda em âmbito nacional. Contudo, no plano de trabalho apresentado no item 6.3.1 constante na Portaria n.º 53, de 2 de setembro de 2020, dentre as atividades institucionais, a 4.3.4 trata da "Proteção de Dados Pessoais". No cronograma do plano, a execução dessa atividade inicia-se no primeiro trimestre de 2021 e finaliza no quarto trimestre de 2021. Por esse motivo, foi publicada em 18 de dezembro de 2020 a Portaria n.º 60, que cria um grupo de trabalho para a elaboração de estudos e de propostas voltadas à adequação dos serviços notariais e de registro à Lei Federal n.º 13.709/2018 (Lei Geral de Proteção de Dados). O grupo de trabalho é composto de 17 membros, dentre eles cinco registradores extrajudiciais.

Como forma de exemplo em esfera estadual, considerando que em âmbito nacional essa adequação vai ser discutida nos próximos meses, foi recuperado na Corregedoria-Geral da Justiça do Estado de São Paulo o Provimento n.º 23, de 3 de setembro de 2020, que

> Dispõe sobre o tratamento e proteção de dados pessoais pelos responsáveis pelas delegações dos serviços extrajudiciais de notas e registro de que trata o art. 236 da Constituição da República e acrescenta os itens 127 a 152.1 do Capítulo XIII do Tomo II das Normas de Serviço da Corregedoria Geral da Justiça. (São Paulo, 2020).

Dentre o conteúdo apresentado pelo Provimento n.º 23/2020, tem-se que "131. O tratamento de dados pessoais destinados à prática dos atos inerentes ao exercício dos ofícios notariais e registrais, no cumprimento de obrigação legal ou normativa, independe de autorização específica da pessoa natural que deles for titular" (São Paulo, 2020), ou seja, mesmo que os Cartórios Extrajudiciais trabalhem com dados pessoais e sensíveis, o exercício de suas obrigações legais permanece da mesma forma como sempre fora realizado no estado de São Paulo.

A LGPD é relativamente nova no Brasil, aprovada por certa pressão internacional de países que já têm suas próprias leis de proteção de dados e que exigiram que o Brasil se adequasse para a continuidade de negócios mútuos.[102]

Acredita-se que no decorrer dos próximos meses, com os resultados dos trabalhos da comissão, os registros civis passem por remodelações para maiores questões relacionadas ao acesso em esfera nacional. Hoje

---

[102] Instituto de Referência em Internet e Sociedade (2020).

eles são considerados registros "públicos" que, como observado, tratam de dados pessoais e dados pessoais sensíveis. Na prática essa alteração pode ser uma certidão mais simples, sem tais dados sensíveis; pode exigir que o solicitante, caso seja terceiro, faça um pedido formal declarando o motivo da solicitação da certidão; ou pode requerer, no momento da realização do registro, que o declarante assine um termo de ciência permitindo que seu registro possa ser solicitado por terceiros; não poderá ser deixada de lado a adequação também no site,[103] em que o cidadão pode solicitar a segunda via de uma certidão informando os dados do registro. Enfim, são alguns procedimentos que poderiam ser adotados, visando à adequação dos registros civis diante da LGPD.

No que diz respeito à acessibilidade aos registros civis, há especificamente uma exigência estabelecida pela Resolução n.º 230, de 22 de junho de 2016, do CNJ.[104] Segundo sua ementa,

> Orienta a adequação das atividades dos órgãos do Poder Judiciário e de seus serviços auxiliares às determinações exaradas pela Convenção Internacional sobre os Direitos das Pessoas com Deficiência e seu Protocolo Facultativo e pela Lei Brasileira de Inclusão da Pessoa com Deficiência por meio – entre outras medidas – da convolação em resolução a Recomendação CNJ 27, de 16/12/2009, bem como da instituição de Comissões Permanentes de Acessibilidade e Inclusão. (Brasil, 1996).

A resolução considera os serviços extrajudiciais como "serviços auxiliares" do Poder Judiciário. De acordo com o artigo 3º,

> A fim de promover a igualdade, adotar-se-ão, com urgência, medidas apropriadas para eliminar e prevenir quaisquer barreiras urbanísticas, arquitetônicas, nos transportes, nas comunicações e na informação, atitudinais ou tecnológicas, devendo-se garantir às pessoas com deficiência – servidores, serventuários extrajudiciais, terceirizados ou não – quantas adaptações razoáveis ou mesmo tecnologias assistivas sejam necessárias para assegurar acessibilidade plena, coibindo qualquer forma de discriminação por motivo de deficiência. (Brasil, 2016a).

---

[103] Disponível em: https://registrocivil.org.br/.
[104] Esta resolução não foi recuperada na busca realizada no site do CNJ por "registro civil", conforme apresentado nos procedimentos metodológicos, pois a palavra-chave não é um termo indexador dessa norma que possui ampla abrangência no Judiciário brasileiro.

Os cartórios são obrigados a adotar as medidas de acessibilidade ensejadas pela Resolução n.º 230/2016. Dentre as medidas a serem adotadas, estão atendimento facilitado pessoalmente, por telefone ou qualquer meio eletrônico; uso de línguas de sinais; uso de braile; comunicação aumentativa e alternativa. Além do acesso à informação e ao conteúdo dos documentos, a resolução também exige adaptações arquitetônicas, permitindo livre e autônomo movimento, como rampas, elevadores e vagas de estacionamento próximas aos locais de atendimento (Brasil, 2016a).

Especificamente quando citados os cartórios, o artigo 8º da resolução diz o seguinte: "Os serviços notariais e de registro não podem negar ou criar óbices ou condições diferenciadas à prestação de seus serviços em razão de deficiência do solicitante, devendo reconhecer sua capacidade legal plena, garantida a acessibilidade" (Brasil, 2016a). Segundo o artigo 33º, incorre em pena de advertência o servidor, o terceirizado ou o serventuário extrajudicial que

> I – conquanto possua atribuições relacionadas a possível eliminação e prevenção de quaisquer barreiras urbanísticas, arquitetônicas, nos transportes, nas comunicações e na informação, atitudinais ou tecnológicas, não se empenhe, com a máxima celeridade possível, para a supressão e prevenção dessas barreiras; II – embora possua atribuições relacionadas à promoção de adaptações razoáveis ou ao oferecimento de tecnologias assistivas necessárias à acessibilidade de pessoa com deficiência – servidor, serventuário extrajudicial ou não –, não se empenhe, com a máxima celeridade possível, para estabelecer a condição de acessibilidade; III – no exercício das suas atribuições, tenha qualquer outra espécie de atitude discriminatória por motivo de deficiência ou descumpra qualquer dos termos desta Resolução. § 1º Também incorrerá em pena de advertência o servidor ou o serventuário extrajudicial que, tendo conhecimento do descumprimento de um dos incisos do caput deste artigo, deixar de comunicá-lo à autoridade competente, para que esta promova a apuração do fato. (Brasil, 2016a).

Os registradores possuem obrigações especificadas em resolução quanto à acessibilidade, dessa forma, havendo descumprimento, há sanções legais aplicáveis. Há cartórios que possuem condições financeiras de promover a contratação de um intérprete de libras e um digitador de braile ou instalar um elevador. Contudo, há disparidades consideráveis entre a rentabilidade dos cartórios, o que pode prejudicar a implantação de medidas de acessibilidade. Dessa forma, seria importante que os Tribunais de Justiça tivessem esse levantamento estabelecido e, quando necessário, pudessem fornecer a esses cartórios auxílio na execução das medidas de acessibilidade.

7

A CRIAÇÃO DE UM REGISTRO CIVIL SOB A ÓTICA DAS FUNÇÕES ARQUIVÍSTICAS: ORIENTAÇÕES GERAIS

Este capítulo da obra apresentará na prática a criação de um registro civil, ou seja, o processo será apresentado a partir das funções arquivísticas integradas. Acredita-se que assim o leitor possa compreender como ocorre o processo de tratamento arquivístico desde a criação de um registro civil. Ressalta-se que será uma leitura da autora sobre o processo, considerando o que foi apresentado como base normativa e sua experiência profissional.

Para início, antes de intervenções diretas nos documentos arquivísticos, é necessário conhecer o acervo, a produção documental e seu produtor, por isso sugere-se que seja realizado o diagnóstico, que pode ser iniciado a partir do questionário apresentado da função de diagnóstico. Além do questionário, é importante o arquivista fazer uma análise dos documentos constitutivos, do organograma, da divisão de tarefas e das atividades de cada funcionário, dos tipos documentais criados, do plano de classificação e da tabela de temporalidade de documentos adotados para registro civil, dentre outras informações.

Identificado todo o processo preliminar de criação dos documentos, o arquivista precisa fazer a relação entre o que é produzido e o que há no plano de classificação e na TTDD. Como visto, hoje não há um plano de classificação nacional, somente a TTDD, que também necessita de revisões. Para esse exemplo, considerar-se-á a TTDD que existe hoje.

Dessa forma, parte-se do pressuposto de que o CNJ adote um plano de classificação em âmbito nacional a partir das atribuições da serventia, distinguindo-a a partir do Cadastro Nacional de Serventia de cada cartório, dados que o próprio CNJ já possui e divulga no site ligado à Corregedoria do CNJ – "Justiça Aberta" –, conforme apresentado na seção 7.5.1. Não seria muito dificultoso, pois a criação documental é padronizada em todo o país.

A partir da análise do plano de classificação, é preciso identificar a temporalidade dos documentos e fazer com que haja uma conversa entre o sistema informatizado da serventia e um Sigad/GestãoDoc, um sistema para gestão arquivística, caso o sistema informatizado da serventia não atenda aos requisitos do e-Arq Brasil ou Moreq-Jus.

Com os instrumentos de gestão definidos e inseridos em um Sigad/GestãoDoc, inicia-se o registro propriamente dito. O exemplo utilizado aqui será de um registro de óbito.

A criação do registro parte de uma necessidade apresentada pelo cidadão ao registrador. Com a declaração de óbito emitida pela instituição de saúde e a posse dos documentos pessoais do falecido e do declarante, este solicita que seja feito o registro de óbito.

Dá-se, então, início à criação, sendo preenchidos os dados obrigatórios exigidos pela Lei n.º 6.015, de 31 de dezembro de 1973, aqui já demonstrados. Depois de completar todos os dados necessários, o registrador imprime a minuta para a leitura do declarante. Se as informações constantes estiverem corretas, o declarante assina o registro de fato e o registrador emite a certidão do registro de óbito, entregando-a ao declarante. Assim, finda-se o processo de criação.

Desse processo resultam pelo menos três tipos documentais: a declaração de óbito (DO) vinda da instituição de saúde, o próprio registro de óbito e a comunicação ao registro anterior. A declaração (DO), segundo a TTDD atual, possui temporalidade de um ano, considerando que é um documento controlado pelo Ministério da Saúde. O registro de óbito que comporá o livro C é um documento de guarda permanente. Já a comunicação possui dois anos de guarda após efetiva anotação. As comunicações devem ser encaminhadas até cinco dias após o registro; nesse caso aqui descrito, elas seriam enviadas ao registro de nascimento do falecido e ao registro de casamento se casado. Há que se mencionar o envio dos dados pós-registro para órgãos governamentais, que ocorre, como mencionado, em grande parte por meio da CRC e do Sirc.

Seguindo o processo, com relação à DO, no momento em que o registro de óbito está sendo produzido, o sistema informatizado do cartório, que estará integrado ao Sigad/GestãoDoc, pode automaticamente identificar esse tipo documental na TTDD e apresentar ao serventuário o prazo de eliminação do documento físico. Além disso, quando estiver próximo a um ano de guarda, o sistema pode lembrar o serventuário e ir montando uma lista das DOs que já tiveram o prazo de guarda cumprido, por exemplo. E, após a eliminação física, essa lista poderá ser encaminhada ao juiz competente, informando sobre a eliminação realizada (nos moldes do que é hoje permitido segundo a Resolução n.º 50, de 28 de setembro de 2015).

Se considerarmos a Resolução n.º 40, de 9 de dezembro de 2014, do Conarq, que "[...] dispõe sobre os procedimentos para a eliminação de documentos no âmbito dos órgãos e entidades integrantes do Sistema Nacional de Arquivos – SINAR", precisaria em primeiro lugar estar definida a Comissão Permanente de Avaliação de Documentos (Cpad).

Com a Cpad definida, deverá ser aprovado o Código de Classificação de Documentos e a Tabela de Temporalidade de Documentos, elaborados de cada entidade e aprovados pela instituição arquivística pública, em sua esfera de competência. Nesse caso, a Cpad poderia definir um plano de classificação e consequentemente a revisão da TTDD (Resolução n.º 50/2015).

O registro dos documentos a serem eliminados deverá ser efetuado por meio da elaboração de Listagem de Eliminação de Documentos pela Cpad, a ser submetida à autorização do titular dos órgãos e das entidades da administração pública (Brasil, 2014c), nesse caso poderia ser a Corregedoria de Justiça de cada estado, por exemplo. Depois de autorizado, deverá ser elaborado e publicado o Edital de Ciência de Eliminação de Documentos em periódico oficial, devendo ser encaminhada para a instituição arquivística pública, na sua específica esfera de competência, uma cópia da página do periódico oficial ou do veículo de divulgação local no qual o Edital de Ciência de Eliminação de Documentos foi publicado (Brasil, 2014c). A eliminação deverá ocorrer por meio da fragmentação manual ou mecânica, assim como a Resolução n.º 50/2015 já determina. Importante ressaltar ainda que "A eliminação dos documentos deverá, obrigatoriamente, ocorrer com a supervisão de responsável designado para acompanhar o procedimento" (Brasil, 2014c).

Da mesma forma com o que foi citado anteriormente, nesse processo que segue a Resolução n.º 40/2014 do Conarq, o Sigad/GestãoDoc, integrado ao sistema informatizado do cartório, faria a identificação do documento já na sua criação e iria montando a Listagem de Eliminação de acordo com a temporalidade dos documentos e, após a aprovação, elaboraria o Edital de Ciência de Eliminação.

Mesmo que os registros civis ainda sejam produzidos em papel, a adoção de um Sigad/GestãoDoc incorporado ao sistema informatizado do cartório é essencial e irá auxiliar o serventuário no processo de eliminação de documentos, seja da forma como é hoje, seja como preconiza a Resolução n.º 40/2014 do Conarq para órgãos do Sinar.

Com relação à descrição/indexação, os campos de preenchimento do sistema informatizado podem ser os indexadores, como nome do falecido, nome dos pais, nome do declarante, data do óbito, número do registro, número de livro e número da folha. A partir dos indexadores, será possível criar o instrumento de pesquisa índice, que, como observado na Lei n.º 6.015/1973, é obrigatório. Além desses indexadores, que serão específicos aos registros civis permanentes, há que se mencionar também aqueles exigidos no Decreto n.º 10.278, de 18 de março de 2020, que trata da digitalização, já explanada na seção 7.5, em casos de eliminação do documento físico após a digitalização de documentos não permanentes.

Levantando aspectos da descrição arquivística especificamente, a Nobrade exige a descrição nos níveis 0 (acervo da entidade custodiadora), 1 (fundo ou coleção), 2 (seção), 3 (série), 4 (dossiê ou processo) e 5 (item documental). Dentro de cada um dos níveis haverá oito campos de descrição, dentre eles: 1) Área de identificação; 2) Área de contextualização; 3) Área de conteúdo e estrutura; 4) Área de condições de acesso e uso; 5) Área de fontes relacionadas; 6) Área de notas; 7) Área de controle da descrição; e 8) Área de pontos de acesso e descrição de assuntos. A seguir apresenta-se pontualmente, como forma de exemplo, como poderia ser a descrição do nível 0 de um Ofício de Registro Civil. É um acervo que existe, mas a cidade foi identificada como cidade Y. Nota-se o quanto aspectos contextuais da emancipação da cidade, de imigração e registradores estão imbricados na descrição. Essa descrição geral da instituição poderia fazer parte da descrição disponível no site – "Justiça Aberta" –, onde constam dados de todos os cartórios do Brasil, fazendo com que o usuário, principalmente aquele que faz pesquisas genealógicas, possa desbravar esses acervos.

O quadro a seguir demonstra um exemplo de aplicação da Nobrade no nível 0.

Quadro 20 – Descrição do Acervo de Entidade Custodiadora (nível 0) – Ofício de Registro Civil da cidade Y

		1 - Área de identificação	
1.1	Código de referência	BR XXXXX	Exemplo
1.2	Título	Ofício de Registro Civil das Pessoas Naturais da cidade Y	
1.3	Data(s)	Cidade Y (SC) (data tópica) 1889-2021 (data de produção)	Não é um fundo fechado ainda
1.4	Nível de descrição	Acervo da entidade custodiadora (0)	
1.5	Dimensão e suporte	Textuais 300 metros lineares	
		2 - Área de contextualização	
2.1	Nome(s) do(s) produtor(es)	Ofício de Registro Civil das Pessoas Naturais da cidade Y	Gerido por uma pessoa física, sendo um cargo vitalício.
2.2	História administrativa/ biografia	O Ofício de Registro Civil das Pessoas Naturais da cidade Y foi criado em dezembro de 1889. É responsável pelo registro civil da cidade Y. Durante sua história diversos escrivães o lideraram, dentre eles: A, B, C, dentre outros. Ele acompanhou também o desenvolvimento da cidade, que somente em 1961 foi emancipada. Anteriormente a cidade pertenceu às cidades de F e H, sendo um distrito. Dentro da cidade também mudou de bairros, em um bairro imigrante em seu início e hoje no Centro atual da cidade.	Informações coletadas a partir da análise dos registros do Ofício.

2.3	História arquivística	A obrigatoriedade dos registros civis foi publicada em 1888 por meio do Decreto 9.886. O acervo contempla documentos acumulados há mais de 100 anos retratam nascimentos, casamentos e óbitos de cidadãos que na cidade Y vivem ou viveram. São registros úteis aos dias atuais e àqueles que buscam suas árvores/histórias genealógicas, considerando a massiva imigração nos séculos XVIII e XIX para esta cidade. Não há registro de sinistros, contudo há parte do acervo que sofreu com o transporte e manuseio inadequado ao longo de sua história.	
2.4	Procedência	Ofício do Registro Civil do distrito de F.	Indica-se a qual fundo arquivístico os documentos pertencem.
3 - Área de conteúdo e estrutura			
3.1	Âmbito e conteúdo	O acervo é composto por 42 livros de registro de nascimento, casamento, edital de proclamas e óbito que datam de 1889 e a produção segue até hoje.	Foram indicados os tipos documentais que compõem o acervo.
3.2	Avaliação, eliminação e temporalidade	Os registros civis propriamente ditos são de caráter permanente de acordo com a Resolução n.º 50/2015 do CNJ. Outros documentos criados/acumulados durante o processo registral, podem ser eliminados de acordo com a Resolução n.º 50/2015 do CNJ.	

3.3	Incorporações	Quando a cidade Y ainda não era emancipada, havia dois distritos (M e O) e consequentemente dois registros civis no que hoje seria a cidade Y. Após a emancipação, não era necessário haver dois ofícios de registro civil na mesma cidade. Destarte, o acervo que estava em um dos distritos foi em parte (não se sabe por que) transferido para uma cidade vizinha, e outra parte (um livro de casamento, um de nascimento e um de óbito) vieram para cidade Y. Esses livros incorporados ao acervo da cidade Y datam de 1900 e 1920.	
3.4	Sistema de arranjo	A documentação é classificada de acordo com a Resolução n.º 50/2015 do CNJ.	
4 - Área de condições de acesso e uso			
4.1	Condições de acesso	São registros públicos e por esse motivo podem ser solicitados no balcão de atendimento do Ofício ou por meio da Central de Registro Civil (CRC), enviada digitalmente a outra serventia ou diretamente ao cidadão pelo Correio. (Enquanto não há regulamentação da LGPD para registros civis).	
4.2	Condições de reprodução	A reprodução pode ser feita pelo registrador a pedido do usuário.	
4.3	Idioma	Português do Brasil	O português apresentado nos registros sofreu alterações ao longo dos anos.
4.4	Características físicas e requisitos técnicos	Documentação manuscrita com alguns livros que necessitam de cuidados especiais para manuseio.	
4.5	Instrumentos de pesquisa	Cada livro possui seu próprio índice alfabético.	Conforme a Lei 6.015/1973 exige.

		5 - Área de fontes relacionadas	
5.1	Existência e localização dos originais	Rua das Flores, 100, Centro, Cidade Y, SC, CEP 00.000-000.	
5.2	Existência e localização de cópias	Parte do acervo está disponível no site www.familysearch.com.br. De 1889 até 1920	É um projeto iniciado pelos Mórmons para salvaguarda da genealogia em âmbito mundial. Eles se dirigiram a este Cartório em torno de 1992 para fotografar os registros que hoje estão disponibilizados para consulta no site deles. Contudo, ainda não estão transcritos. A pesquisa precisa ser feita folha a folha.
5.3	Unidades de descrição relacionadas		
5.4	Nota sobre publicação		
		6 - Área de notas	
6.1	Notas sobre conservação	O acervo em geral encontra-se em bom estado de conservação, contudo os primeiros livros do Cartório demandam maior cuidado com o manuseio, pois as folhas estão quebradiças.	
6.2	Notas gerais	-	

	7 - Área de controle da descrição	
7.1	Nota do arquivista	Descrição feita com base no conhecimento adquirido por meio dos registros e de trabalho desenvolvido no cartório Y. Responsável: Arquivista Camila
7.2	Regras ou convenções	**Nobrade**: Norma Brasileira de Descrição. Rio de Janeiro: Arquivo Nacional, 2006. 124 p.
7.3	Data(s) da(s) descrição(ões)	Janeiro de 2021.
	8 - Área de pontos de acesso e indexação de assunto	
8.1	Pontos de acesso e indexação de assunto	Ofício; Registro Civil; Pessoas Naturais; Nascimento; Casamento; Óbito; Proclamas; Genealogia; História; Imigração; Cidade Y.

Fonte: elaborado pelas autoras (2020)

Esse foi somente um exemplo e de um dos níveis de descrição; contudo, sugere-se que seja aplicada a descrição arquivística por completo em todo o acervo permanente custodiado, principalmente, se houver a possibilidades desse acervo compor arquivos, conforme a e-Folivm mencionou. Recomenda-se aqui que o próprio Sigad/GestãoDoc faça a identificação do item documental no momento da criação, consequentemente os níveis anteriores estarão disponíveis como padrão.

Ainda no pós-registro, a Resolução n.º 50/2015 exige que o registro de óbito enquanto documento permanente seja microfilmado e digitalizado. Então, após o registro efetivo, é importante que esse documento vá direto para o setor de microfilmagem e digitalização.

A digitalização e a microfilmagem devem atender aos requisitos de formato, cor e resolução mínima, já discutidos aqui na seção 7.7. Quanto aos metadados necessários no processo de digitalização e microfilmagem, já estão estabelecidos no momento da descrição do registro no sistema informatizado, o que pode ser migrado para as digitalizações. Assim, todas as informações do registro transformar-se-ão em campos de descrição, por exemplo, nome, naturalidade, estado civil, idade, cor da pele, sexo, os quais aumentarão consideravelmente a possibilidade de pesquisas, além daqueles para recuperar um registro específico. Por exemplo, quantas pessoas faleceram com a *causa mortis* por Covid-19 no Cartório X em 2020?

Para a guarda das digitalizações de documentos permanentes, sugere-se a adoção de um repositório digital arquivístico confiável (RDC-Arq), que será acompanhado também da descrição arquivística, já descrita anteriormente.

No exemplo foi citado um registro sendo criado; contudo, aqueles que já existem e devem ser digitalizados também poderão respeitar esse padrão. Considerando o decreto que institui o Sirc (2014), o qual obriga a inserção dos dados de registros anteriores na base do Governo Federal, eles poderão ser primeiramente digitados no sistema informatizado para transferência ao Sirc e depois digitalizados. Da mesma forma como na criação, as digitalizações poderão ser indexadas pelos dados já digitados da certidão para que não haja duplicação dessa atividade.

Quanto à preservação do documento em suporte papel, medidas de preservação e conservação também precisarão ser levadas em conta. O controle de temperatura e de umidade relativa do ar, o mobiliário, a limpeza periódica do ambiente e dos livros, e o manuseio adequado são essenciais para a vida útil desses registros.

Já a aquisição/entrada de documentos em registro civil precisa ser considerada pelo arquivista para o planejamento do espaço físico e digital necessário para a guarda dos registros em papel e aqueles digitalizados e microfilmados.

Com relação ao acesso, é válido considerar um número restrito de funcionários que possuam entrada livre à sala de arquivo, assim como ao RDC-Arq. Nesse caso ainda, se alguma normativa a respeito da LGPD for publicada nesse meio tempo, o processo de tratamento documental poderá ser adaptado.

A acessibilidade será necessária para acesso físico do cidadão até o cartório e também para leitura e tradução dos registros que estão sendo realizados.

Os backups dos sistemas informatizados devem respeitar as normativas constantes na Resolução n.º 74, de 5 de setembro de 2018, do CNJ.

Os cartórios de registro civil ainda não conseguem criar massivamente documentos natos digitais. Mas, crê-se que é questão de tempo, assim poderia então ser desenvolvido um registro civil digital. Nesse sentido, os cidadãos que fossem a um cartório para fazer um registro de nascimento, casamento ou óbito não assinariam mais o registro em papel, como acontece hoje. Em vez de o papel ser criado, todo o processo seria digital, incluindo a assinatura do cidadão e do oficial.

Com os registros sendo criados digitalmente e impressos somente para o caso em que o cidadão precise apresentar uma certidão impressa, os repositórios digitais confiáveis também se apresentam como ferramentas para a salvaguarda dessa massa documental nato digital. Nesse caso, os registros civis digitais terão valor de documento autêntico, pois o registro já nascerá em formato digital.

O registro civil digital precisaria atender a uma cadeia de custódia de documentos digitais, conforme abordado na subseção 3.1. Desde sua criação, estaria submetido a um Sigad/GestãoDoc e seria inserido em um RDC-Arq, ocorrendo o acesso a partir de um software que serviria como plataforma de acesso. Essa cadeia de custódia permitiria que as características dos documentos de arquivo, autenticidade, imparcialidade, unicidade, inter-relacionamento e naturalidade, conforme apresentado na seção 4.3.2, pudessem ser efetivadas.

8

CONSIDERAÇÕES FINAIS

O movimento tecnológico tem alterado o cotidiano de distintas instituições, uma delas é o ofício de registro civil das pessoas naturais, que precisa acompanhar esse momento de transformação em sua prestação de serviços, mas também utilizar desse ferramental disponível para a proteção do acervo que está sob sua custódia.

A Arquivologia tem passado por processo semelhante, buscando novas formas de gerir, criar e preservar arquivos. Para além da tecnologia, novos diálogos com outras áreas do conhecimento têm feito a Arquivologia agregar mais disciplinas no bojo de seu referencial teórico e prático, fato perceptível nas funções arquivísticas que se expandem cada vez mais no Brasil, atendendo a essas interlocuções e tornando-se base metodológica para o desenvolvimento de pesquisas da área.

De acordo com o que foi demonstrado até aqui, a pesquisa em tela atinge o seu objetivo geral de analisar os arquivos de registro civil no Brasil frente às funções arquivísticas que foram revisitadas.

Quanto aos objetivos da obra, considera-se que foram atingidos. Reler as funções arquivísticas a partir das literaturas brasileira e estrangeira e dos diálogos entre a Arquivologia e outras áreas do conhecimento correlatas, a partir do referencial teórico apresentado, que abrangeu especificamente a Tecnologia, a Ciência da Informação e a Organização do Conhecimento/Organização da Informação e a relação com a Arquivologia. Como resultado, foram apresentadas as funções arquivísticas revisitadas, que antes eram sete e se tornaram oito, além de adaptações realizadas, tendo em vista os diálogos e o contexto brasileiro. Essas funções foram utilizadas como base metodológica para a aplicação nos registros civis.

Dando seguimento à pesquisa se discutiu a aplicação das funções arquivísticas nos arquivos de registros civis no Brasil, a partir de análise específica de cada uma das funções posta no contexto dos registros civis brasileiros. Além da análise, foram apresentadas reflexões em torno do que foi sendo identificado em cada função. Algumas dessas reflexões da pesquisa necessitam ser registradas nas considerações.

O plano de classificação para documentos de registro civil necessariamente precisa ser criado e disseminado, ou ser publicizado, caso haja um plano construído. Pelo que se observou, foi adotada a TTDD do TJRJ, assim como o plano de classificação, ou seja, não inserido em um contexto no âmbito nacional. A TTDD precisa ser revista e atualizada, pois em alguns momentos apresenta termos ambíguos que, em uma tabela de temporalidade, representam fragilidade. Dessa forma, o plano de classificação poderia ser inserido em um contexto, seja dentro dos TJs, seja dentro do CNJ, e consequentemente a TTDD acompanharia esse plano de classificação, suas classes e tipos documentais.

Quanto ao processo de eliminação dos documentos de registro civil, bastante simples inclusive, de acordo com o Provimento n.º 50, de 28 de setembro de 2015, deve-se comunicar ao juízo competente a cada seis meses o que foi eliminado. Como são considerados documentos públicos, é importante também que respeitem as normativas para a eliminação dos documentos públicos. Hoje, a forma como é feita a eliminação de documentos de registro civil não está de acordo com as normas técnicas para tal, ferindo de forma hostil essa parcela significativa do patrimônio documental brasileiro.

Também são necessárias a revisão e a atualização da Lei n.º 6.015, de 31 de dezembro de 1973, para que se adapte aos processos eletrônicos e digitais. Por exemplo, o instrumento de pesquisa índice, exigido pela lei, ainda considera somente o documento físico e a adoção do sistema de fichas.

Não há parâmetros preestabelecidos especificamente para os registros civis no que diz respeito à digitalização e à microfilmagem. O Manual de Preservação, publicado no âmbito do e-Folivm em 2011, poderia ter nova edição, trazendo também recomendações para os arquivos digitais/digitalizados e baseando-se em normativas criadas ou adaptadas às existentes.

O Provimento n.º 74, de 31 de julho de 2018, exige que haja assessoria em TI em todos os cartórios brasileiros, mas não exige o apoio de um arquivista, o que é crucial para o tratamento dos documentos digitais, digitalizados e em suporte papel, desde sua gestão até sua preservação e acesso. O arquivista é um gestor/coordenador que dará as diretivas para o planejamento, o tratamento, a preservação e o acesso aos documentos de registro civil. Ele é plurivalente, conhece cada documento produzido, seu contexto, estrutura e tratamento necessário, seja relacionado à atividade-fim ou à atividade-meio da instituição, fatos que tornam vital a presença de um arquivista dentro de um arquivo cartorial.

Ao sistematizar orientações para o tratamento arquivístico em registro civil no Brasil frente às funções arquivísticas, foi sugerida, a partir de um caso prático, a criação do registro de óbito no Brasil sob o viés da Arquivologia. Além de demonstrar como poderia se dar a produção do documento de registro civil considerando todos os instrumentos de gestão e preservação documental explorados pela área, foi também apresentada a ideia do registro civil digital, assim como outros países já fazem. Nesse caso, necessariamente, todo cidadão brasileiro precisaria ter acesso à infraestrutura tecnológica para tal, o que não dependeria somente da justiça para ser implantada, mas também dos órgãos produtores de documentos de identificação, e das emissoras de certificados e assinaturas digitais no Brasil, dentre outros.

A política a ser instaurada, conforme se compromete o e-Folivm, precisará levar em consideração as disparidades do território brasileiro, que são muitas. Há cartórios de registro civil que possuem condições financeiras de implantar uma política arquivística; contudo, há uma parcela grande de cartórios que possivelmente não conseguiria, por esse motivo e para não haver diferença entre o tratamento dado a arquivos de um ou outro município, o CNJ ou os TJs poderiam criar projetos itinerantes em localidades centrais que não possuem condições financeiras, já que há acesso aos ganhos de todos os cartórios do Brasil, e implantar projetos de digitalização, tratamento, fornecimento de equipamentos, treinamento dos funcionários e instalação de softwares de gestão e preservação. Esses softwares não precisam ser pagos, há outras opções, gratuitas e de código aberto.

Será um imenso trabalho, mas necessário. É a história do país, das pessoas, que está sendo perdida com o raso tratamento que tem sido dado aos arquivos de registro civil no Brasil. Ainda com relação à política a qual se propõe o e-Folivm, poder-se-á utilizar como base para a sua construção a leitura de Couture *et al.* (2003) que considera o plano de ação como uma das atividades a ser desenvolvida no âmbito da política de gestão de arquivos, plano este que é composto pelas funções arquivísticas analisadas nesta pesquisa em sua totalidade.

Toda a preocupação da pesquisa traz intrinsecamente o valor desses registros, não só para a atualidade e o dia a dia do cidadão, que, por vezes, precisa comprovar fatos da sua vida civil, mas para as métricas governamentais, visto que esses registros centenários compõem memórias e histórias de indivíduos ou coletividades, de municípios, estados e países, como o Brasil, o que expõe a necessidade de tratamento e salvaguarda desse conjunto documental de valor incalculável.

Espera-se que essa análise, que teve um recorte temporal para coleta de dados até o ano de 2020, suscite novas pesquisas atualizadas para a Arquivologia, tanto no que diz respeito às funções arquivísticas e aos diálogos com outras áreas quanto aos arquivos de registro civil, jamais deixando de lado a presença do arquivista em todo o processo de tratamento dos arquivos, pois, como traz Bruno Delmas (2010, p. 82):

> O arquivista está plenamente no seu tempo. Já foi comparado a *Janus*, título de uma revista internacional de arquivos. Jano [Janus em latim], o deus romano das portas, entrada e saída, portanto, o deus bifacial, virado para o passado, virado para o futuro, guardião das portas do futuro.

E que assim, demonstrando sua apoteose, o arquivista possa, em conjunto com a sociedade, assumir essa importante responsabilidade em prol da organização, da preservação e do acesso ao patrimônio nacional como um dos possíveis instrumentos de luta pela cidadania, pela identidade e por uma sociedade democrática.

REFERÊNCIAS

ALBERCH, Ramon *et al.* **Archivos y cultura**: manual de dinamización. Gijón: Trea, 2001. 173 p.

ANJOS, Silvestre Gomes dos. Fé pública. Âmbito Jurídico, Rio Grande, v. XIV, n. 94, nov. 2011. Disponível em: https://ambitojuridico.com.br/cadernos/dircito-civil/fe-publica. Acesso em: 2 jan. 2020.

ARAÚJO, Carlos Alberto Ávila. Correntes teóricas da Arquivologia. **Encontros Bibli: Revista Eletrônica de Biblioteconomia e Ciência da Informação**, Florianópolis, v. 18, n. 37, p. 61-82, ago. 2013a. Disponível em: https://periodicos.ufsc.br/index.php/eb/article/view/1518-2924.2013v18n37p61. Acesso em: 18 nov. 2020.

ARAÚJO, Carlos Alberto Ávila. Epistemologia da Arquivologia: fundamentos e tendências contemporâneas. **Ciência da Informação**, v. 42, n. 1, jan. 2013b. ISSN 1518-8353. Disponível em: http://revista.ibict.br/ciinf/article/view/1394. Acesso em: 11 nov. 2020.

ARAÚJO, Carlos Alberto Ávila. **Arquivologia, Biblioteconomia, Museologia e Ciência da Informação**: o diálogo possível. Brasília, DF: Briquet de Lemos, 2014. 200 p.

ARCHIVEMATICA. Disponível em: https://archivistics.home.blog/. Acesso em: 17 dez. 2020.

ATHERTON, Jay. From Life Cycle to Continuum: Some Thoughts on the Records Management – Archives Relationship. **Archivaria**, p. 43-42, jan. 1985. Disponível em: https://archivaria.ca/index.php/archivaria/article/view/11233/12172. Acesso em: 7 jan. 2019.

AtoM. Disponível em: https://www.accesstomemory.org/pt-br/. Acesso em: 20 jan. 2021.

AUSTRÁLIA. **Arquivo Nacional da Austrália**. Disponível em: http://www.naa.gov.au/information-management/selecting-national-archives/index.aspx. Acesso em: 29 dez. 2020.

AZEVEDO, Dermi. A Igreja Católica e seu papel político no Brasil. **Estudos Avançados**, São Paulo, v. 18, n. 52, dez. 2004. Disponível em: http://www.scielo.br/

scielo.php?script=sci_arttext&pid=S0103-40142004000300009. Acesso em: 29 jan. 2020.

BARRETO, Aldo de Albuquerque. A condição da informação. **São Paulo Perspec.**, São Paulo, v. 16, n. 3, p. 67-74, 2002. Disponível em: http://www.scielo.br/scielo.php?script=sci_arttext&pid=S0102-88392002000300010&lng=en&nrm=iso. Acesso em: 3 jul. 2020.

BARROS, Dirlene Santos; NEVES, Dulce Amélia de Brito. Arquivo e memória: uma relação indissociável. **TransInformação**, Campinas, v. 21, n. 1, p. 55-61, jan./abr. 2009.

BARROS, Thiago Henrique Bragato. A indexação e a Arquivística: aproximações iniciais no universo teórico da organização e representação do conhecimento. **Encontros Bibli: Revista Eletrônica de Biblioteconomia e Ciência da Informação**, Florianópolis, v. 21, n. 46, p. 33-44, maio/ago. 2016. Disponível em: https://periodicos.ufsc.br/index.php/eb/article/view/42393. Acesso em: 28 jan. 2020.

BELLOTTO, Heloísa L. **Arquivos permanentes**: tratamento documental. 4. ed. Rio de Janeiro: Ed. FGV, 2006.

BELLOTTO, Heloísa L.; CAMARGO, Ana Maria de A. **Dicionário de Terminologia Arquivística**. 1. ed. São Paulo: Secretaria de Estado da Cultura do Estado de São Paulo, 1996. 142 p.

BORKO, Harold. Information Science: What is it? **American Documentation**, v. 19, n. 1, p. 3-5, jan.1968.

BORTOLI, Dejane Luiza. **O documento eletrônico no ofício de registro civil de pessoas naturais**. Dissertação (Mestrado em Ciência da Computação) – Programa de Pós-Graduação em Ciência da Computação, Centro Tecnológico, Universidade Federal de Santa Catarina, Florianópolis, 2002.

BOSI, Ecléa. **Memória e sociedade**: lembranças de velhos. São Paulo: T. A. Queiroz Editor, 1979.

BRÄSCHER, Marisa; CAFÉ, Lígia. Organização da Informação ou Organização do Conhecimento? *In*: IX ENCONTRO NACIONAL DE PESQUISA EM CIÊNCIA DA INFORMAÇÃO, 8., 2008, Londrina, Paraná. Disponível em: http://repositorios.questoesemrede.uff.br/repositorios/handle/123456789/809. Acesso em: 22 dez. 2020.

BRASIL. **Lei n.º 1.829, de 9 de setembro de 1870**. Sanciona o Decreto da Assembleia Geral que manda proceder ao recenseamento da população do Imperio. Publicada na Secretaria de Estado dos Negócios do Império, em 14 de setembro de 1870. Brasília, DF, 1870. Disponível em: http://legis.senado.leg.br/legislacao/PublicacaoSigen.action?id=543582&tipoDocumento=LEI-n&tipoTexto=PUB. Acesso em: 18 dez. 2020.

BRASIL. Decreto n.º 5.604, de 25 de março de 1874. Manda observar o Regulamento desta data para execução do art. 2º da Lei n.º 1.829 de 9 de setembro de 1870, na parte em que estabelece o registro civil dos nascimentos, casamentos e obitos. **Diário Oficial [da] República Federativa do Brasil**, Brasília, DF, 1874. Disponível em: http://www2.camara.leg.br/legin/fed/decret/1824-1899/decreto-5604-25-marco-1874-550211-publicacaooriginal-65873-pe.html. Acesso em: 8 dez. 2020.

BRASIL. Decreto n.º 3.316, de 11 de junho de 1887. Aprova, na parte penal, o Regulamento acerca do registro dos nascimentos, casamentos e óbitos, e autoriza o Governo a reformar o mesmo regulamento. **Diário Oficial [da] República Federativa do Brasil**, Brasília, DF, 1887. Disponível em: http://www2.camara.leg.br/legin/fed/decret/1824-1899/decreto-3316-11-junho-1887-542925-publicacaooriginal-52597-pl.html. Acesso em: 20 dez. 2020.

BRASIL. Lei n.º 3.353, de 13 de maio de 1888. Declara extinta a escravidão no Brasil. **Diário Oficial [da] República Federativa do Brasil**, Brasília, DF, 1888a. Disponível em: http://www.planalto.gov.br/ccivil_03/leis/lim/LIM3353.htm. Acesso em: 2 dez. 2020.

BRASIL. Decreto n.º 9.886, de 7 de março de 1888. Manda observar o novo Regulamento para a execução do art. 2º da Lei n. 1.829, de 9 de setembro de 1870, na parte que estabelece o registro civil dos nascimentos, casamentos e óbitos, do acordo com a autorização do art. 2º do Decreto n.º 3.316, de 11 de junho do 1887. **Diário Oficial [da] República Federativa do Brasil**, Brasília, DF, 1888b. Disponível em: http://legis.senado.gov.br/legislacao/ListaPublicacoes.action?id=68246&tipoDocumento=DEC&tipoTexto=PUB.Acesso em: 6 dez. 2020.

BRASIL. Congresso Nacional. Lei n.º 6.015, de 31 de dezembro de 1973. Dispõe sobre os registros públicos, e dá outras providências. (Lei do Registro Civil). **Diário Oficial [da] República Federativa do Brasil**: seção 1, Brasília, DF, 31 dez. 1973. Disponível em: http://www.planalto.gov.br/ccivil_03/leis/L6015consolidado.htm. Acesso em: 3 jan. 2021.

BRASIL. Congresso Nacional. Lei n.º 6.216, de 30 de junho de 1975. Altera a Lei n.º 6.015, de 31 de dezembro de 1973, que dispõe sobre os registros públicos. **Diário Oficial [da] República Federativa do Brasil**, Brasília, DF, 1 jul. 1975. Disponível em: http://www.planalto.gov.br/ccivil_03/leis/L6216.htm. Acesso em: 3 jan. 2021.

BRASIL. **Constituição [da] República Federativa do Brasil**. Brasília, DF: Senado Federal, 1988.

BRASIL. Congresso Nacional. Lei n.º 8.159, de 8 de janeiro de 1991. Dispõe sobre a política nacional de arquivos públicos e privados e dá outras providências. **Diário Oficial [da] República Federativa do Brasil**: seção 1, p. 455 e pub. ret. em 28 de janeiro de 1991, Brasília, DF, 9 jan. 1991. Disponível em: http://www.planalto.gov.br/ccivil_03/LEIS/L8159.htm. Acesso em: 21 mar. 2021.

BRASIL. Congresso Nacional. Lei n.º 8.935, de 18 de novembro de 1994. Regulamenta o art. 236 da Constituição Federal, dispondo sobre serviços notariais e de registro. (Lei dos Cartórios). **Diário Oficial [da] República Federativa do Brasil**: seção 1, pt. 1, Brasília, DF, v. 132, n. 219, p. 21, nov. 1994. Disponível em: http://www.planalto.gov.br/ccivil_03/leis/l8935.htm. Acesso em: 19 dez. 2020.

BRASIL. Casa Civil. Decreto n.º 1.799, de 30 de janeiro de 1996. Regulamenta a Lei n.º 5.433, de 8 de maio de 1968, que regula a microfilmagem de documentos oficiais, e dá outras providências. **Diário Oficial [da] República Federativa do Brasil**, Brasília, DF, 31 jan. 1996. Disponível em: http://www.planalto.gov.br/ccivil_03/decreto/antigos/d1799.htm. Acesso em: 21 mar. 2021.

BRASIL. Lei n.º 9.605, de 12 de fevereiro de 1998. Dispõe sobre as sanções penais e administrativas derivadas de condutas e atividades lesivas ao meio ambiente, e dá outras providências. **Diário Oficial [da] República Federativa do Brasil**, Brasília, DF, 13 fev. 1998, retificado aos 17 fev. 1998. Disponível em: http://www.planalto.gov.br/ccivil_03/leis/l9605.htm. Acesso em: 21 mar. 2021.

BRASIL. Congresso Nacional. Lei n.º 10.098, de 19 de dezembro de 2000. Estabelece normas gerais e critérios básicos para a promoção da acessibilidade das pessoas portadoras de deficiência ou com mobilidade reduzida, e dá outras providências. **Diário Oficial [da] República Federativa do Brasil**, Brasília, DF, 20 dez. 2000. Disponível em: http://www.planalto.gov.br/ccivil_03/LEIS/L10098.htm. Acesso em: 10 dez. 2020.

BRASIL. Arquivo Nacional. **Dicionário Brasileiro de Terminologia Arquivística**. Rio de Janeiro, 2005. 232 p. (Publicações Técnicas, n. 51).

BRASIL. Conselho Nacional de Arquivos (Conarq). **Nobrade:** Norma Brasileira de Descrição Arquivística. Rio de Janeiro: Arquivo Nacional, 2006. Disponível em: http://conarq.gov.br/images/publicacoes_textos/nobrade.pdf. Acesso em: 3 nov. 2020.

BRASIL. Lei n.º 11.697, de 13 de junho de 2008. Dispõe sobre a organização judiciária do Distrito Federal e dos Territórios e revoga as Leis n.ºs 6.750, de 10 de dezembro de 1979, 8.185, de 14 de maio de 1991, 8.407, de 10 de janeiro de 1992, e 10.801, de 10 de dezembro de 2003, exceto na parte em que instituíram e regularam o funcionamento dos serviços notariais e de registro no Distrito Federal. **Diário Oficial [da] República Federativa do Brasil**, Brasília, DF, 16 jun. 2008. Disponível em: http://www.planalto.gov.br/ccivil_03/_ato2007-2010/2008/lei/l11697.htm. Acesso em: 21 mar. 2021.

BRASIL. Congresso Nacional. Lei n.º 11.977, de 7 de julho de 2009. Dispõe sobre o Programa Minha Casa, Minha Vida – PMCMV e a regularização fundiária de assentamentos localizados em áreas urbanas; altera o Decreto-Lei n.º 3.365, de 21 de junho de 1941, as Leis n.º 4.380, de 21 de agosto de 1964, 6.015, de 31 de dezembro de 1973, 8.036, de 11 de maio de 1990, e 10.257, de 10 de julho de 2001, e a Medida Provisória n.º 2.197-43, de 24 de agosto de 2001; e dá outras providências. **Diário Oficial [da] República Federativa do Brasil**, Brasília, DF, 8 jul. 2009a. Disponível em: http://www.planalto.gov.br/ccivil_03/_ato2007-2010/2009/lei/l11977.htm. Acesso em: 9 maio 2020.

BRASIL. Conselho Nacional de Justiça (CNJ). Resolução n.º 67, de 3 de março de 2009. Aprova o Regimento Interno do Conselho Nacional de Justiça e dá outras providências. Diário Oficial [da] República Federativa do Brasil: seção 1, n.º 44/2009, em 6 mar. 2009, p. 183-188; e **Diário Oficial [da] República Federativa do Brasil**: seção 1, n.º 45/2009, em 9 mar. 2009, p. 165-171, Brasília. DF, 2009b. Disponível em: https://atos.cnj.jus.br/atos/detalhar/124. Acesso em: 27 set. 2020.

BRASIL. Corregedoria Nacional de Justiça (CNJ). Portaria n.º 211, de 10 de agosto de 2009. Aprovar o Regulamento Geral da Corregedoria Nacional de Justiça e determinar a sua divulgação, inclusive na página da Corregedoria na internet. **Diário da Justiça Eletrônico**, CNJ n.º 144, 26 ago. 2009, p. 4-18, Brasília, DF, 2009c. Disponível em: https://atos.cnj.jus.br/atos/detalhar/2104. Acesso em: 27 set. 2020.

BRASIL. Conselho Nacional de Arquivos (Conarq). Resolução n.º 31, de 28 de abril de 2010. Dispõe sobre a adoção das Recomendações para Digitalização de

Documentos Arquivísticos Permanentes. **Diário Oficial da União**: seção 1, ed. 82, de 3 maio 2010, Rio de Janeiro, 2010a. Disponível em: http://conarq.gov.br/images/publicacoes_textos/Recomendacoes_digitalizacao_completa.pdf. Acesso em: 3 nov. 2020.

BRASIL. Instituto Brasileiro de Geografia e Estatística. **Censo demográfico**. Rio de Janeiro: IBGE, 2010b. Disponível em: https://biblioteca.ibge.gov.br/visualizacao/periodicos/94/cd_2010_religiao_deficienci a.pdf. Acesso em: 10 nov. 2020.

BRASIL. Conselho Nacional de Arquivos. Portaria n.º 94, de 21 de dezembro de 2010. Criar, conforme aprovação do Plenário do Conselho Nacional de Arquivos – Conarq a Comissão Especial para Gestão Documental do Foro Extrajudicial. **Diário Oficial da União**: ed. 244, Rio de Janeiro, 22 dez. 2010c. Disponível em: https://folivm.files.wordpress.com/2011/04/portaria-nc2ba-94-de-21-de-dezembro-de-2010.pdf. Acesso em: 21 mar. 2021.

BRASIL. Congresso Nacional. Lei n.º 12.527, de 18 de novembro de 2011. Regula o acesso a informações previsto no inciso XXXIII do art. 5º, no inciso II do § 3º do art. 37 e no § 2º do art. 216 da Constituição Federal; altera a Lei n.º 8.112, de 11 de dezembro de 1990; revoga a Lei n.º 11.111, de 5 de maio de 2005, e dispositivos da Lei n.º 8.159, de 8 de janeiro de 1991; e dá outras providências. **Diário Oficial [da] República Federativa do Brasil**, Brasília, DF, 18 dez. 2011a. Disponível em: http://www.planalto.gov.br/ccivil_03/_Ato2011-2014/2011/Lei/L12527.htm. Acesso em: 10 jan. 2020.

BRASIL. Portaria n.º 96, de 18 de julho de 2011. Prorroga, por 180 (cento e oitenta) dias, o prazo estabelecido no art. 1º da Portaria Conarq n.º 96 de 2011 para conclusão dos trabalhos da Comissão Especial para Gestão Documental do Foro Extrajudicial. **Diário Oficial da União**: ed. 139, Rio de Janeiro, de 21 jul. 2011b. Disponível em: https://folivm.files.wordpress.com/2011/04/portaria-96-2011-07-21.pdf. Acesso em: 21 mar. 2021.

BRASIL. Conselho Nacional de Justiça. Memória de Reunião de 25 e 26 de agosto de 2011. Comissão Especial para Gestão Documental do Foro Extrajudicial. Rio de Janeiro, 2011c. Disponível em: https://folivm.files.wordpress.com/2011/04/reunic3a3o-25-e-26-08-11.pdf. Acesso em: 21 mar. 2021.

BRASIL. Conselho Nacional de Justiça. Carlos Ditadi, Emiliana Brandão e Silvia de Moura. Respostas a questões colocadas por Flauzilino Araújo dos Santos e Sergio Jacomino em 15 setembro 2011. Rio de Janeiro, 2011d. Disponível em:

https://folivm.files.wordpress.com/2011/04/ditadi-brandc3a3o-moura-respostas.pdf. Acesso em: 21 mar. 2021.

BRASIL. Conselho Nacional de Justiça (CNJ). **Provimento n.º 23, de 24 de outubro de 2012**. Dispõe sobre o extravio, ou danificação que impeça a leitura e o uso, no todo ou em parte, de qualquer livro do serviço extrajudicial de notas e de registro e dá outras providências. Brasília, DF, 2012a. Disponível em: https://atos.cnj.jus.br/atos/detalhar/3596. Acesso em: 16 mar. 2021.

BRASIL. Casa Civil. Lei n.º 12.682, de 9 de julho de 2012. Dispõe sobre a elaboração e o arquivamento de documentos em meios eletromagnéticos. **Diário Oficial da União**, Brasília, 10 jul. 2012b. Disponível em: http://www.planalto.gov.br/ccivil_03/_ato2011-2014/2012/lei/l12682.htm. Acesso em: 21 mar. 2021.

BRASIL. Conselho Nacional de Justiça (CNJ). **Recomendação n.º 9, de 7 de março de 2013**. Dispõe sobre a formação e manutenção de arquivo de segurança pelos responsáveis pelas serventias do serviço extrajudicial de notas e serviços. Brasília, DF, 2013a. Disponível em: http://www.cnj.jus.br///images/atos_normativos/recomendacao/recomendacao_9_07032013_25042013163654.pdf. Acesso em: 20 dez. 2020.

BRASIL. Conselho Nacional de Justiça (CNJ). Recomendação n.º 11/2013. Altera a Recomendação n.º 9, da Corregedoria Nacional de Justiça, que dispõe sobre a formação e manutenção de arquivo de segurança pelos responsáveis pelas serventias do serviço extrajudicial de notas e de registro. **Diário Oficial [da] República Federativa do Brasil**, Brasília, DF, 16 abr. 2013b. Disponível em: https://atos.cnj.jus.br/atos/detalhar/1734. Acesso em: 28 out. 2020.

BRASIL. Conselho Nacional de Arquivos (Conarq). Câmara Técnica de Documentos Eletrônicos – CTDE. **Glossário Documentos Arquivísticos Digitais**. 6. versão. 2014a. Disponível em: http://www.conarq.gov.br/images/ctde/Glossario/2014ctdeglossario_v6_public.pdf. Acesso em: 3 nov. 2020.

BRASIL. Conselho Nacional de Justiça (CNJ). Provimento n.º 38/2014. Dispõe sobre a Central de Informações de Registro Civil das Pessoas Naturais – CRC. **Diário Oficial [da] República Federativa do Brasil**, Brasília, DF, 25 jul. 2014b. Disponível em: http://www.cnj.jus.br/images/stories/docs_corregedoria/provimentos/provimento_38.pdf. Acesso em: 12 out. 2020.

BRASIL. Conselho Nacional de Arquivos (Conarq). Resolução n.º 40, de 9 de dezembro de 2014 (alterada). Dispõe sobre os procedimentos para a eliminação de documentos no âmbito dos órgãos e entidades integrantes do Sistema Nacional de Arquivos – Sinar. **Diário Oficial da União:** ed. 240, 11 dez. 2014c. Disponível em: https://pesquisa.in.gov.br/imprensa/jsp/visualiza/index.jsp?jornal=1&pagina=29&data=11/12/2014. Acesso em: 21 mar. 2021.

BRASIL. Conselho Nacional de Justiça (CNJ). **Provimento n.º 50, de 28 de setembro de 2015**. Dispõe sobre a conservação de documentos nos cartórios extrajudiciais. Brasília, DF, 2015a. Disponível em: http://www.cnj.jus.br/busca-atos-adm?documento=3008. Acesso em: 20 dez. 2020.

BRASIL. Casa Civil. Lei n.º 13.146, de 6 de julho de 2015. Institui a Lei Brasileira de Inclusão da Pessoa com Deficiência (Estatuto da Pessoa com Deficiência). Publicado **Diário Oficial [da] República Federativa do Brasil**, Brasília, 7 jul. 2015b. Disponível em: http://www.planalto.gov.br/CCIVIL_03/_Ato2015-2018/2015/Lei/L13146.htm. Acesso em: 10 jan. 2020.

BRASIL. Conselho Nacional de Arquivos (Conarq). **Resolução n.º 43, de 4 de setembro de 2015**. Diretrizes para a implementação de repositórios arquivísticos digitais confiáveis – RDC– Arq. Rio de Janeiro, 2015c. 25 p.

BRASIL. Conselho Nacional de Justiça (CNJ). Provimento n.º 46, de 16 de junho de 2015. Revoga o Provimento n.º 38, de 25 de julho de 2014, e dispõe sobre a Central de Informações de Registro Civil das Pessoas Naturais – CRC. **Diário Oficial [da] República Federativa do Brasil**, Brasília, DF, 16 jun. 2015d. Disponível em: http://www.cnj.jus.br/files/atos_administrativos/provimento-n-46-16-06-2015-corregedoria.pdf. Acesso em: 12 out. 2020.

BRASIL. Conselho Nacional de Justiça (CNJ). Corregedoria Nacional de Justiça. **Como funciona o Judiciário?** Brasília, DF, 2015e. Disponível em: https://www.cnj.jus.br/como-funciona-o-judiciario/. Acesso em: 30 out. 2020.

BRASIL. Conselho Nacional de Justiça. Resolução n.º 230, de 22 de junho de 2016. Orienta a adequação das atividades dos órgãos do Poder Judiciário e de seus serviços auxiliares às determinações exaradas pela Convenção Internacional sobre os Direitos das Pessoas com Deficiência e seu Protocolo Facultativo e pela Lei Brasileira de Inclusão da Pessoa com Deficiência por meio – entre outras medidas – da convolação em resolução a Recomendação CNJ 27, de 16/12/2009, bem como da instituição de Comissões Permanentes de Acessibilidade e Inclusão. **Diário da Justiça Eletrônico**, CNJ n.º 106, de 23 jun. 2016, p. 6-13, Brasília, DF, 2016a. Disponível em: https://atos.cnj.jus.br/atos/detalhar/124. Acesso em: 27 set. 2020.

BRASIL. Conselho Nacional de Justiça. Resolução nº 91, de 29 de setembro de 2009. Institui o Modelo de Requisitos para Sistemas Informatizados de Gestão de Processos e Documentos do Poder Judiciário e disciplina a obrigatoriedade da sua utilização no desenvolvimento e manutenção de sistemas informatizados para as atividades judiciárias e administrativas no âmbito do Poder Judiciário. **Diário da Justiça Eletrônico**, Seção 1 - nº 194/2009, de 09/10/2009, p. 242, e no DJE/CNJ nº 172/2009, de 09/10/2009, p. 5-6, e Anexo disponibilizado no DJE/CNJ nº 178/2009, de 21/10/09, p. 5-167. Brasília, DF, 2009. Disponível em: https://www.cnj.jus.br/wp-content/uploads/2011/01/manualmoreq.pdf. Acesso em: 11 abri. 2020.

BRASIL. Conselho Nacional de Arquivos (Conarq). Orientação Técnica n.º 4, de outubro de 2016. Recomendações de uso do PDF/A para Documentos Arquivísticos. Rio de Janeiro, 2016b. Disponível em: http://www.conarq.gov.br/images/ctde/Orientacoes/Orientacao_tecnica_4.pdf. Acesso em: 21 mar. 2021.

BRASIL. Corregedoria Nacional de Justiça (CNJ). Provimento n.º 63, de 14 de novembro de 2017. Institui modelos únicos de certidão de nascimento, de casamento e de óbito, a serem adotadas pelos ofícios de registro civil das pessoas naturais, e dispõe sobre o reconhecimento voluntário e a averbação da paternidade e maternidade socioafetiva no Livro "A" e sobre o registro de nascimento e emissão da respectiva certidão dos filhos havidos por reprodução assistida. **Diário da Justiça Eletrônico,** CNJ n.º 191, de 17 nov. 2017, Brasília, DF, 2017. Disponível em: https://atos.cnj.jus.br/atos/detalhar/2525. Acesso em: 26 out. 2020.

BRASIL. Conselho Nacional de Justiça (CNJ). Portaria n.º 76, de 12 de setembro de 2018. Institui o Plano de Classificação e a Tabela de Temporalidade de Documentos do Conselho Nacional de Justiça. **Diário da Justiça Eletrônico**, CNJ n.º 172, de 12 set. 2018, p. 2-276, Brasília, DF, 2018a. Disponível em: https://atos.cnj.jus.br/atos/detalhar/2724. Acesso em: 27 set. 2020.

BRASIL. Corregedoria Nacional de Justiça (CNJ). Provimento n.º 74, de 31 de julho de 2018. Dispõe sobre padrões mínimos de tecnologia da informação para a segurança, integridade e disponibilidade de dados para a continuidade da atividade pelos serviços notariais e de registro do Brasil e dá outras providências. **Diário da Justiça Eletrônico**, CNJ n.º 141/2018, de 1 ago. 2018, p. 44, Brasília. DF, 2018b. Disponível em: https://atos.cnj.jus.br/atos/detalhar/2637. Acesso em: 26 out. 2020.

BRASIL. Instituto Nacional do Seguro Social (BR). **Guia Orientações às Serventias de RCPN sobre o Sirc**. Brasília: Instituto Nacional do Seguro Social, 2018c. Disponível em: http://www.sirc.gov.br/static/manuais/guia_orientacoes_cartorios_sirc.pdf. Acesso em: 11 maio 2020.

BRASIL. Supremo Tribunal Federal. **Cartilha do Poder Judiciário**. Brasília: STF, 2018d. Disponível em: http://www.stf.jus.br/arquivo/cms/jurisprudenciaGlossarioMirim/anexo/Cartilha_Glossrio_STF16042018_FINAL_ELETRNICO.pdf. Acesso em: 31 out. 2020.

BRASIL. Secretaria Geral. Lei n.º 13.709, de 14 de agosto de 2018. Lei Geral de Proteção de Dados (LGDP). **Diário Oficial [da] República Federativa do Brasil**: ed. extra, Brasília, DF, 15 ago. 2018 e republicado parcialmente em 15 ago. 2018e. Disponível em: http://www.planalto.gov.br/ccivil_03/_ato2015-2018/2018/lei/l13709.htm. Acesso em: 21 mar. 2021.

BRASIL. Conselho Nacional de Justiça. **Recomendação n.º 40, de 2 de julho de 2019**. Dispõe sobre os prazos e informações a serem prestadas ao Sistema Nacional de Informações de Registro Civil - SIRC pelas serventias extrajudiciais de registro de pessoas naturais. Brasília, DF, 2019a. Disponível em: https://atos.cnj.jus.br/files//recomendacao/recomendacao_40_02072019_03072019154525.pdf. Acesso em: 10 fev. 2021.

BRASIL. Secretaria-Geral – Subchefia para Assuntos Jurídicos. Lei n.º 13.874, de 20 de setembro de 2019. Institui a Declaração de Direitos de Liberdade Econômica; estabelece garantias de livre mercado; altera as Leis n.ºs 10.406, de 10 de janeiro de 2002 (Código Civil), 6.404, de 15 de dezembro de 1976, 11.598, de 3 de dezembro de 2007, 12.682, de 9 de julho de 2012, 6.015, de 31 de dezembro de 1973, 10.522, de 19 de julho de 2002, 8.934, de 18 de novembro de 1994, o Decreto-Lei n.º 9.760, de 5 de setembro de 1946, e a Consolidação das Leis do Trabalho, aprovada pelo Decreto-Lei n.º 5.452, de 1º de maio de 1943; revoga a Lei Delegada n.º 4, de 26 de setembro de 1962, a Lei n.º 11.887, de 24 de dezembro de 2008, e dispositivos do Decreto-Lei n.º 73, de 21 de novembro de 1966; e dá outras providências. **Diário Oficial [da] República Federativa do Brasil**: ed. extra-B, Brasília, DF, 20 set. 2019b. Disponível em: http://www.planalto.gov.br/ccivil_03/_ato2019-2022/2019/lei/L13874.htm#:~:text=Art.,IV%20do%20caput%20do%20art. Acesso em: 15 jan. 2021.

BRASIL. Arquivo Nacional. **Eliminação de documentos**. Brasília, DF, 2020a. Disponível em: http://antigo.arquivonacional.gov.br/br/?option=com_content&view=article&id=221. Acesso em: 30 nov. 2020.

BRASIL. Conselho Nacional de Justiça (CNJ). **Corregedoria Nacional de Justiça**. Brasília, DF, 2020b. Disponível em: https://www.cnj.jus.br/corregedoriacnj/. Acesso em: 27 set. 2020.

BRASIL. Conselho Nacional de Justiça (CNJ). Corregedoria Nacional de Justiça. **Cartórios Judiciais e Extrajudiciais**. Brasília, DF, 2020c. https://www.cnj.jus.br/cartorios-judiciais-e-extrajudiciais-2/. Acesso em: 27 set. 2020.

BRASIL. Instituto Brasileiro de Geografia e Estatística. Amazônia Legal, o que é. Rio de Janeiro: IBGE, 2020d. Disponível em: https://www.ibge.gov.br/geociencias/cartas-e-mapas/mapas-regionais/15819-amazonia-legal.html?=&t=o-que-e. Acesso em: 2 nov. 2020.

BRASIL. Corregedoria Nacional de Justiça. Portaria n.º 53, de 15 de outubro de 2020. Disciplina o funcionamento da Coordenadoria de Gestão de Serviços Notariais e de Registro, no âmbito da Corregedoria Nacional de Justiça, e dá outras providências. **Diário da Justiça Eletrônico**, CNJ n.º 337, 16 out. 2020, p. 12-36, Brasília, 2020e. Disponível em: https://atos.cnj.jus.br/atos/detalhar/3523. Acesso em: 21 mar. 2021.

BRASIL. Decreto n.º 10.278, de 18 de março de 2020. Regulamenta o disposto no inciso X do caput do art. 3º da Lei n.º 13.874, de 20 de setembro de 2019, e no art. 2º-A da Lei n.º 12.682, de 9 de julho de 2012, para estabelecer a técnica e os requisitos para a digitalização de documentos públicos ou privados, a fim de que os documentos digitalizados produzam os mesmos efeitos legais dos documentos originais. Brasília, DF, 2020f. Disponível em: https://www.in.gov.br/web/dou/-/decreto-n-10.278-de-18-de-marco-de-2020-248810105. Acesso em: 3 jan. 2021.

BRASIL. Sistema Nacional de Informações de Registro Civil. 2020g. Disponível em: http://www.sirc.gov.br/. Acesso em: 21 nov. 2020.

BRASIL. Conselho Nacional de Justiça (CNJ). Justiça Aberta. 2021. Disponível em: https://www.cnj.jus.br/corregedoria/justica_aberta/?#. Acesso em: 11 fev. 2021.

BRASIL. Registro Civil. Disponível em: https://registrocivil.org.br/. Acesso em: 11 fev. 2021.

BRASIL. Legislação Federal Brasileira. Disponível em: https://legislacao.planalto.gov.br/legisla/legislacao.nsf/fraWeb?OpenFrameSet&Frame=frmWeb2&Src=/legisla/legislacao.nsf%2FFrmConsultaWeb1%3FOpenForm%26AutoFramed. Acesso em: 11 fev. 2021.

BRASIL. Conselho Nacional de Arquivos (Conarq). **Cursos de Arquivologia no Brasil**. Disponível em: http://conarq.gov.br/links-uteis/389-cursos-de-arquivologia-no-brasil.html. Acesso em: 6 abr. 2020.

BRASIL. Conselho Nacional de Justiça (CNJ). Atos Normativos. Disponível em: http://www.cnj.jus.br/busca-atos-adm. Acesso em: 12 fev. 2021.

BRASIL. Conselho Nacional de Justiça (CNJ). Disponível em: http://www.cnj.jus.br/files/conteudo/arquivo/2015/09/99fb5c7af5872378d0f9e8f818b53350.pdf. Acesso em: 12 fev. 2021.

BRASIL. Superior Tribunal de Justiça. Biblioteca Ministro Oscar Saraiva. **Vocabulário controlado de Atos Administrativos (VCAD)**. Disponível em: https://bdjur.stj.jus.br/jspui/bitstream/2011/122161/VCAD_Junho_2018.pdf. Acesso em: 23 dez. 2020.

BUCKLAND, Michael. Information as Thing. **Journal of the American Society for Information Science**, n. 42, p. 351-36,1991. Disponível em: http://people.ischool.berkeley.edu/~buckland/thing.html. Acesso em: 9 jan. 2020.

BUENO, Danielo A.; RODRIGUES, Ana Célia. A metodologia de identificação arquivística como parâmetro para a gestão de documentos. *In:* IV CONVENCIÓN INTERNACIONAL DE ARCHIVISTAS – IV COINDEAR, 4., 2012, Santiago, Chile. **Actas** [...]. Santiago, Chile, 2012.

CAFÉ, Lígia; BRÄSCHER, Marisa. Organização do Conhecimento: teorias semânticas como base para estudo e representação de conceitos. **Informação & Informação**, [*S. l.*], v. 16, n. 2, p. 25-51, dez. 2011. ISSN 1981-8920. Disponível em: http://www.uel.br/revistas/uel/index.php/informacao/article/view/10388/9282. Acesso em: 20 dez. 2020.

CASTELLS, Manuel. **A era da informação**: economia sociedade e cultura. Tradução de Alexandra Lemos, Catarina Lorga e Tânia Soares. Lisboa. Fundação Calouste Gulbenkian, 2002. v. 1: A sociedade em rede.

CASTRO, Astréa de Moraes; CASTRO, Andresa de Moraes; GASPARIAN, Danuza M. C. **Arquivística = técnica; arquivologia = ciência**. Brasília, DF: ABDF, 1985.

CENEVIVA, Walter. **Lei dos Registros Públicos comentada**. 10. ed. ver. mod. São Paulo: Saraiva, 1995.

CERVO, Amado Luiz; BERVIAN, Pedro Alcino; SILVA, Roberto da. **Metodologia científica**. 6. ed. São Paulo, SP: Pearson Prentice Hall, 2007. 162 p.

CHAUI, Marilena. A memória. *In:* CHAUI, Marilena. **O conhecimento**: convite à filosofia. 13. ed. São Paulo: Ática, 2006. cap. 3, p. 138-142.

CONDE VILLAVERDE, Maria Luisa *et al*. La identificación y valoración de los fondos documentales de la administración estatal: problemas y metodología. Iberoamerica: idêntico tratamiento para una misma realidad. *In:* PRIMERAS JORNADAS SOBRE METODOLOGÍA PARA LA IDENTIFICACIÓN Y VALORACIÓN DE FONDOS DOCUMENTALES DE LAS ADMINISTRACIONES PUBLICAS, 1., 1991, Madrid. **Actas** [...]. Madrid: Dirección de Archivos Estatales, 1992. p. 15-19.

COOK, Terry. What is Past is Prologue: A History of Archival Ideas Since 1898, and the Future Paradigm Shift. **Archivaria**, n. 43, 1997.

COOK, Terry. Arquivos pessoais e arquivos institucionais: para um entendimento arquivístico comum da formação da memória em um mundo pós-moderno. **Estudos históricos**, Rio de Janeiro, v. 11, n. 21, p. 129-149, 1998.

COOK, Terry. Fashionable Nonsense or Professional Rebirth: Postmodernism and Practices of Archives. **Archivaria**, n. 51, p. 14-35, 2001.

COOK, Terry. A ciência arquivística e o pós-modernismo: novas formulações para conceitos antigos. **InCID: Revista de Ciência da Informação e Documentação**, Ribeirão Preto, v. 3, n. 2, p. 3-27, dez. 2012a. Disponível em: http://www.revistas.usp.br/incid/article/view/48651. Acesso em: 28 dez. 2020.

COOK, Terry. Entrevista. **InCID: Revista de Ciência da Informação e Documentação**, v. 3, n. 2, p. 142-156, jul./dez. 2012b. Disponível em: http://www.revistas.usp.br/incid/article/view/48658/52729. Acesso em: 7 dez. 2020.

COSTA, Luciana Ferreira da; SILVA, Alan Curcino Pedreira da; RAMALHO, Francisca Arruda. Para além dos estudos de uso da informação arquivística: a questão da acessibilidade. **Ciência da Informação**, v. 39, n. 2, p. 129-143, 2010.

COSTA, Rodrigo Vieira. A dimensão cultural da democracia. *In:* ENCONTRO DE ESTUDOS MULTIDISCIPLINARES EM CULTURA, 2011, Salvador, Bahia. Disponível em: http://www.cult.ufba.br/wordpress/24453.pdf. Acesso em: 21 mar. 2021.

COUTURE, Carol. Le Politique de Gestion dês Archives. *In:* COUTURE *et al.* **Les fonctions de l'archivistique contemporaine**. Sainte-Foy (Québec), Canadá: Presses de L'Universite du Québec, 2003.

COUTURE, Carol. Taking Stock: The Evolution of Archival Science in Québec. **Archivaria**, n. 59, p. 27-39, Spring 2005.

COUTURE, Carol. La discipline archivistique au Canada: état de développement et perspectives d'avenir. **In Situ, Revu dês Patrimoines**, Canadá, v. 30, 2016. Disponível em: https://journals.openedition.org/insitu/13669#quotation. Acesso em: 14 dez. 2020.

COUTURE, Carol; DUCHARME, Daniel. La recherche en archivistique: un état de la question. **Archives**, v. 30, n. 3/4, 1998/1999.

COUTURE, Carol; DUCHARME, Daniel. Research in Archival Science: A Status Report. **Archivaria**, n. 59, 2005.

COUTURE, Carol; MARTINEAU, Jocelyne; DUCHARME, Daniel. **A formação e a pesquisa em arquivística no mundo contemporâneo**. Tradução de Luis Carlos Lopes. Brasília, DF: Finatec, 1999.

COUTURE, Carol *et al.* **Les fonctions de l` archivistique contemporaine**. Sainte-Foy (Québec) Canadá: Presses de L'Universite du Québec, 2003.

CRESWELL, John W. **Projeto de Pesquisa**: métodos qualitativo, quantitativo e misto. Porto Alegre: Artmed, 2010. 296 p.

DAHLBERG, Ingetraud. Teoria do conceito. **Ciência da Informação**, v. 7, n. 2, p. 101-107, 1978.

DANE, Francis C. **Research Methods**. California: Brooks; Cole, 1990.

DELMAS, Bruno. Naissance et renaissance de l'archivistique française. **La Gazette des archives**, n. 204, 2006.

DELMAS, Bruno. **Arquivos para quê?** Tradução de Danielle Ardaillon. Rev. Téc. Heloísa Liberalli Bellotto. São Paulo: Instituto Fernando Henrique Cardoso (iFHC), 2010. 196 p.

DEMPSEY, Lorcan; HEERY, Rachel. **A Review of Metadata**: A Survey of Current Resource Description Formats. Work Package 3 of Telematics for Research Project DESIRE. [*S. l.: s. n.*], 1997.

DODEBEI, Vera Lucia Doyle Louzada de Mattos. **Tesauro**: linguagem de representação da memória documentária. Niterói: Intertexto, 2002. 119 p.

DSPACE. **About DSpace**. Disponível em: https://duraspace.org/dspace/about/. Acesso em: 17 dez. 2020.

DUCHEIN, Michel. O respeito aos fundos em Arquivística: princípios teóricos e problemas práticos. **Arquivo & Administração**, v. 10-14, n. 2, p. 1-16, 1986.

DUCHEIN, Michel. The History of European Archives and the Development of the Archival Profession in Europe. **The American Archivist**, v. 55, n. 1, p. 14-25, Winter 1992.

DUCHEIN, Michel. Prologo. *In:* LLANSÓ I SANJUAN, Joaquim. **Gestión de documentos**: definición y analisis de modelos. Bergara: Irargi, Centro de Patrimonio Documental de Euskadi, 1993.

DURANTI, Luciana. Registros documentais contemporâneos como provas de ação. **Estudos Históricos**, Rio de Janeiro, v. 7, p. 49-64, 1994. Disponível em: https://bibliotextos.files.wordpress.com/2012/03/registro-documentais-contemporc3a2neos-como-provas-de-ac3a7c3a3o.pdf. Acesso em: 15 dez. 2020.

DURANTI, Luciana. **Ciencia Archivistica**. Tradução de Manuel Vázquez. Córdoba, 1995.

DURANTI, Luciana. Archives as a Place. **Archives & Social Studies: A Journal of Interdisciplinary Research**, v. 1, 2007.

EASTWOOD, Terry; MacNEIL, Heather. **Correntes atuais do pensamento arquivístico**. Belo Horizonte: Ed. UFMG, 2016.

ESPANHA. Andaluzia. Decreto n.º 97, de 6 de março de 2000, que aprova o Regulamento do Sistema Andaluz de Arquivos. Madri, Espanha, 2000. Disponível em: https://www.juntadeandalucia.es/boja/2000/43/5. Acesso em: 20 dez. 2020.

FERREIRA, Lisiane Braga; ROCKEMBACH, Moisés. Abordagens contemporâneas sobre avaliação em Arquivologia e Ciência da Informação: macroavaliação, avaliação do fluxo informacional e modelo indício-evidência-prova. **Encontros Bibli: Revista Eletrônica de Biblioteconomia e Ciência da Informação**, v. 22, n. 50, p. 31-43, set./dez. 2017.

FLORES, Daniel. **A difícil tarefa de manter a Cadeia de Custódia Digital dos Documentos Arquivísticos**: autênticos ou autenticados. Rio de Janeiro, RJ:

Cendoc, 2016. Material elaborado para a Palestra no Centro de Documentação da Aeronáutica – Cendoc, de 13 a 15 de janeiro de 2016.

FLORES, Daniel; PRADEBON, Daiane S.; CÉ, Graziella. Análise do conhecimento teórico-metodológico da preservação digital sob a ótica da OAIS, SAAI, ISO 14721 e NBR 15472. **Brazilian Journal of Information Science**, v. 11, n. 4, 2017. Disponível em: http://www2.marilia.unesp.br/revistas/index.php/bjis/article/view/7511. Acesso em: 3 dez. 2020.

FONSECA, Maria Odila Kahl. **Arquivologia e Ciência da Informação**. Rio de Janeiro: FGV, 2005.

FOX, Lisa L. **Microfilmagem de preservação**: um guia para bibliotecários e arquivistas. Rio de Janeiro: Projeto Conservação em Bibliotecas e Arquivos; Arquivo Nacional, 1997. (Conservação Preventiva em Bibliotecas e Arquivos, 53). Disponível em: http://www.arquivonacional.gov.br/images/virtuemart/product/Manual%20Microfilmagem%20para%20Arquivos.pdf. Acesso em: 28 out. 2020.

FOX, Lisa L. **Microfilmagem de preservação**: uma visão geral das decisões administrativas – um guia para bibliotecários e arquivistas. Rio de Janeiro: Projeto Conservação em Bibliotecas e Arquivos; Arquivo Nacional, 2001. (Conservação Preventiva em Bibliotecas e Arquivos, 53). Disponível em: http://www.arquivonacional.gov.br/images/virtuemart/product/Manual%20Microfilmagem%20para%20Arquivos.pdf. Acesso em: 28 out. 2020.

FRANCE. **Loi nº 79-18 du 3 janvier 1979 sur les archives**. France, 1979. Disponível em: https://www.legifrance.gouv.fr/loda/id/JORFTEXT000000322519/1994-02-28/. Acesso em: 18 jan. 2021.

FREDERES, Ashley; SCHWID, Aaron Ross. Marcos legais para registro civil e sistemas de estatísticas vitais. **Rev. bras. epidemiol.**, Rio de Janeiro, v. 22, supl. 3, e190018, 2019.

GADELHA, Adriane da Silva. O diagnóstico em arquivos e sua relação com a gestão de documentos no setor público. **Revista do Arquivo Geral da Cidade do Rio de Janeiro**, n. 13, 2017.

GAMA, Fernando A.; FERNEDA, Edberto. A mediação da informação nos arquivos permanentes: serviços de referência arquivística no ambiente digital. **Informação & Informação**, v. 15, n. 2, p. 147-168, 2010. Disponível em: http://www.brapci.inf.br/_repositorio/2011/04/pdf_dd25ed652d_0015695.pdf. Acesso em: 15 dez. 2020.

GIL, Antonio Carlos. **Como elaborar projetos de pesquisa**. 4. ed. São Paulo: Atlas, 2002. 171 p.

GONÇALVES, Janice. **Como classificar e ordenar documentos de arquivo**. São Paulo: AAB, 1998. (Coleção Como Fazer).

GONDAR, Jô. Memória individual, memória coletiva, memória social. **Morpheus: Revista Eletrônica em Ciências Humanas**, UNIRIO, ano 8, n. 13, 2008.

GUIMARÃES, José Augusto Chaves. Abordagens teóricas de tratamento temático da informação: catalogação de assunto, indexação e análise documental. **Ibersid.**, p. 105-117, 2009. Disponível em: https://ediscipinas.usp.br/pluginfile.php/353432/mod_resource/content/1/GUIMARAES.pdf. Acesso em: 8 dez. 2020.

HALBWACHS, Maurice. **A memória coletiva**. São Paulo: Centauro, 1990.

HALBWACHS, Maurice. **A memória coletiva**. 2. ed. São Paulo: Centauro, 2006.

HÉON, Gilles. La Classification. *In:* COUTURE, Carol *et al*. **Les fonctions de L`archivistique contemporaine**. Sainte-Foy (Québec) Canadá: Presses de L'Universite du Québec, 2003.

HERRERA, Antonia Heredia. **Archivistica general**: teoría y práctica. 5. ed. Sevilla: Diputación de Sevilla, 1991.

HJØRLAND, Birger. Domain Analysis in Information Science: Eleven Approaches – Traditional as well as Innovative. **Journal of Documentation**, v. 58, 2002.

HJØRLAND, Birger. Fundamentals of Knowledge Organization. **Knowledge Organization**, v. 30, n. 2, 2003. Disponível em: http://ppggoc.eci.ufmg.br/downloads/bibliografia/Hjorland2003.pdf. Acesso em: 17 dez. 2020.

HJØRLAND, Birger. **What is Knowledge Organization (KO)?** Knowledge Organization, n. 35, 2008. Disponível em: https://tise2015.kku.ac.th/drupal/sites/default/files/Doc1-What%20is%20KO-Hjorland2008.pdf. Acesso em: 17 nov. 2020.

HJØRLAND, Birger. **Knowledge Organization = Information Organization?** [*S. l.: s. n.*], 2012. Disponível em: https://www.researchgate.net/publication/289760020_Knowledge_organization_information_organization. Acesso em: 10 dez. 2020.

HJØRLAND, Birger. Library and Information Science (LIS). Partes I e II. *In:* ISKO. **Encyclopedia of Knowledge Organization Knowledge Organization**. [*S. l.: s.*

n.], 2018. p. 232-254. Disponível em: http://www.isko.org/cyclo/lis. Acesso em: 19 nov. 2020.

INDOLFO, Ana C. Avaliação de documentos de arquivo: atividade estratégica para a gestão de documentos. **Revista do Arquivo Geral da Cidade do Rio de Janeiro**, n. 6, p. 13-37, 2012. Disponível em: http://wpro.rio.rj.gov.br/revistaagcrj/wp-content/uploads/2016/11/e06_a15.pdf. Acesso em: 10 jan. 2021.

INTERNATIONAL COUNCIL ON ARCHIVES. **Multilingual Archival Terminology**. France, 1999. Disponível em: http://www.ciscra.org/mat/. Acesso em: 14 dez. 2018.

INTERNATIONAL ORGANIZATION FOR STANDARDIZATION. **ISO 16363: Space data and informationtransfer systems – Audit and certification of trustworthy digital repositories**. Suíça, 2012.

IRARRÁZAVAL GOMIÉN, Andrés. Los inicios del registro civil de Chile: ¿Ruptura o continuidad con las antiguas partidas eclesiásticas? **Rev. estud. hist.-juríd.**, Valparaíso, n. 36, p. 315-341, 2014. Disponível em: https://scielo.conicyt.cl/scielo.php?script=sci_arttext&pid=S0716-54552014000100011&lng=es&nrm=iso. Acesso em: 5 dez. 2020.

IRIS. Instituto de Referência em Internet e Sociedade. **LGPD em vigor**: novidades legais e desafios restantes. 5 out. 2020. Disponível em: https://irisbh.com.br/desafios-vigor-lgpd/. Acesso em: 27 fev. 2021.

JAPIASSU, Hilton; MARCONDES, Danilo. **Dicionário básico de Filosofia**. 3. ed. revista e ampliada. Rio de Janeiro: Zahar, 2006. 212 p.

JAPIASSU, Rodrigo C. A presença da função histórico-memorial na produção de conhecimento arquivístico em periódicos científicos nacionais (1972-2011): (des)caminhos da memória e da História no campo arquivístico brasileiro. **Informação Arquivística**, Rio de Janeiro, v. 4, n. 1, out. 2015. Disponível em: http://www.aaerj.org.br/ojs/index.php/informacaoarquivistica/article/view/94. Acesso em: 3 jan. 2020.

JARDIM, José Maria. A invenção da memória nos arquivos públicos. **Ciência da Informação**, Brasília, v. 25, n. 12, p. 1-13, 1995. Disponível em: http://basessibi.c3sl.ufpr.br/brapci/_repositorio/2010/03/pdf_cfb64eeaa1_0008801.pdf. Acesso em: 10 jan. 2021.

JENKINSON, Hillary. **A Manual of Archive Administration including the Problems of War Archives and Archive Making**. Londres: Oxford, 1922. Disponível em: https://archive.org/details/manualofarchivea00jenkuoft. Acesso em: 21 mar. 2021.

JENKINSON, Hillary. **A Manual of Archive Administration including the Problems of War Archives and Archive Making.** Londres: Oxford, 1937. Disponível em: https://archive.org/details/manualofarchivea00iljenk/page/n9. Acesso em: 10 jan. 2021.

KETELAAR, Eric. The European Community and its Archives. **The American Archivist**, v. 55, n. 1, Special International Issue, p. 40-45, Winter 1992.

KETELAAR, Eric. L'ethnologie Archivistique. *In:* CONFÉRENCE INAUGURALE DU COLLOQUE EUROPÉEN DE L'ASSOCIATION DES ARCHIVISTES FRANÇAIS, 20-22 octobre 1999, Strasbourg.

KETELAAR, Eric. Muniments and Monuments: The Dawn of Archives as Cultural Patrimony. **Archival Science**, 2007.

KETELAAR, Eric. **What is Archivistics or Archival Science?** [*S. l.: s. n.*], 2018. Disponível em: https://archivistics.home.blog/. Acesso em: 9 dez. 2020.

LAGOZE, Carl *et al.* Fedora: Anarchitecture for Complex Object and their Relationships. **International Journal on Digital Libraries**, Germany, p. 124-138, 2006. Disponível em: https://link.springer.com/content/pdf/10.1007%2Fs00799-005-0130-3.pdf. Acesso em: 17 dez. 2020.

LANCASTER, Frederick W. **Indexação e resumos**: teoria e prática. 2. ed. Brasília, DF: Briquet de Lemos, 2004.

LAWRENCE, Paul R.; LORSCH, Jay William. **O desenvolvimento de organizações**: diagnóstico e ação. São Paulo: E. Blucher, 1972. 112 p. Disponível em: http://www.cra-rj.adm.br/publicacoes/textos_classicos/O_Desenvolvimento_de_Organizacoes/files/assets/basic-html/page36.html. Acesso em: 14 dez. 2020.

LE COADIC, Yves-François. **A Ciência da Informação**. Brasília, DF: Briquet de Lemos, 1996.

LE GOFF, Jacques. **História e memória**. 5. ed. Campinas, SP: Ed. Unicamp, 2003. 541 p.

LEHMKUHL, Camila S. **O acesso à informação no Sistema Nacional de Informações de Registro Civil (SIRC)**. Dissertação (Mestrado em Ciência da Informação) – Programa Pós-Graduação em Ciência da Informação, Centro de Educação,

Universidade Federal de Santa Catarina, Florianópolis, 2017. Disponível em: https://repositorio.ufsc.br/handle/123456789/174451. Acesso em: 13 dez. 2018.

LEHMKUHL, Camila S. [**e-mail enviado para o Conarq**]. Destinatário: Conarq. Florianópolis, 8 set. 2020.

LEHMKUHL, Camila S.; SILVA, Eva C. L. da. **Registros Civis Públicos**: a situação dos Arquivos no núcleo da Região Metropolitana de Florianópolis. Trabalho de Conclusão de Curso (Graduação em Arquivologia) – Curso de Graduação em Arquivologia, Universidade Federal de Santa Catarina, Florianópolis, 2013.

LEHMKUHL, Camila S.; SILVA, Eva C. L. da. A representação da informação arquivística nos Registros Civis. *In:* XVII ESTUDOS AVANÇADOS EM ORGANIZAÇÃO DO CONHECIMENTO (ISKO-BRASIL), 27., 2015, Recife, 2015. p. 138-145. Disponível em: http://isko-brasil.org.br/wp-content/uploads/2013/02/livro-ISKO-2017.pdf. Acesso em: 13 dez. 2018.

LEHMKUHL, Camila S.; SILVA, Eva C. L. da. O Registro Civil enquanto memória individual e coletiva. *In:* XVII ENCONTRO NACIONAL DE PESQUISA EM CIÊNCIA DA INFORMAÇÃO – ENANCIB, 27., 2016, Bahia. (GT 10 – Informação e Memória). Disponível em: http://www.ufpb.br/evento/index.php/enancib2016/enancib2016/paper/viewFile/4022/2605. Acesso em: 13 dez. 2018.

LEHMKUHL, Camila S.; SILVA, Eva C. L. A representação da informação arquivística nos Registros Civis. *In:* PINHO, Fabio Assis; GUIMARÃES, José Augusto Chaves (org.). **Memória, tecnologia e cultura na organização do conhecimento**. 4. ed. Recife, PE: Ed. UFPE, 2017. v. 4, p. 138-145.

LEHMKUHL, Camila S.; SILVA, Eva C. L. Da. Central de Informações de Registro Civil das Pessoas Naturais frente ao acesso à informação. **Informação & Informação** (Online), v. 23, p. 259-283, 2018.

LEHMKUHL, Camila S.; SILVA, Eva C. L. da. Os Registros Civis em meio à pandemia de COVID-19 no Brasil: releituras. **AtoZ: novas práticas em informação e conhecimento**, v. 9, n. 2, p. 129-138, nov. 2020. ISSN 2237-826X. Disponível em: https://revistas.ufpr.br/atoz/article/view/76908. Acesso em: 30 dez. 2020.

LIMA, Gercina N. B. O.; PINTO, Lilian P.; LAIA, Marconi M. Tecnologia da informação: impactos na sociedade. **Informação & Informação**, v. 7, n. 2, p. 75-94, 2002. DOI 10.5433/1981-8920.2002v7n2p75.

LOPES, Luís Carlos. A quadratura do círculo: a informação e algumas questões arquivísticas brasileiras. **Ciência da Informação**, v. 23, n. 3, 1994.

LOPES, Luís Carlos. **A informação e os arquivos**: teorias e práticas. Niterói, RJ: Ed. UFF; São Carlos, SP: Ed. UFSCar, 1996.

LOPES, Luís Carlos. **A nova arquivística na modernização administrativa**. Rio de Janeiro: Papéis e Sistemas, 2000.

LOPES, Luís Carlos. **A nova arquivística na modernização administrativa**. 2. ed. Brasília, DF: Projecto Editorial, 2009. p. 131-165.

LOPEZ, André Porto Ancona. **Como descrever documentos de arquivo**: elaboração de instrumentos de pesquisa. São Paulo: Arquivo do Estado, Imprensa Oficial, 2002. 64 p.

MAASTRICHT UNIVERSITY. Social Science Citation Index (SSCI). [201-]. Disponível em: https://library.maastrichtuniversity.nl/collections/databases/ssci/. Acesso em: 30 dez. 2020.

MAKRAKIS, Solange. **O registro civil no Brasil**. Dissertação (Mestrado em Administração Pública) – Fundação Getúlio Vargas, Curso de Mestrado em Administração Pública, Escola Brasileira de Administração Pública, 2000.

MARCONDES, Carlos H.; SAYÃO, Luis F. À guisa de introdução: repositórios institucionais e livre acesso. *In:* MARCONDES, Carlos H. *et al.* (org.). **Implementação e gestão de repositórios institucionais**: políticas, memória, livre acesso e preservação. Salvador: Ed. UFBA, 2009. p. 9-21.

MARCONI, Marina de Andrade; LAKATOS, Eva Maria. **Fundamentos da metodologia científica**. São Paulo: Atlas, 2003.

MARCONI, Marina de Andrade; LAKATOS, Eva Maria. **Técnica de pesquisa**. 6. ed. São Paulo: Atlas, 2007.

MARQUES, Angelica Alves da Cunha. Arquivologia e Ciência da Informação: de mãos dadas? **Informação & Sociedade: Estudos**, v. 26, n. 3, 2016. Disponível em: http://hdl.handle.net/20.500.11959/brapci/92584. Acesso em: 17 nov. 2020.

MARQUES, Angelica Alves da Cunha; RODRIGUES, Georgete Medleg; NOUGARET, Christine. Arquivos e Arquivologia na França e no Brasil: marcos históricos e contextos singulares. **Rev. Bras. Hist.**, São Paulo, v. 38, n. 78,

2018. Disponível em: http://www.scielo.br/scielo.php?script=sci_arttext&pid=S0102-01882018000200017&lng=en&nrm=iso. Acesso em: 20 dez. 2020.

MARQUES, Angelica Alves da Cunha; TOGNOLI, Natália Bolfarini. Entre a Arquivologia a outras disciplinas: promessas de interdisciplinaridade? **Páginas A&B**, Portugal, s. 3, p. 65-83, 2016.

MASCARENHAS, Sidnei Augusto. **Metodologia científica**. São Paulo: Pearson Education do Brasil, 2012.

MATTAR, Eliana (org.). **Acesso à informação e política de arquivos**. Rio de Janeiro: Arquivo Nacional, 2003.

MATTAR NETO, João A. **Metodologia científica na era da informática**. 2. ed. São Paulo: Saraiva, 2005.

MICHAELIS. **Dicionário Brasileiro da Língua Portuguesa**. 2015. Disponível em: https://michaelis.uol.com.br/busca?r=0&f=0&t=0&palavra=cartorio. Acesso em: 15 dez. 2020.

MILLINGTON, Peter; NIXON, William J. EPrints 3 pre-launch briefing. **Ariadne**, v. 50, 2007.

MIRANDA, Marcone Alves. A importância da atividade notarial e de registro no processo de desjudicialização das relações sociais. Âmbito Jurídico, n. 73, fev. 2010. Disponível em: https://ambitojuridico.com.br/cadernos/direito-processual-civil/a-importancia-da-atividade-notarial-e-de-registro-no-processo-de-desjudicializacao-das-relacoes-sociais/. Acesso em: 3 jan. 2021.

MORENO, Fernanda Passini; LEITE, Fernando César Lima; ARELLANO, Miguel Ángel Márdero. Acesso livre a publicações e repositórios digitais em Ciência da Informação no Brasil. **Perspectivas em Ciência da Informação**, v. 11, n. 1, nov. 2007. Disponível em: http://portaldeperiodicos.eci.ufmg.br/index.php/pci/article/view/447. Acesso em: 21 dez. 2020.

NHANCALE, Adelino Benedito. O sistema de informação sobre estatísticas vitais em Moçambique: passado recente e desafios a prazo. A adaptação do modelo português à realidade moçambicana. 2012. 111 f. Dissertação (Mestrado em Estatística e Gestão de Informação) – Universidade Nova, Portugal, 2012. Disponível em: http://run.unl.pt/handle/10362/8800. Acesso em: 12 jan. 2021.

NORA, Pierre. **História**: novas abordagens. Rio de Janeiro: Francisco Alves, 1976. 200 p.

NORA, Pierre. Entre memória e história: a problemática dos lugares. Tradução de Yara Aun Khoury. **Projeto História, Revista de Pós-Graduação em História**, São Paulo, 1993.

NOVAIS, Marcos P.; COSTA, Veruska S. **RCIpea**: funcionalidades, autenticações, tecnologias de um repositório em DSpace. Brasília, DF: Ipea, 2015. Disponível em: http://repositorio.ipea.gov.br/bitstream/11058/4665/1/RCIpea_funcionalidades.pdf. Acesso em: 22 dez. 2018.

OGDEN, Sherelyn (ed.). Meio Ambiente. Rio de Janeiro: Arquivo Nacional, 2001. (Caderno Técnico n.º 14 a 17). Disponível em: https://www.arqsp.org.br/wp-content/uploads/2017/08/14_17.pdf. Acesso em: 25 nov. 2020.

OLIVEIRA, Luiz Antonio Pinto de; SIMÕES, Celso Cardoso da Silva. O IBGE e as pesquisas populacionais. **Rev. bras. estud. popul.**, São Paulo, v. 22, n. 2, p. 291-302, dez. 2005. Disponível em: http://www.scielo.br/scielo.php?script=sci_arttext&pid=S0102-30982005000200007&lng=en&nrm=iso. Acesso em: 9 dez. 2020.

OLIVEIRA, Lais Pereira de; CUNHA, Tatielle Marques; VIEIRA, Ana Paula da Fonseca. A política de indexação nas produções científicas brasileiras em Ciência da Informação. **Revista Brasileira de Biblioteconomia e Documentação**, São Paulo, v. 14, n. 2, p. 4-25, maio 2018. ISSN 1980-6949. Disponível em: https://rbbd.febab.org.br/rbbd/article/view/640. Acesso em: 21 mar. 2021.

PARANÁ. Ministério Público do Estado do Paraná. **Guia prático para a mensuração do acervo documental do Ministério Público do Estado do Paraná** [organizado por Leandro Alves dos Santos]. Curitiba: Ministério Público do Estado do Paraná, Departamento de Gestão Documental, 2015.

PEREIRA, Bruna Caroline. A separação do estado e da igreja para o bem do direito: uma análise jurídica fundamentada no contexto histórico. Âmbito Jurídico, Rio Grande, v. XI, n. 50, fev. 2008. Disponível em: http://ambitojuridico.com.br/site/index.php/?n_link=revista_artigos_leitura&artigo_id=4526&revista_caderno=9. Acesso em: 8 jan. 2021.

PEREIRA, Fernanda Cheiran. **Arquivos, memória e justiça**: gestão documental e preservação de acervos judiciais no Rio Grande do Sul. Trabalho de Conclusão de Curso (Graduação em Arquivologia) – Departamento de Ciências da Informação, Faculdade de Biblioteconomia e Comunicação, Universidade Federal do Rio Grande do Sul, Porto Alegre, 2011. Disponível em: https://www.lume.ufrgs.br/bitstream/handle/10183/31152/000782676.pdf?sequence=1. Acesso em: 2 jan. 2019.

PEREZ, María Sandra García. Apuntes sobre los archivos parroquiales en España. **Biblios:** Revista electrónica de bibliotecología, archivología y museología, n. 34, 2009. Disponível em: https://www.redalyc.org/articulo.oa?id=16118948006. Acesso em: 28 dez. 2020.

PÉREZ ORTIZ, María Guadalupe; GONZÁLEZ LOZANO, Francisco; VIVAS, Agustín. Genealogical Research in Ecclesiastical Archives: Sources and Methodology. [La investigación genealógica en los archivos eclesiásticos: Fuentes y metodología]. **Ibersid**, v. 11, n. 1, p. 41-50, 2017.

PINHO, Fábio Assis; NASCIMENTO, Bruna Laís Campos do; MELO, Willian Lima. As dimensões ôntica, epistêmia e documental na representação da informação e do conhecimento. **Revista ACB**, v. 20, n. 1, p. 112-123, abr. 2015. Disponível em: https://revista.acbsc.org.br/racb/article/view/995. Acesso em: 7 dez. 2020.

POLLAK, Michael. Memória e identidade social. **Estudos Históricos**, Rio de Janeiro, v. 5, n. 10, p. 200-212, 1992. Disponível em: http://bibliotecadigital.fgv.br/ojs/index.php/reh/article/view/1941/1080. Acesso em: 2 nov. 2020.

PORTAL DA LEGISLAÇÃO. Disponível em: https://legislacao.planalto.gov.br/legisla/legislacao.nsf/FrmConsultaWeb1?OpenForm. Acesso em: 1 dez. 2020.

PORTUGAL. Arquivo Nacional Torre do Tombo. Identificação institutional. Disponível em: http://antt.dglab.gov.pt/inicio/identificacao-institucional/6-2/. Acesso em: 21 mar. 2021.

PORTUGAL. Decreto-Lei n.º 324, de 28 de setembro de 2007. Altera o Código do Registo Civil, o Código Civil, o Decreto-Lei n.º 519-F2/79, de 29 de dezembro, o Código do Notariado, os Decretos-Leis n.º 272/2001, de 13 de outubro, e n.º 236/2001, de 30 de agosto, e o Regulamento Emolumentar dos Registos e do Notariado. **Diário da República**, Lisboa, 2007. Disponível em: http://www.pgdlisboa.pt/leis/lei_mostra_articulado.php?nid=962&tabela=leis. Acesso em: 21 mar. 2021.

PRYTHERCH, Ray (comp.). **Harrod's Librarian's Glossary and Reference Book**: A Directory of over 10,200 Terms, Organizations, Projects and Acronyms in the Areas of Information Management, Library Science, Publishing and Archive Management. 10th ed. London: Ashgate Pub Ltd, 2005.

RIBEIRO, Fernanda. **Indexação e controlo de autoridade em arquivos**. Porto, Portugal: Câmara Municipal; Arquivo Histórico, 1996. Disponível em: https://repositorio-aberto.up.pt/handle/10216/10721. Acesso em: 19 dez. 2020.

RIBEIRO, Fernanda. Da arquivística técnica a arquivística científica: a mudança de paradigma. **Revista da Faculdade de Letras, Ciências e Técnicas do Património**, Porto, Portugal, v. 1, 2002.

RIEGER, Morris. Procédés modernes de disposition et d'evalution des dossiers. **Rusiba**, v. 1, n. 3, p. 209-219, jul./set. 1979.

RIO DE JANEIRO (Estado). Tribunal de Justiça do Estado do Rio de Janeiro. Ato Normativo 11, de 18 de junho de 1991. Aprova a Tabela de Temporalidade para a Documentação do Poder Judiciário do Estado do Rio de Janeiro – Tribunal de Justiça, e dá outras providências. Rio de Janeiro, 1991. Disponível em: http://webfarm.tjrj.jus.br/biblioteca/index.html. Acesso em: 26 out. 2020.

RIO DE JANEIRO. Tribunal de Justiça do Estado do Rio de Janeiro. Tabela de Temporalidade – Classe 3. Rio de Janeiro, 2018. Disponível em: http://www.tjrj.jus.br/documents/10136/1299728/classe-3-serv-notariais.pdf. Acesso em: 1 nov. 2020.

RIO DE JANEIRO (Estado). Tribunal de Justiça do Estado do Rio de Janeiro. **Plano de Classificação**: Serviços Notariais e de Registro. Rio de Janeiro, 24 set. 2020. Disponível em: http://www.tjrj.jus.br/web/guest/institucional/dir-gerais/dgcon/degea/codigo-de-classificacao-de-documentos. Acesso em: 10 jan. 2021.

ROCKEMBACH, Moises. Difusão em arquivos: uma função arquivística, informacional e comunicacional. **Informação Arquivística**, v. 4, n. 1, 2015. Disponível em: http://hdl.handle.net/20.500.11959/brapci/41739. Acesso em: 17 nov. 2020.

RODRIGUES, Ana Célia. Identificação: uma nova função arquivística? **Edicic**, v. 1, p. 109-129, 2011. Disponível em: https://dialnet.unirioja.es/servlet/articulo?codigo=3866877. Acesso em: 31 mar. 2020.

RODRIGUES, Georgete. M. A representação da informação em arquivística: uma abordagem a partir da perspectiva da norma internacional de descrição arquivística. *In*: RODRIGUES, Georgete M.; LOPES, Ilza L. (org.). **Organização e representação do conhecimento na perspectiva da Ciência da Informação**. Brasília: Thesaurus, 2003. p. 210-212.

RODRIGUEZ LÓPEZ, María D. C. La delimitación de la archivistica como ciencia. *In*: PRIMER CONGRESSO UNIVERSITARIO DE CIENCIAS DE LA DOCUMENTACIÓN, 1., 2000, Madrid. **Anais eletrônicos** [...]. Madrid, 2000. p. 379-388. Disponível em: https://dialnet.unirioja.es/servlet/articulo?codigo=1408620. Acesso em: 16 dez. 2020.

ROUSSEAU, Jean-Yves; COUTURE, Carol. **Les fondements de la discipline archivistique**. Canadá: Presses de Université du Québec, 1994.

ROUSSEAU, Jean-Yves; COUTURE, Carol. **Os fundamentos da disciplina arquivística**: glossário. Lisboa, Portugal: Publicações Dom Quixote, 1998.

SALLES, Geraldo G. Fundo cartorial. **Ágora**: Revista do Curso de Arquivologia da UFSC, Florianópolis, v. 10, n. 22, p. 9-38, 1995. Disponível em: http://hdl.handle.net/20.500.11959/brapci/13042. Acesso em: 28 dez. 2020.

SAMPIERI, Roberto Hernandéz; COLLADO, Carlos Fernández; LUCIO, Pilar Baptista. **Metodologia de pesquisa**. 3. ed. São Paulo: McGraw-Hill, 2006. 583 p.

SANTA CATARINA. Corregedoria Geral da Justiça do Estado de Santa Catarina. **Código de Normas**. Santa Catarina, 2013. 243 p. Disponível em: https://www.tjsc.jus.br/documents/728949/1312406/C%C3%B3digo+de+Normas+CGJ/9fd-74fde-d228-4b19-9608-5655126ef4fa. Acesso em: 10 jan. 2020.

SANTA CATARINA. Tribunal de Justiça de Santa Catarina. Organograma da Corregedoria Geral de Justiça e da Corregedoria-Geral do Foro Extrajudicial. Santa Catarina, 2018. Disponível em: https://www.tjsc.jus.br/documents/10181/1397901/Organograma+Corregedoria-Geral+da+Justi%C3%A7a/ce5d36e8-e722-460c-9469-86f3a692ac02. Acesso em: 31 out. 2020.

SANTA CATARINA. Corregedoria Geral da Justiça do Estado de Santa Catarina. **Atribuições dos Juízes Corregedores**. Santa Catarina, 2020. Disponível em: https://www.tjsc.jus.br/web/corregedoria-geral-da-justica/institucional/atribuicoes-juizes-corregedores. Acesso em: 10 out. 2020.

SANTOS, Ana Gabriela da Silva. **"O Código daria remédio a tudo isso"**: impasses na introdução do Registro Civil no Brasil (1874-1916). Dissertação (Mestrado em História) – Universidade Federal de São Paulo, São Paulo, 2018.

SANTOS, Diego Luis Policeno dos. O software DSpace a partir do modelo de referência open archival information system. 2014. 77 f. Trabalho de Conclusão de Curso (Graduação em Biblioteconomia) – Curso de Biblioteconomia, Ciências da Informação, Universidade Federal do Rio Grande do Sul, Porto Alegre, 2014. Disponível em: http://www.lume.ufrgs.br/bitstream/handle/10183/112189/000953203.pdf?sequence=1. Acesso em: 9 dez. 2020.

SANTOS, Henrique M.; FLORES, Daniel. Os fundamentos da diplomática contemporânea na preservação de documentos arquivísticos digitais. **BIBLOS: Revista do Instituto de Ciências Humanas e da Informação**, v. 30, n. 2, p. 64-85, 2016.

SANTOS, Joseane Cantanhe de Santos. Repositório digital da Escola Superior da Magistratura do Maranhão: proposta de implantação. *In:* CONGRESSO BRASILEIRO DE BIBLIOTECONOMIA, DOCUMENTAÇÃO E CIÊNCIA DA INFORMAÇÃO – FEBAB, 27., 2017, Fortaleza, Ceará. **Anais** [...]. Fortaleza, Ceará, 2017. Disponível em: https://portal.febab.org.br/anais/article/view/1653. Acesso em: 15 dez. 2020.

SANTOS, Vanderlei Batista dos. A prática arquivística em tempos de gestão do conhecimento. *In:* SANTOS, Vanderlei Batista dos; INNARELLI, Humberto C.; SOUSA, Renato T. B. de (org.). **Arquivística**: temas contemporâneos. Brasília, DF: Senac, 2007. p. 175-223.

SANTOS, Vanderlei Batista dos. **A Teoria Arquivística a partir de 1898**: em busca da consolidação, da reafirmação e da atualização de seus fundamentos. Tese (Doutorado em Ciência da Informação) – Programa de Pós-Graduação em Ciência da Informação, Faculdade de Ciência da Informação, Universidade de Brasília, Brasília, 2011.

SANTOS, Vanderlei Batista dos. **A Arquivística como disciplina científica**: princípios, objetivos e objetos. Salvador, Bahia: 9Bravos, 2015.

SÃO PAULO. Tribunal de Justiça de São Paulo. **Resolução n.º 822, de 26 de setembro de 2019**. Atualiza o Programa de Gestão de Documentos Arquivísticos do Tribunal de Justiça do Estado de São Paulo criado pela Resolução n.º 483/2009 e implanta adaptações ao Programa Nacional de Gestão Documental do CNJ. São Paulo, 2019. Disponível em: https://www.tjsp.jus.br/PrimeiraInstancia/GestaoDocumental. Acesso em: 31 out. 2020.

SÃO PAULO. Provimento n.º 23, de 3 de setembro de 2020. Dispõe sobre o tratamento e proteção de dados pessoais pelos responsáveis pelas delegações dos serviços extrajudiciais de notas e de registro de que trata o art. 236 da Constituição da República e acrescenta os itens 127 a 152.1 do Capítulo XIII do Tomo II das Normas de Serviço da Corregedoria Geral da Justiça (OSD 16). São Paulo, 2020. Disponível em: https://www.26notas.com.br/blog/?p=15331. Acesso em: 21 mar. 2021.

SARACEVIC, Tefko. Ciência da Informação: origem, evolução e relações. **Perspectivas em Ciência da Informação**, Belo Horizonte, v. 1, n. 1, p. 41-62, 1996.

SAVAGE CARMONA, Monica. Legalidade e prática do Registro Civil em meados do século XIX: incidentes entre autoridades e indivíduos na Cidade do México. **Sig. His**, México, v. 17, n. 34, p. 8-41, dez. 2015.

SCHELLENBERG, Theodore R. **Modern Archives**: Principles and Techniques, Chicago, USA: University of Chicago Press, 1956.

SCHELLENBERG, Theodore R. Arquivos modernos: princípios e técnicas. 6. ed. Rio de Janeiro: Ed. FGV, 2006. 388 p.

SCHMIDT, Clarissa M. S. **Arquivologia e a construção do seu objeto científico**: concepções, trajetórias, contextualizações. 320 f. Tese (Doutorado em Ciência da Informação) – Programa de Pós-Graduação em Ciência da Informação, Escola de Comunicações e Artes (ECA), Universidade de São Paulo, São Paulo, 2012.

SCHMIDT, Clarissa M. S. Documento arquivístico digital e gestão de documentos: considerações na perspectiva da Arquivística. In: VII ENCUENTRO IBÉRICO EDICIC, 7., 2015, Madrid. **Actas** [...]. Madrid: Universidad Complutense de Madrid, 2015. Desafíos y oportunidades de las Ciencias de la Información y la Documentación en la era digital.

SCHONFELD, Roger. **Elsevier Acquires bepress**. [S. l.: s. n.], Aug. 2017. Disponível em: https://scholarlykitchen.sspnet.org/2017/08/02/elsevier-acquires-bepress/. Acesso em: 23 dez. 2018.

SILVA, Andréia Gonçalves; LARA, Marilda Lopes Ginez de. Legibilidade da legislação previdenciária no contexto da Lei de Acesso à Informação. **Informação & Informação**, v. 20, n. 3, p. 175-202, dez. 2015. Disponível em: http://www.uel.br/revistas/uel/index.php/informacao/article/view/22549. Acesso em: 7 jan. 2019.

SILVA, Armando Malheiro et al. **Arquivística**: teoria e prática de uma Ciência da Informação. 3. ed. Porto, Portugal: Afrontamento, 2009. 254 p.

SILVA, José Afonso da. **Curso Direito Constitucional Positivo**. São Paulo: Malheiros, 1994.

SILVA, Márcio da; SOUSA, Dulce E.; BANDEIRA, Pablo. A representação temática em documentos arquivísticos: o caso da indexação documental realizada pelos alunos de Arquivologia da UFPB. **InCID: Revista de Ciência da Informação e Documentação**, v. 3, n. 2, p. 124-141, dez. 2012.

SILVA, Sergio Conde Albite. **Algumas reflexões sobre preservação de acervos em arquivos e bibliotecas**. Rio de Janeiro: Academia Brasileira de Letras, 1998. 34 p.

SILVA, Simone Francisco da. **Diagnóstico arquivístico**: incursões teórico-metodológica. Trabalho de Conclusão de Curso (Graduação em Arquivologia) – Centro de Ciências Sociais Aplicadas, Universidade Federal da Paraíba, João Pessoa, 2014.

SIMÕES, Maria da Graça de Melo; FREITAS, Maria Cristina V de; RODRÍGUEZ-BRAVO, Blanca. Theory of Classification and Classification in Libraries and Archives: Convergences and Divergences. **Knowledge Organization**, v. 43, Issue 7, p. 530-538, 2016.

SIQUEIRA, Alessandro Marques de. Registro civil. Âmbito Jurídico, Rio Grande, v. XIII, n. 80, set. 2010. Disponível em: https://ambitojuridico.com.br/cadernos/direito-civil/registro-civil. Acesso em: 7 jan. 2021.

SIVIERO, José Maria. Registro de Títulos e Documentos – 1903/2003 – Segurança que faz história. *In:* DIP, Ricardo (coord.). **Introdução ao Direito Notarial e Registral**. Porto Alegre, RS: Irib; Fabris, 2004.

SMIRAGLIA, Richard P. **The Elements of Knowledge Organization**. Zurique, Suíça: Springer, 2014.

SMITH, Anthony. **The Antiquity of Nations**. Cambridge: Polity, 2004.

SOBRAL, José M. Memória e identidade nacional: considerações de carácter geral e o caso português. *In:* COLÓQUIO: NAÇÃO E ESTADO: ENTRE O LOCAL E O GLOBAL, 2006, Portugal. Disponível em: https://docplayer.com.br/25519006-Instituto-de-ciencias-sociais-universidade-de-lisboa-working-papers.html. Acesso em: 11 mar. 2021.

SOLÍS, Lorena Martínez; NAVARRO, Célia Chaín; BAENA, Juan J. Sánchez. Genealogical Research and Information Science: Guide of Sources for Family Information Management. [Documentación e investigación genealógica: guía de fuentes para la gestión de la información familiar]. **Scire**, v. 20, n. 1, p. 73-89, 2014.

SOUSA, Dulce Elizabeth Lima de; BANDEIRA, Pablo Matias; SILVA. Márcio Bezerra da. A representação temática em documentos arquivísticos: o caso da indexação documental realizada pelos alunos de Arquivologia da UFPB. **InCID: Revista de Ciência da Informação e Documentação**, Ribeirão Preto, São Paulo, v. 3, n. 2, p. 124-141, jul./dez. 2012.

SOUSA, Fábio Nascimento. **Funções arquivísticas**: contribuições para o cumprimento da Lei de Acesso à Informação. 2013. 60 f. Monografia (Especialização em Gestão em Arquivos) – Universidade Federal de Santa Maria, Cachoeira do

Sul, 2013. Disponível em: http://repositorio.ufsm.br/bitstream/handle/1/114/Souza_Fábio_Nascimento.pdf?sequence=3. Acesso em: 31 mar. 2020.

SOUSA, Renato Tarcísio Barbosa. Os princípios arquivísticos e o conceito de classificação. *In:* RODRIGUES, Georgete M.; LOPES, lza L. (org.). **Organização e representação do conhecimento**. Brasília, DF: Thesaurus, 2003. p. 240-271.

SOUSA, Renato Tarcísio Barbosa de. Alguns apontamentos sobre a classificação de documentos de arquivo. **Brazilian Journal of Information Science**, v. 8, n. 1/2, 2014.

SOUSA, Renato Tarciso Barbosa de; ARAÚJO JUNIOR, Rogério Henrique de. A indexação e criação de taxonomias para documentos de arquivo: proposta para a expansão do acesso e integração das fontes de informação. **Brazilian Journal of Information Science: research trends**, v. 11, n. 4, 2017. Disponível em: http://www2.marilia.unesp.br/revistas/index.php/bjis/article/view/7508. Acesso em: 27 nov. 2020.

SPINELLI, Jayme; BRANDÃO, Emiliana; FRANÇA, Camila. **Manual Técnico de Preservação e Conservação de Documentos Extrajudiciais CNJ**. Rio de Janeiro: FBN, 2011. Disponível em: https://folivm.files.wordpress.com/2011/04/manual-an-bn-cnj-2011-c3baltima-versc3a3o-2p-folha.pdf. Acesso em: 18 nov. 2020.

SVENONIUS, Elaine. **The Intellectual Foundation of Information Organization**. Cambridge: The MIT Press, 2000. 255 p.

TAYLOR, H. A. Transformation in the Archives: Technological Adjustment or Paradigm Shift? **Archivaria**, v. 25, p. 12-28, Winter 1987/1988.

TOGNOLI, Natália Bolfarini. **A contribuição epistemológica canadense para a construção da arquivística contemporânea**. 2010. 120 f. Dissertação (Mestrado em Ciência da Informação) – Faculdade de Filosofia e Ciências, Universidade Estadual Paulista, Marília, 2010.

TOGNOLI, Natália Bolfarini. A representação na arquivística contemporânea. **Revista Ibero-Americana de Ciência da Informação**, v. 5, n. 2, p. 79-92, jul./dez. 2012a. Disponível em: https://www.researchgate.net/publication/307941944_A_representacao_na_arquivistica_contemporanea. Acesso em: 17 dez. 2020.

TOGNOLI, Natália Bolfarini. A informação no contexto arquivístico: uma discussão a partir dos conceitos de informação-como-coisa e informação orgânica. **Informação Arquivística**, Rio de Janeiro, RJ, v. 1, n. 1, jul./dez. 2012b. Disponível em: http://www.aaerj.org.br/ojs/index.php/informacaoarquivistica/article/view/8/7. Acesso em: 10 jan. 2020.

TOGNOLI, Natália Bolfarini; BARROS, Thiago H. B. Os processos de representação do conhecimento arquivístico: elementos históricos e conceituais da classificação e descrição. *In:* GUIMARÃES, José Augusto Chaves; DODEBEI, Vera (org.). **Estudos avançados em organização do conhecimento**: organização do conhecimento e diversidade cultural. Marília, São Paulo: Fundepe, 2015. v. 3, p. 94-99.

TOGNOLI, Natália Bolfarini; FERREIRA, Elane Rodrigues da Silva. Os arquivos eclesiásticos e a arquivística brasileira: uma análise dos artigos publicados nos periódicos arquivísticos brasileiros. Ágora: Revista do Curso de Arquivologia da UFSC, Florianópolis, v. 27, n. 54, p. 7-28, jun. 2017. Disponível em: https://agora.emnuvens.com.br/ra/article/view/614. Acesso em: 10 dez. 2020.

TOGNOLI, Natália Bolfarini; GUIMARÃES, José Augusto Chaves. A organização do conhecimento arquivístico: perspectivas de renovação a partir das abordagens científicas canadenses. **Perspect. ciênc. inf.**, v. 16, n. 1, p. 21-44, mar. 2011. Disponível em: http://portaldeperiodicos.eci.ufmg.br/index.php/pci/article/view/1084/832. Acesso em: 9 dez. 2020.

TRISKA, Ricardo; CAFÉ, Lígia. Arquivos abertos: subprojeto da Biblioteca Digital Brasileira. **Ci. Inf.**, Brasília, v. 30, n. 3, p. 92-96, dez. 2001. Disponível em: http://www.scielo.br/scielo.php?script=sci_arttext&pid=S0100-19652001000300012&lng=en&nrm=iso. Acesso em: 13 dez. 2020.

UNITED STATES OF AMERICA. National Archives History. Disponível em: https://www.archives.gov/about/history. Acesso em: 13 dez. 2020.

VITAL, Luciane; BRÄSCHER, Marisa. Representação de assunto em documentos arquivísticos. *In:* XVI ENCONTRO NACIONAL DE PESQUISA EM CIÊNCIA DA INFORMAÇÃO (XVI ENANCIB), 16., 2015. Disponível em: http://www.ufpb.br/evento/index.php/enancib2015/enancib2015/paper/view/2833/1008. Acesso em: 23 nov. 2020.

VITAL, Luciane; MEDEIROS, Graziela M. de; BRÄSCHER, Marisa. Classificação e descrição arquivística como atividades de organização e representação da informação e do conhecimento. **Brazilian Journal of Information Science: Research Trends**, v. 11, n. 4, 2017. Disponível em: http://www2.marilia.unesp.br/revistas/index.php/bjis/article/view/7507. Acesso em: 1 dez. 2018.

WEISS, Leila Cristina; BRÄSCHER, Marisa. Pragmática na organização do conhecimento. *In:* XV ENCONTRO NACIONAL DE PESQUISA EM CIÊNCIA DA INFORMAÇÃO, 15., 2014. Disponível em: http://repositorios.questoesemrede.uff.br/repositorios/handle/123456789/2585?show=full. Acesso em: 22 dez. 2020.

WILCOX, David. Linked Data Approach to Digital Newspapers with Fedora and PCDM. *In:* INTERNATIONAL NEWS MEDIA CONFERENCE OF IFLA, 2017, Islândia. Disponível em: http://origin-www.ifla.org/files/assets/newspapers/2017_Iceland/2017-wilcox-en.pdf. Acesso em: 16 dez. 2020.

YEO, Geoffrey. Debates em torno da descrição. *In:* EASTWOOD, Terry; MacNEIL, Heather. **Correntes atuais do pensamento arquivístico**. Belo Horizonte: Ed. UFMG, 2016. p. 135-169.

ZAMORA, Rosa M. F. El patrimonio documental iberoamericano y el programa memoria del mundo de Unesco, una mirada histórica. **Acervo – Revista do Arquivo Nacional**, v. 26, n. 2, p. 117-122, 2013.